松山大学研究叢書 第68巻

在宅福祉政策と住民参加型サービス団体
――横浜市ホームヘルプ協会と調布ゆうあい福祉公社の設立過程――

松原日出子著

御茶の水書房

在宅福祉政策と住民参加型サービス団体

目　次

目　次

序　章　社会福祉基礎構造改革と住民参加型在宅福祉サービス団体 …………………… 3

 1　問題の所在　3
 2　本書の構成　7

第1章　横浜市ホームヘルプ協会の設立過程
　　　　　──「五つの報告書」を中心に── ………………………… 15

 1　在宅福祉サービス団体の歴史と住民参加型在宅福祉サービス団体
  15
 2　横浜市ホームヘルプ協会設立の経緯　18
 3　各委員会の経緯と報告書の概要　20
  （1）横浜市老人問題研究会　20
  （2）横浜市福祉サービス供給組織研究委員会　22
 4　報告書が提示する福祉サービス供給システムの特色　24
  （1）在宅福祉サービスの具体的内容　24
  （2）在宅福祉サービスの担い手　27
 5　小括──「五つの報告書」が物語ること──　29

第2章　社会福祉の改革と市民参加
　　　　　──在宅福祉の思想と方法── ………………………………… 37

 1　三浦文夫・京極高宣両氏と横浜市ホームヘルプ協会　37
 2　戦後日本の社会変動と社会福祉　38
 3　三浦・京極と在宅福祉思想　43
  （1）三浦文夫の在宅福祉思想　43
  （2）京極高宣の在宅福祉思想　45
  （3）「横浜市在宅福祉サービス協会（仮称）」の設立と三浦・京極　49

4　福祉財政の見直しと在宅福祉　　51

第3章　横浜市ホームヘルプ協会の設立・変遷過程…………　61

　　　1　横浜市ホームヘルプ協会の変遷　　62
　　　2　協会における四つ発展段階
　　　　　―国の方針や横浜市の対応と対比しつつ―　　65
　　　　（1）第一期：離陸期（1984年～1989年）　　66
　　　　（2）第二期：拡大期（1990年～1995年）　　68
　　　　（3）第三期：改変期（1996年～1999年）　　73
　　　3　小括　　75

第4章　横浜市の福祉行政と横浜市ホームヘルプ協会………　83

　　　1　協会設立の歴史・社会的背景　　83
　　　2　高齢化と行政の対応――横浜市の場合――　　87
　　　　（1）高齢者問題と横浜市総合計画　　89
　　　　（2）横浜市の高齢者福祉対策の変遷　　90
　　　3　横浜市の福祉行政と横浜市ホームヘルプ協会　　99

第5章　調布市の福祉行政と調布ゆうあい福祉公社
　　　　　――横浜市ホームヘルプ協会を念頭において――……………　105

　　　1　高齢化と行政の対応――調布市総合計画――　　105
　　　2　調布市の高齢者福祉対策の変遷　　109
　　　　（1）民生費・高齢者福祉対策費の動向　　109
　　　　（2）高齢者福祉事業の概要　　111
　　　　（3）組織の変遷　　115
　　　3　調布市の福祉行政と調布ゆうあい福祉公社　　115
　　　　（1）福祉公社出現の歴史的経緯　　115
　　　　（2）調布ゆうあい福祉公社の設立経緯　　118
　　　4　調布ゆうあい福祉公社の特徴　　121
　　　　（1）調布市における食事サービス事業　　121

（2）調布ゆうあい福祉公社による食事サービスの展開　122
　　　（3）食事サービス事業展開・継続の背景　123
　　5　福祉公社設立の歴史・社会的背景　123
　　6　小括　126

終　章　住民参加型在宅福祉サービス団体の歴史的意義と限界
　　　　――自治体・コミュニティ・地域福祉――
　　　　……………………………………………………………………………133

　　1　住民参加型在宅福祉サービス団体と地域福祉　133
　　2　社会福祉基礎構造改革に至る歴史的背景　134
　　3　住民参加型在宅福祉サービス団体に対する期待と課題　135
　　　（1）住民参加型在宅福祉サービス団体の抱える課題　135
　　　（2）横浜市ホームヘルプ協会設立経緯における議論　136
　　4　横浜市ホームヘルプ協会・調布ゆうあい福祉公社と自治体福祉行
　　　　政　140
　　　（1）横浜市ホームヘルプ協会の設立・変遷と横浜市の福祉行政　140
　　　（2）調布ゆうあい福祉公社の設立・変遷と調布市の福祉行政　142
　　5　住民参加型在宅福祉サービス団体の歴史的意義と限界
　　　　―自治体・コミュニティ・地域福祉―　143
　　　（1）戦後日本におけるコミュニティ論の展開と地域福祉　144
　　　（2）住民参加型団体の限界と自治体・コミュニティ
　　　　　―地域福祉の展開のために―　146

資料篇
　　【巻資-1】戦後昭和期における社会福祉のあゆみ（社会政策／高齢者
　　　　　　　福祉関係）　154
　　【巻資-2】横浜市ホームヘルプ協会の歴史年表　166
　　【巻資-3】横浜市の福祉施策の動向　202
　　【巻資-4】調布市の福祉施策の動向　212
　　【巻資-5】横浜市・調布市福祉年表　220

あとがき	237
引用文献・参考資料	239
索引	249
英文梗概	253

図表目次

図序-1　自治体の在宅福祉政策と住民参加型在宅福祉サービスに関する実証的研究
　　　　——横浜市ホームヘルプ協会と調布ゆうあい福祉公社の設立過程——　……　10
図1-1　高齢化社会・情報化社会等社会の構造的変化への福祉的対応研究事業　……　21
図1-2　在宅福祉サービス供給システム　………………………………………………　22
図1-3　福祉供給組織の理念型　…………………………………………………………　23
図1-4　サービス内容の再分類と担い手　………………………………………………　27
図2-1　福祉供給組織の理念型（再掲）　…………………………………………………　44
図2-2　在宅福祉サービスの概念図　……………………………………………………　45
図2-3　新しい社会福祉サービスの需給モデル　………………………………………　47
図2-4　在宅福祉サービスの概念図　……………………………………………………　48
図2-5　福祉需給モデルの類型　…………………………………………………………　56
表2-1　戦後昭和期における社会福祉制度・政策のあゆみ
　　　　（社会政策／高齢者福祉関係分に注目して）　……………………………………　39
図3-1　利用者数と活動ヘルパー数の推移　……………………………………………　66
図3-2　ヘルパーの新規登録・登録抹消者数の推移　…………………………………　70
表3-1　横浜市ホームヘルプ協会の沿革　………………………………………………　62
表3-2　ヘルパーの時給・各種手当の変化　……………………………………………　71
図4-1　横浜市出生・死亡数と転入・転出の推移　……………………………………　85
図4-2　横浜市人口割合推移　……………………………………………………………　86
図4-3　横浜市ねたきり老人・ひとり暮らし老人推移　………………………………　88
図4-4　横浜市予算民生費割合　…………………………………………………………　90
図4-5　横浜市老人・児童・障害者福祉経費割合　……………………………………　91
図4-6　横浜市高齢者福祉担当部局の変遷　……………………………………………　96
表4-1　横浜市高齢者福祉事業（在宅福祉関連）の変遷　……………………………　94
図5-1　調布市の出生・死亡数と転入・転出数の推移　………………………………　106
図5-2　調布市人口割合推移　……………………………………………………………　108
図5-3　調布市予算民生費割合　…………………………………………………………　110
図5-4　調布市民生費構成の推移　………………………………………………………　111
図5-5　老人福祉相談内容の内訳　………………………………………………………　113
図5-6　老人ホームの措置人数・入所待機者数の推移　………………………………　114
図5-7　調布市高齢者福祉担当部局の変遷　……………………………………………　116
表5-1　調布市基本構想の推移　…………………………………………………………　107
表5-2　調布ゆうあい福祉公社の沿革　…………………………………………………　119

在宅福祉政策と住民参加型サービス団体

序章

社会福祉基礎構造改革と住民参加型在宅福祉サービス団体

1　問題の所在

　1980年代に主に大都市圏で叢生した住民参加型在宅福祉サービス団体は、在宅高齢者が危機に瀕した当時の日本における在宅福祉の担い手として、非常に大きな役割を果たした。本研究は、その代表的存在と目される横浜市ホームヘルプ協会（現横浜市福祉サービス協会）と調布ゆうあい福祉公社の事例研究を通じて、住民参加型在宅福祉サービス団体が、介護保険制度導入と社会福祉基礎構造改革に果たした先駆的役割を解明する。合わせて、介護保険制度の見直しに資する考察を行うこととしたい。

　我が国では、社会福祉制度が抱える諸課題を解決するという狙いから、1990年代以降、社会福祉事業法の改正（2000年6月7日法律第111号「社会福祉の増進のための社会福祉事業法等の一部を改正する等の法律」）、いわゆる社会福祉基礎構造改革が行われている。社会福祉事業法の改正は、介護保険制度の導入（1997年12月17日法律第123号「介護保険法」）と合わせて、それが、我が国における社会福祉のあり方を大きく変えたという点で、画期的・歴史的な出来事であった。社会福祉法の意図するところは、①個人の自立を基本とし、その選択を尊重した制度を確立する、②質の高い福祉サービスを充実させる、③地域における生活を総合的に支援するために地域福祉を充実させる、という三点の理念に集約される。この社会福祉法の理念は、その福祉観と福祉実現の方法の双方に

おいて、旧法（社会福祉事業法）とは大きく異なるものであった。

　確かに、急激な高齢化社会の進行は、この問題（介護保険制度の導入と社会福祉事業法の改正、とりわけ前者）に、検討のための充分な時間を与えず、それゆえ制度導入はいささか性急に過ぎたという指摘もある。そして、多くの法改正や新しい制度の導入がそうであるように、この法改正と制度の導入にも、複数の批判が出ていることは事実である。しかしながら、一層の「進化」が求められているとはいえ、すなわち、多くの問題を克服し、より充実したものにしなければならないという課題を抱えているとはいえ、新しい制度は、注目されてよい内容を有している。単純化して言えば、施設（措置）の福祉から、在宅（地域）の福祉への転換が謳われ、地域における生活の総合的支援を課題とする地域福祉が、「これからの日本における福祉のあり方」として規定されたことは、社会福祉基礎構造改革といわれる制度改革が、その核心の一つを、地域福祉に置くことを示している。介護保険制度は社会福祉基礎構造改革と表裏一体の関係にある。大事なことは、そこに示された〈新しい方向〉が、地域福祉と在宅介護が展開される具体的な場所である自治体に、これまで以上の力量を求めていることである。

　本研究の狙いと意義はその点に深く関係する。以下、本研究の狙いと意義について述べる。本研究が対象とする住民参加型在宅福祉サービス団体、横浜市ホームヘルプ協会と調布ゆうあい福祉公社は、介護保険制度の確立と社会福祉基礎構造改革〈以前〉にあって、地域福祉を実践した団体である。その実践は、地域福祉の先駆的試みとして十分記憶に価する。介護保険制度や社会福祉事業法の改正（社会福祉基礎構造改革）は突如として出現したものではない。こうした変革には、それを要請する社会的背景とそれに至るさまざまな努力や経緯がある。〈社会的実験〉ともいえる努力と経緯がある。横浜市ホームヘルプ協会や調布ゆうあい福祉公社の試みはそうした努力と経緯の一つ、有力な試みの一つ、住民と自治体が共同で作りあげた努力と経緯の一つである。

　その意義は何か。社会福祉基礎構造改革が目指すところ、社会福祉法の理念を現実のものとするためには、それをただ「文言」として理解するだけでは不十分である。社会福祉に限らず、理念と現実はしばしば乖離する。現実が理念から程遠い場合も少なくない。理念と現実の乖離を是正し社会福祉基礎構造改革の理念を現実のものとするためには、その理念を導いた「現実」（社会福祉基礎構造改

革以前の実態）と理念の下にある「現実」（社会福祉基礎構造改革以後の実態）をきめ細かくおさえる必要がある。本研究は、主として前者（その理念を導いた「現実」、社会福祉基礎構造改革以前の実態）にかかわるものである。当然、前者と後者は密接に結びついており、両者は統一的に扱われることが望ましい。しかしながら両者を統一的に扱うことは厖大な作業であって、厳密性をもった研究を意図するならば、いずれかに中心をおくという選択が必要である。もちろん、前者に中心をおくということは社会福祉基礎構造改革以後の、そして介護保険制度導入以後の問題を意識しないということを意味していない。むしろ後者を強く意識する。本研究が関心を前者に集中させるのは、前者の研究が、社会福祉法の理念を現実化し介護保険制度の進化を導く上で、不可欠の重要な作業と判断するためである。およそ社会的なものは歴史的なものであって、社会的なものの解明には歴史的視点を欠かすことができない。横浜市ホームヘルプ協会と調布ゆうあい福祉公社という、二つの住民参加型在宅福祉サービス団体は、介護保険法、社会福祉法のスタート以前にあって、地域福祉と在宅介護を実践した先駆的団体であり、我が国における新しい福祉を考える上で貴重な歴史的教材である。その活動は、今日から見れば〈限定的な働き〉に留まるが、介護保険制度の導入と社会福祉基礎構造改革にも影響を与えたものとして、あるいは、介護保険制度導入と社会福祉基礎構造改革以前にあって地域福祉と在宅介護に組織的対応をした自治体の先駆的な事例として、地域福祉の充実や介護保険制度の進化に、示唆を提供するものである。

　我が国の社会福祉は、1973（昭和48）年のオイルショック以降、大幅な抑制政策を余儀なくされ、そうした中で地域・コミュニティを中心とした新たな社会福祉のあり方が模索され始めた。しかし、戦後我が国の産業化や都市化の流れの中で近隣社会の解体傾向が進み、かつ自治体の財源不足が解消されない状況下において、在宅福祉サービスの担い手不足という状況はなかなか改善されなかった。

　しかし1980年代以降になると、こうした状況を打開する新しい動きが出現した。すなわち、介護の担い手不足という問題に危機感を抱いた大都市圏の住民が、高齢者の日常生活を支援する介護・看護等のサービスを提供する民間団体を自前で結成し、地域を基盤としてサービスの提供を始めたのである[1]。この住民参加型在宅福祉サービス団体を支えたのは「有償ボランティア」である。住民参加型

在宅福祉サービス団体は、非営利性の理念を前提として有償ボランティアを動員し、継続的な在宅介護サービスを行うことで、当時都市部で窮迫していた要介護高齢者の生活ニーズに応えた。住民参加型在宅福祉サービス団体は、介護保険制度施行後の今日もなお、高齢者在宅福祉を支える有力な担い手の一つである。

　住民間の相互扶助意識が低いと思われていた都市圏において住民参加型在宅福祉サービス団体のような相互扶助の組織が発生したことは、社会学者や社会福祉学者の注目を浴び、1990年代以降、複数の研究者によって実態調査が行われるようになった。初期の調査研究の代表例として挙げられるのは、江上（1990、1991、1994）及び藤村（1991、1994）である。彼らは、「現代都市社会における相互扶助システムの構築」を主眼とし、調布ゆうあい福祉公社の前身である「調布市在宅福祉事業団」の協力会員を対象に質問紙調査を実施した。その結果、協力会員が「近隣集団主義」意識の強い層と「自律性」意識の強い層に二分されることを解明した。この結果をふまえ、江上（1990：129）は、コミュニティの矮小化を防ぐ手がかりをこの「自律性」に求め、住民が地域の福祉課題を対自的に認識できる手立てを講ずることを、今後の可能性として指摘している。

　一方、社会福祉学者からは、住民参加型在宅福祉サービス団体のもつ危険性が早くから指摘されていた。その代表である野口（1991：80-81）は、①こうした住民参加型の有料在宅福祉サービスの進展が、実質的に公的福祉の縮小に通じること、②在宅福祉の担い手が、専門性に乏しいボランティアやパートタイム労働者に託されることによって、今後、ケースによっては不適切な対応が増える可能性があること等を根拠に、住民参加型在宅福祉サービス団体の中で特に「行政関与型」に分類される団体（福祉公社）については、ホームヘルパーの常勤化等、待遇改善と専門性の向上が必要であると主張した。この当時、自治体の財政状態が逼迫していたことを考慮すると、野口の言う「ヘルパーの常勤化」策は実現困難であったものの、住民参加型在宅福祉サービス団体は難しいケースへの対応に苦慮するのではないかという野口の危惧は、その後現実のものとなる。

　その後、高野（1993）、武智（1993a、1993b）、小林（1993、1994）らによって、住民参加型在宅福祉サービス団体の研究がさらに進められた。特に「行政関与型」に分類される団体の代表例である、横浜市ホームヘルプ協会と調布ゆうあい福祉公社に関しては、実態調査に基づいて福祉公社の意義が考察されている。高

野（1993：162）は調査を通じて、横浜市ホームヘルプ協会は市の委託事業を中核とし、調布ゆうあい福祉公社は会員間の相互扶助事業を中核とするという相違があるにもかかわらず、両団体は共に、相互扶助的「有償ボランティア」と、自分の活動を「仕事」として認識する「ホームヘルパー」との二つの層によって支えられていることを突き止めた。一方で武智（1993b：167）は、ホームヘルパー派遣事業の実態に関する論考において、公務員ヘルパーが生活保護世帯や困難ケース等を担当する一方、公社ヘルパーが比較的対応しやすいケースを担当するという住み分けが当初望まれていたにもかかわらず、時の経過とともに重介護のケースが福祉公社に多く持ち込まれるようになり、従来望まれた分担の仕組みが崩れつつあることに注目した。「困難ケースも福祉公社に持ち込まれている」というこの武智の指摘については、小林（1994：319）が調布ゆうあい福祉公社について検証を行い、短期で短時間のニードをもつ会員がいる一方で、福祉公社が夫婦世帯や同居世帯の利用者を積極的に受け入れている事情から、公的サービスよりも重介護を要する利用者とかかわる可能性が高くなるという構図を解明した。その上で、先に高野が指摘した、「仕事」として在宅介護に取り組む層の存在については、サービスの多様化や利用者の介護の重度化、それに対する公的サービスの対応能力不足も原因の一つなのではないかと推察する。

　このような先行研究の動向は、①当初住民間の素朴な関心と相互扶助精神で始められたはずの活動が、急激なニーズの増加によって、相互扶助という枠組での対応が困難になったこと、②それにもかかわらず、行政サイドから適切な援助が得られなかったために、1980〜90年代における在宅福祉ニーズの少なくない部分に対し、住民参加型在宅福祉サービス団体の努力が求められたことを示すものである。そのように考えた場合、住民参加型在宅福祉サービス団体の動向を、単なる「地域社会における相互扶助」の枠組でとらえることには限界があり、専門的サービスを提供する専門機関と地域住民側との新たな連携が模索されるべき時期に来ていたことが示唆されていたと理解すべきであろう[2]。

2　本書の構成

　以上、先行研究に着目し、これを検討すると、ニーズに対応する担い手の動員

というところに目を向けた社会学分野研究、及びその専門性等、動員した担い手の活用に関心を寄せた社会福祉学研究があるものの、担い手（マンパワー）の動員と活用の両者を睨みつつ、住民参加型在宅福祉サービス団体がどのように運営されていたのか（きたのか）という、住民参加型在宅福祉サービス団体の活動・運営過程に目を向けた研究がないことが判明する。本研究ではこの欠落した部分、先行研究が十分注意を払っていない側面に関心を寄せることにしたい。

　その試みは、単に、先行研究において欠落している部分を埋めておくという消極的な理由によるものではなく、次のような積極的な意義を認めてのことである。すなわち、我が国の地域福祉に先駆的役割を演じた住民参加型在宅福祉サービス団体の活動とその運営過程に関する研究は、我が国における地域福祉の発達史を正確に記録し記述する上で必要なだけではなく、我が国における地域福祉の将来像を考察する上でも重要である。このような意味で、住民参加型在宅福祉サービス団体の活動は、我が国における地域福祉の将来像を検討するに際し貴重な示唆を与える〈社会的実験〉であるといえよう。

　本研究が取り上げる二つの団体は、ともに、行政関与の強い住民参加型在宅福祉サービス団体と規定されるものの、詳細にみると「性格」を異にする。

　第一に、横浜市ホームヘルプ協会と調布ゆうあい福祉公社は、前者が「パート職」を主な担い手とする一方、後者が「有償ボランティア」を主な担い手とするという相違がある。しかし既存研究では、これらの担い手の相違が、住民参加型在宅福祉サービス団体の活動成果とどう関連するかについて明確に論じられてこなかった。本研究では、横浜市ホームヘルプ協会の設立経緯における「有償ボランティア」「パート職」がそれぞれどのような任務を負うべきかに関する議論の変遷をふまえつつ、双方の担い手が在宅福祉サービスに対して果たした役割を考察したい。また、住民参加型在宅福祉サービス団体を単に住民ニーズという視点から捉えるのではなく、それがどのような理論的背景のもとに設立・運営されたかという点に注目したい。すなわち、住民参加型在宅福祉サービス団体の分析視角に、社会的要請と理論的背景という視角を用意する。三浦文夫、京極高宣両氏の横浜市ホームヘルプ協会に果たした役割、理論的バックグランドの形成に果たした役割が検討されるのはそのためである。

　第二の相違は、横浜市ホームヘルプ協会と調布ゆうあい福祉公社が、いずれも

行政関与型の住民参加型在宅福祉サービス団体である一方、前者は市の委託事業を主事業とし、後者は会員間の相互扶助サービスを主事業とするという点である。それにもかかわらず、既存研究ではこの違いが地域福祉システムの構築にどのような意味を持つかという点を解明していない。本研究は、この主事業の差異が、地域福祉システムの構築にもつ意味を特別に意識したい。

　本書の構成と概要は以下の通りである（図序-1）。
　第1章は、横浜市ホームヘルプ協会の設立に至るまでに作成された「五つの報告書」から、横浜市ホームヘルプ協会設立の理論的枠組を明確にし、さらにこの報告書がその後の我が国の在宅福祉の方向性をどのように導き出したかを論じている。
　オイルショック以降、急激な高齢化に伴う高齢者在宅福祉ニーズの噴出に対して、各自治体では十分な予算を持たなかったため、「有償ボランティア」に代表される社会資源の有効活用を強いられることとなった。しかし当時の我が国では、広範な高齢者在宅福祉ニーズの中で「有償ボランティア」が対処すべき範囲（逆にいえば公的責任で対処すべき範囲）がどの部分であるかに関する議論が蓄積されておらず、これを判断する理論枠組を一から構築しなければならなかった。そこで、三浦文夫、京極高宣両氏をはじめとする学識研究者が提示した「ボランティア活用の論理」が、その後の横浜市ホームヘルプ協会の方向、延いては在宅福祉の方向性を示すきっかけになった。この点について詳細を示し、「五つの報告書」が示す理論的示唆を明らかにする。
　第2章は、横浜市ホームヘルプ協会設立に大きな影響を与えた三浦文夫、京極高宣両氏の在宅福祉論を取り上げ、当時の在宅福祉をとりまく厳しい現状と対比させつつ、従来の在宅福祉論がもつ限界と横浜市ホームヘルプ協会設立が両者の理論の発展に果たした役割を論じている。
　初期の在宅福祉論において、三浦は、重度の要介護高齢者のケアを施設が担う一方、家族代替的な生活支援を在宅ケアで担うことが望ましいと主張した。しかし、在宅高齢者のニーズの多様化・介護の重度化に伴い、こうした考え方の限界が明らかとなる。また、先述したように、住民参加型在宅福祉サービス団体は、当初、都市社会における相互扶助システムの発露として研究者に捉えられていた。

【図序-1】自治体の在宅福祉政策と住民参加型在宅福祉サービスに関する実証的研究
――横浜市ホームヘルプ協会と調布ゆうあい福祉公社の設立過程――

《理論》

第1章
横浜市ホームヘルプ協会の設立過程
――「五つの報告書」を中心に――
「老人問題研究会 中間報告」
「福祉サービス供給組織研究委員会 第一次報告」
「福祉サービス供給組織研究委員会 第二次報告」
「横浜市在宅サービス協会（仮称）最終基本構想」

在宅サービスの供給システムの見直し
⇒業務遂行の効率化を図る
「有償ボランティア」「パート職員」
⇒職種ごとの役割分担を正当化する理論枠組

⇔

第2章
社会福祉の改革と市民参加
――在宅福祉の思想と方法――
社会的背景：福祉国家の限界、福祉社会の形成
市民参加の必要性

三浦文夫の在宅福祉論
貨幣的ニードから非貨幣的ニードへの転換
⇒非公共的福祉システム構築の必要
⇒在宅福祉サービスの理論枠組を構築

京極高宣の在宅福祉論
福祉需給モデルの構築
⇒供給体制確立が需要を顕在化させるという考え
在宅福祉サービスの供給体制モデルの確立
⇒地域社会のトータルシステム

⇩

《実践》

第3章
横浜市ホームヘルプ協会の設立・変遷過程
社会的背景：利用者急増
⇒サービスの有料化（国）
⇒担い手の確保が課題となる
協会の直面した課題
パート職・パートヘルパー大量雇用
⇒サービスの質の確保の問題
⇒定着率の悪さの問題

⇔

第4章
横浜市の福祉行政と横浜市ホームヘルプ協会
福祉行政の変遷と協会設立の歴史的背景
高齢者対策への重点シフト
担い手としての供給組織の役割
協会の福祉行政への役割
〈市民活動〉
⇒市民活動と行政の協働
⇒市民参加

⇔

第5章
調布市の福祉行政と調布ゆうあい福祉公社
――横浜市ホームヘルプ協会と福祉公社設立の念頭において――
福祉行政の変遷と公社設立の歴史的背景
施設志向から在宅志向
担い手としての役割
公社の福祉行政への役割

10

序章　社会福祉基礎構造改革と住民参加型在宅福祉サービス団体

〈会員制サービス〉
⇒住民間相互扶助の確立
〈食事サービス〉
⇒福祉文化の基盤形成

〈在宅福祉の総合デパート〉
⇒多角的経営
〈在宅高齢者のニーズ対応〉
⇒在宅福祉システム形成

対応策
柔軟な勤務体制、待遇改善
研修・昇進システムの構築
ヘルパー間の協働システムの構築
人材調達システムの模索

終章
住民参加型在宅福祉サービス団体の歴史的意義と限界
―自治体・コミュニティ・地域福祉―
歴史的意義
　社会福祉基礎構造改革・介護保険制度導入に対する先駆的役割
　⇒普遍主義的社会福祉への移行
　⇒在宅ニーズに対応するマンパワー不足問題
　住民参加型在宅福祉サービス団体の登場の歴史的位置
　⇒地域福祉の担い手、住民を巻き込んでの相互扶助システムの形成
　⇒自治体主体への移行
地域福祉の可能性
　地域に根ざした社会福祉の実現
　「福祉文化」に根ざしたコミュニティ・自治体の構築の必要性
　住民の「社会的連帯」の達成

しかし、こうした捉え方の限界が徐々に認識されるに伴い、「社会福祉サービスの需要は社会福祉ニードとは異なり、供給体制に規制されて生まれるのであり、その意味では『はじめに供給ありき』なのである。つまり福祉供給システムがつくられなければ、社会福祉ニードは潜在化したままで需要に転化しないことを忘れてはならない」(京極、1982：63) という京極のサービス供給体制論が導かれることとなった。このように、横浜市ホームヘルプ協会の設立過程において、三浦・京極両氏の在宅福祉論の発展が促されたことを、第2章は解明する。

第3章では、横浜市ホームヘルプ協会の設立変遷過程を取り上げる。協会は、無償のボランティアではなくパート労働者を在宅福祉サービスの主たる担い手として位置づけ、パート労働者を基盤とした在宅福祉事業の運営方法を追求した。協会がいかにしてそれを可能としたのか、協会の運営史をひもときつつ考察したい。

横浜市ホームヘルプ協会が活動を始めた1980年代は、在宅福祉サービス利用者の急増という課題に直面した国や自治体が、在宅福祉の有料化を図るという大きな政策転換を図った時期にあたる。この高齢者福祉の転換期、横浜市ホームヘルプ協会はパート職ヘルパーの大量雇用という手段で担い手の確保を図ったが、パート職ヘルパーの離職、サービス担い手の素人性等の課題に直面することとなった。これらの課題に対し、協会は、ヘルパーの待遇改善や昇進システムの構築に留まらず、各種の研修やパートヘルパー間の協働システムの構築等、様々な対処を試みた。さらには運営エリア地区ごとに十分な担い手を確保できるような人材調達のシステムも模索した。第3章はこれらの詳細について考察する。

第4章は、横浜市の福祉行政の変遷を通じて、横浜市ホームヘルプ協会設立の歴史的背景と横浜市ホームヘルプ協会が横浜市の福祉行政に果たした役割を論じている。

横浜市高齢者福祉事業の変遷における主な特徴として、1982 (昭和57) 年から1994 (平成6) 年にかけての高齢者対策の重点のシフト、並びにデイサービス施設等をはじめとする新規事業の立ち上がりが挙げられる。横浜市ホームヘルプ協会は、設立当初から在宅福祉サービスの「総合デパート方式」を目指して様々な活動経験を積み重ね、さらには市内各地に広がる在宅高齢者のニーズの掘り起こしに努めた。第4章は、こうした横浜市ホームヘルプ協会の営為と横浜市の福

祉行政との関連について解明する。

第5章は、調布ゆうあい福祉公社の運営史を取り上げる。調布市の福祉行政の変遷との関連を意識しつつ、調布ゆうあい福祉公社設立の歴史的背景と調布ゆうあい福祉公社が調布市の福祉行政に果たした役割を論じている。

調布市高齢者福祉事業の変遷の一つの特徴として、1985（昭和60）年以降、それまで施設志向だった高齢者福祉がにわかに在宅志向へ転換したことが挙げられる。その背景に調布ゆうあい福祉公社の設立が大きな役割を果たしていること、また調布ゆうあい福祉公社の特長である食事サービスが、調布市のその後の在宅福祉施策を支えたのみならず、調布市民にとっての地域福祉の基盤の一つの現われであった点に言及する。高齢者在宅福祉システムの形成に対する地域住民の積極的参画が強く求められている現在、「地域福祉を高める公私協同の体系の創造したがって福祉社会の形成はそれを創るに相応しい市民と文化的風土を得て可能となろう」（内藤、2000：55）という指摘からも窺えるように、地域住民の参画を下支えする文化風土の形成も今日重要な課題である。このような視点から、調布ゆうあい福祉公社の食事サービス活動のもつ意義について考察する。

終章は、あらためて、戦後我が国の社会福祉が基礎構造改革の断行・介護保険制度導入に至るまでの歴史を概観しつつ、地域に根ざした社会福祉を実現するにあたって、「福祉文化」に根ざしたコミュニティ・自治体の構築が、国民の「社会的連帯」の達成に欠かせない条件であることを述べる。その上で、そのための一つの実験の場であった二つの住民参加型在宅福祉サービス団体（横浜市ホームヘルプ協会と調布ゆうあい福祉公社）の歴史的意義と限界を明確にし、今後の高齢者福祉における「社会的連帯」の必要を述べる。

●註
1) 本研究が取り上げる住民参加型在宅福祉サービス団体とは、「住民の助け合い、相互連携を基調とした、ホームヘルプ・サービスの分野における非営利の民間有料在宅福祉サービス組織」（全国社会福祉協議会、1987：1）、「地域住民の参加を基本として公社・事業団、社会福祉協議会、生活協同組合、住民自治組織など非営利を組織理念とする団体」（全国社会福祉協議会、1989：70）をいう。
2) そうした意味で、倉沢進の以下の指摘は記憶されてよい。「素人の住民の相互扶助的問題処理のシステムの回復が、コミュニティ形成の柱であるわけであるが、次第

に明らかになりつつあるのは、専門機関による問題処理システムのなかに、それをサブ・システムとしていかに組み込むかという点に問題がしぼられつつあるということであろう」(倉沢、1976：51)

第1章

横浜市ホームヘルプ協会の設立過程
――「五つの報告書」を中心に――

1 在宅福祉サービス団体の歴史と住民参加型在宅福祉サービス団体

　1980年代以降、我が国では従来の施設中心の福祉のあり方に対する反省から、在宅福祉サービスの重要性が世間の注目を集めるようになった。近年では介護保険制度も施行され、在宅福祉サービスは我が国に確実に根を下ろしつつある。しかしそうはいいながらも、在宅福祉サービスの担い手確保の問題をはじめ、在宅福祉の基盤づくりに関する課題は今なお多い。ここでは、1980年代以降大都市圏を中心に全国各地に叢生した住民参加型在宅福祉サービス団体（以下、住民参加型団体と略）と、在宅福祉サービスの担い手（マンパワー）の問題について検討したい[1]。

　具体的検討に移る前に、まず住民参加型団体が現れるまでの我が国の在宅高齢者福祉対策について概観したい。1980年代以前、在宅で生活する高齢者を対象とした福祉事業は、老人家庭奉仕員派遣事業[2]にほぼ限定されていた。当時、老人家庭奉仕員の派遣対象は臥床している低所得者世帯に限定されていたため、在宅生活に不便を抱えるにもかかわらずサービスを利用できない高齢者が、当時多数存在した。さらにこのようなニーズの増大にもかかわらず、福祉関連予算の緊縮化によって、当時ほぼ常勤職に限定されていた老人家庭奉仕員の増員は遅々として進まなかった。

　このような状況をふまえ、中央社会福祉審議会では、意見具申「当面の在宅老

人福祉対策のあり方について」（1981年）において、①低所得者世帯以外にも派遣世帯を拡大する、②マンパワー確保のため勤務形態をパート化し、パート・フレックス制の導入を図る、③費用確保のため受益者負担の制度を導入する等の方針を打ち出した。この方針を受け入れた旧厚生省は、「老人家庭奉仕員派遣事業運営要綱」を1982（昭和57）年に改正し、以後在宅福祉サービスの有償化が進められた。このような形で在宅高齢者ニーズへの対応は徐々に進められていったものの、予算緊縮のため自治体主導による地域福祉の基盤整備がままならないという状況に基本的な変化はなく、各自治体とも在宅福祉の担い手確保に苦心することとなった。

このように、自治体によるサービス供給システムの整備が進まないまま介護問題が深刻化する状況に危機感を抱いた住民たちは、この問題を自ら解決するため、高齢者の日常生活を支援し介護・看護等のサービスを供給する民間団体を結成し始めた。それが、1980年代に都市部を中心に叢生した住民参加型団体である。住民参加型団体は、在宅福祉サービス供給に一つのモデルを示したことで、住民主体の在宅福祉の可能性を示したのである。

住民参加型団体による介護事業がそれまでの地域ボランティア活動と異なる点は、利用者から一定額の謝礼を徴収し、活動参加者への謝礼や団体の運営費として活用するという点である。

在宅高齢者の生活を継続的に支援する際には、事業の運営上必要となる諸経費の確保が欠かせない。一般の地域住民達にとって、それを確保するための道がサービス利用者からの一定額の費用徴収となるのはある意味で当然の成り行きであった。

しかし、（たとえ低額ではあっても）有償で行われる地域貢献活動というものが一般に認知されていなかった当時、低額の謝礼で活動を行う人々（もしくは団体）をどう位置づけるかという点が大きな問題となった。その理由は、本人の動機づけに関わる点、及び活動参加に伴う責任の大小に関わる点に整理できる。仮にボランティアとして位置づけた場合、社会貢献に伴う精神的報酬が得られる一方、本人の参加の自発性を尊重しなければならず、継続的に責任を負わせることには限界がある。逆に（パート）労働者として位置づけた場合、金銭的報酬に伴って責任の所在が明確になる一方、在宅介護という社会的評価の低い労働を低報

酬で行うという精神的負担を本人に強いてしまう。このジレンマを解決しマンパワーを確保することが、地域福祉構築過程における大きな課題の一つである。

これまで、住民参加型団体に関する既存研究の多くは、団体の会員を「有償ボランティア」と位置づけてきた。さらに、同団体の会員を対象とした調査報告の中には、住民参加型団体の会員は無償奉仕の意識が強いと指摘するものが散見される。しかし、このような認識は必ずしも適切ではない。

例えば、武智（1993a：358）はいくつかの住民参加型団体の会員を対象とした質問紙調査の結果を比較しつつ、「他の福祉公社よりも低賃金という理由で辞めるヘルパーが少ない」という理由から、横浜市ホームヘルプ協会の会員は他の福祉公社の会員よりも無償奉仕の意識が強いと結論づける。しかし、各団体が当時会員に対して支払っていた謝礼の額を実際に比較すると、横浜市ホームヘルプ協会の謝礼は他の福祉公社のそれを大きく上回っており[3]、上記の武智の推論は適切ではないことがわかる。

一方、調布ゆうあい福祉公社の会員を対象とした調査からは、公社が相互扶助の精神を強調しているにもかかわらず、訪問介護活動を「ボランティア活動」ではなく「仕事」として認識する会員が多かったことが指摘されている（高野、1993：161）。これらの知見を考慮すると、当時の住民参加型団体の構成メンバーには、自らをボランティアとしてではなく労働者として自己規定する人々が相当数存在したのではないかと想像される[4]。

住民参加型団体の会員が自己をどのように規定していたのかについては、深澤淑子が貴重な証言を残している。彼女によれば、「ホームヘルプ協会」が横浜市と共同設立されるにあたって、従来のボランタリーな活動の良い面が失われることを危惧した会員層から多くの反対の声が上がったという。しかし、「公的性格を帯びることによって、運営が硬直化し、きめ細かな行き届いたサービスが行えなくなることを怖れて躊躇したが、結局サービスする女性が雇用関係を協会と結び、職業人として遇されるということに魅力を持ち」共同設立が賛同されたという（深澤、1986：57）。当時の構成員にとって横浜市ホームヘルプ協会が、職業人として社会的評価を得る機会の場であったことは、ぜひ記憶されるべき点であろう。

以上からわかるように、「措置から契約」に至る在宅福祉サービスの歴史の中

で、住民参加型団体はその転換点に位置する存在である。これまでのように住民参加型団体を単に有償ボランティア団体としてとらえるのでなく、むしろパート職ヘルパーを導入した先駆的団体としてとらえ、その先駆的な取り組みに伏在する問題を浮かび上がらせることが、在宅福祉サービス供給システムのあるべき姿を検討するうえで重要な作業であろう[5]。よって本章では、パート職ヘルパーの導入を図った住民参加型団体の代表例である横浜市ホームヘルプ協会を取り上げ、その設立過程の検討を通じて上記の問題について考察したい。

横浜市ホームヘルプ協会の設立に際して、横浜市は二つの研究委員会を結成し、長期にわたって協会の構想について検討を行った。その成果は、これら委員会が作成・提出した「五つの報告書」（「横浜市老人問題研究会中間報告」、「横浜市老人問題研究会報告」、「横浜市福祉サービス供給組織研究委員会中間報告」、「横浜市福祉サービス供給組織研究委員会第二次中間報告」、「横浜市福祉サービス供給組織研究委員会報告（第一分冊）―横浜市在宅福祉サービス協会（仮称）最終基本構想―」）に集約されている。そこで、この「五つの報告書」の分析を基に横浜市ホームヘルプ協会でパート福祉職の導入が図られた背景を解明し、さらに在宅福祉政策史上においてパート職導入がもたらした意義について若干の考察を加えることにする。

2　横浜市ホームヘルプ協会設立の経緯

横浜市ホームヘルプ協会は、1980年代になって突如結成されたわけではない。協会結成に至るまでには、神奈川県下の主婦有志たちによる長く地道な準備期間が存在した。協会の沿革を語るにあたって、まずこの「準備期間」について詳しく説明したい。

1970年代、神奈川県社会福祉協議会のボランティアスクールに集っていた主婦たちの中から、様々な生活問題について共に語り合おうという声が出始めた。1973（昭和48）年10月に初めて会合を持った主婦有志の6人は、その後、高齢者問題、障害、病気、出産などの際の相互扶助の団体結成を目指し、施設見学をはじめとする勉強会を重ねた。この勉強会の中で特に高齢者介護の問題が大きな焦点となり、「住民の福祉は住民の手で」、「奉仕と助け合いの実践活動のなかか

ら、すべての福祉問題によせる市民のねがいを実現する」ことを目的として、1975（昭和50）年5月に会員制民間組織「ユー・アイ協会」[6]が発足したのである。

　ユー・アイ協会は、会員制、点数制、チーム制を取り入れたボランティア団体であり、交通費等の必要経費を会員相互に負担しつつ在宅高齢者の介護活動を展開した[7]。しかし、その後ユー・アイ協会に対して寄せられるニーズが質量共に飛躍的に増大し、活動休止を申し出る会員が出始めるなど、現体制での対応が非常に困難になった。そこで、必要経費のみならず低額ながらも会員に謝礼を支払うという、有償制を強めたサービス提供団体結成への準備が進められた。そうして1981（昭和56）年4月に設立された組織が、「ホームヘルプ協会」[8]である。ホームヘルプ協会は、地域で困った人への支援と女性の社会進出という設立目的に基づいて、有償制による家事援助・介護サービス活動を開始した[9]。設立当初の会員は15人（利用者5人、ヘルパー10人）であったが、1983（昭和58）年12月には、早くも、会員216人（利用者99人、ヘルパー117人）へと規模を拡大した。

　同時期、横浜市は来るべき高齢化社会に対応するため、1980（昭和55）年7月に「横浜市老人問題研究会」を設立し検討を進めていたが、1982（昭和57）年9月、厚生省通知「老人家庭奉仕員派遣事業運営要綱」の改正により、早急に在宅福祉サービスの担い手を確保する必要に迫られることとなった。市は1982（昭和57）年11月に「横浜市福祉サービス供給組織研究委員会」を立ち上げ、在宅福祉サービス供給のための組織作りについて検討を進めた。このような状況下で、当時在宅高齢者への訪問介護事業で目覚ましい実績をあげていたホームヘルプ協会が市に注目されることとなった。さっそく横浜市の老人福祉課長がホームヘルプ協会を訪れ、協会に対して「在宅福祉サービスの強化充実を図り、課税世帯を対象とした有料ヘルパー派遣制度を実施するための協力依頼」を行った[10]。

　その後、1984（昭和59）年3月に出された横浜市福祉サービス供給組織研究委員会の最終報告で、ホームヘルプ事業[11]のための公益法人設立が改めて提言された。横浜市は、「市民参加」を前面に打ち出し、ヘルパー派遣の実績があるホームヘルプ協会と共同で公益法人を設立する案を提示し、当協会はそれを受諾

した[12)]。こうして、横浜市が 2,000 万円、ホームヘルプ協会が 120 万円の共同出資のもとで、1984（昭和 59）年 12 月に「財団法人横浜市ホームヘルプ協会」が設立されたのである（本田、1993：57）。

3　各委員会の経緯と報告書の概要

　横浜市は、1980（昭和 55）年に本格的な高齢者実態調査を実施、同時に老人問題研究会と高齢化社会対策研究調査委員会が組織され、以後高齢化対策の検討が進められた[13)]。さらに、最重要課題である在宅介護問題への対策案を検討するため、1982（昭和 57）年に福祉サービス供給組織研究委員会が組織された（図 1 - 1）。横浜市の高齢化社会対策の展開、及び横浜市ホームヘルプ協会設立に大きな役割を果たしたこの二つの研究会が、横浜市ホームヘルプ協会の骨格形成にどのような影響を及ぼしたのであろうか。以下、その詳細を説明する。

(1)　横浜市老人問題研究会（1980.7.31～1982.3.31）

　1980（昭和 55）年、横浜市は来るべき高齢化社会に対し自治体としての課題を明確にし今後の方策を探るため、構成メンバー 14 人からなる「横浜市老人問題研究会」を設立した[14)]。

　この委員会の特色は、それまでの委員会に多く見られる審議会のような諮問方式[15)]をとらず、メンバー間の自由な討議を促す研究会方式を用いた点にある。老人問題に精通した学識経験者、評論家、ボランティアグループ代表、弁護士、会社役員等の多様なメンバーで構成され、また若年世代の委員が多かったことも特色の一つである[16)]。

　この研究会は設立当初 2 ヶ月に 1 回の頻度で開催されたが、1981（昭和 56）年 4 月以降二つの分科会に分かれ、行政と民間がそれぞれ担うべき役割とその具体的内容について、それぞれ 1 ヶ月に 1 回の頻度で検討を進め、最終的に両分科会の意見調整によって報告書が作成された。

　この研究会では、中間報告と最終報告の二つの報告書が作成・提出されている。中間報告では、まず「共生する都会」、「安全・快適・便利な街」、「交流と参加の街づくり」というイメージに基づいた、早急な要援護老人対策の実施が必要であ

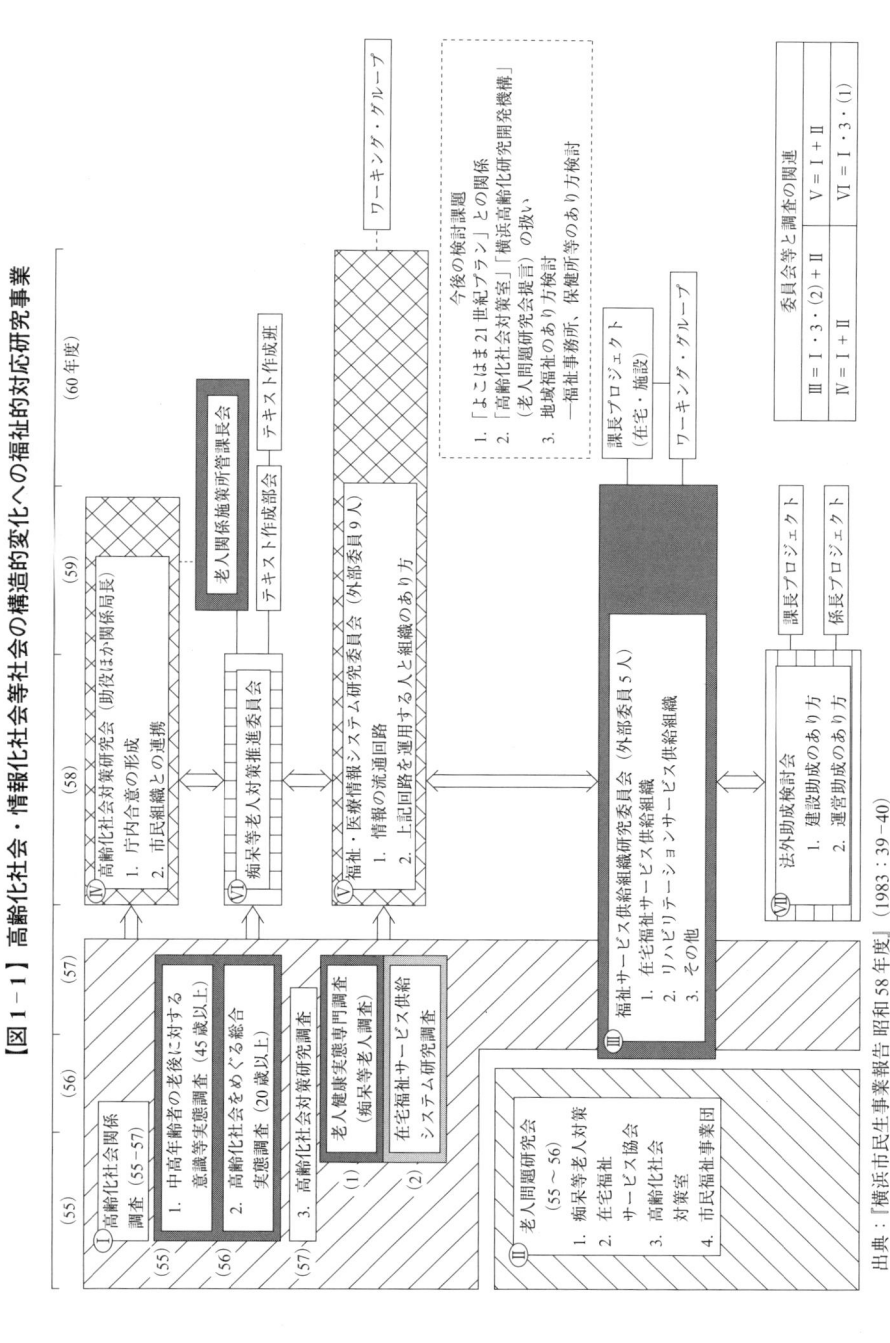

第1章　横浜市ホームヘルプ協会の設立過程

【図1-1】高齢化社会・情報化社会等社会の構造的変化への福祉的対応研究事業

委員会等と調査の関連	
Ⅲ = Ⅰ・3・(2) + Ⅱ	Ⅴ = Ⅰ + Ⅱ
Ⅳ = Ⅰ + Ⅱ	Ⅵ = Ⅰ・3・(1)

(55) 高齢化社会関係調査 (55〜57)
1. 中高年齢者の老後に対する意識等実態調査 (45歳以上)
2. 高齢化社会をめぐる総合実態調査 (20歳以上)
3. 高齢化社会対策研究調査
  (1) 老人健康実態専門調査（痴呆等老人調査）
  (2) 在宅福祉サービス供給システム研究調査

Ⅱ 老人問題研究会 (55〜56)
1. 痴呆等老人対策
2. 在宅福祉サービス協会
3. 高齢化社会対策
4. 市民福祉事業団

Ⅳ 高齢化社会対策研究会（助役ほか関係局長）
1. 庁内合意の形成
2. 市民組織との連携

Ⅵ 痴呆等老人対策推進委員会
 ─ 老人関係施策課長会
 ─ テキスト作成部会 ─ テキスト作成班

Ⅴ 福祉・医療情報システム研究委員会（外部委員9人）
1. 情報の流通回路
2. 上記回路を運用する組織のあり方

Ⅲ 福祉サービス供給組織研究委員会（外部委員5人）
1. 在宅福祉サービス供給組織
2. リハビリテーションサービス供給組織
3. その他

Ⅶ 法外助成検討会
1. 建設助成のあり方
2. 運営助成のあり方

今後の検討課題
1. 「よこはま21世紀プラン」との関係
2. 「高齢化社会対策提言」「横浜高齢化研究用発機構（老人問題研究会提言）」の扱い
3. 地域福祉のあり方検討 ─ 福祉事務所、保健所等のあり方検討

課長プロジェクト（在宅・施設）
ワーキング・グループ

課長プロジェクト
係長プロジェクト

ワーキング・グループ

(55) (56) (57) (58) (59) (60 年度)

出典：『横浜市民生事業報告 昭和58年度』(1983：39-40)

【図1-2】 在宅福祉サービス供給システム

第1のシステム	：介護人をパートヘルパーとして位置づける
第2のシステム	：家政婦等の利用
第3のシステム	：家政婦等の利用に自治体が一定の助成を行う
第4のシステム	：有志市民の協力、ボランティアに依拠

出典：『横浜市老人問題研究会報告』1982より作成

るという基本理念が示された。それに続いて、老人ホーム設立、生きがいづくり施策等の様々な対策案が示されたが、それらの中で特に問題視されたのが、在宅福祉領域における極端な人手不足への対策であった。この課題に対し、老人問題研究会は在宅福祉サービスの担い手確保の方策として、①地域住民主体のボランティア活動、②家政婦等の営利事業の活用、③ボランティア活動や営利事業に対する行政の補助、④パート職待遇の登録ヘルパーの活用、という四つの供給システムを提示した（図1-2）。

一方の最終報告では、二つの分科会での検討をふまえ、在宅福祉サービス供給システムの具体案が述べられている。そこで、老人ホームの設置運営や行政機構改革と共に提案されているのが、在宅福祉サービスを担う団体「横浜市在宅福祉事業団」（仮称）の設立である。これが後に設立される「横浜市ホームヘルプ協会」の原型となった。

(2) 横浜市福祉サービス供給組織研究委員会 （1982.11.9～1984.3.27）

横浜市老人問題研究会が提示した基本課題に基づき、市民の福祉ニーズに対応した新しい福祉サービスのあり方と供給システムについての基本構想を策定する目的で設立されたのが、福祉サービス供給組織研究委員会である。この委員会は最終的に三つの報告書を出しており、第一次中間報告は外部委員の三氏（三浦文夫、阿部志郎、京極髙宣）で作成された[17]が、第二次中間報告及び最終報告の作成には、高澤武司・高橋紘士の両氏が加わった。

第一次中間報告では、新しい福祉サービスのあり方の基本理念、具体的内容、組織の枠組み、福祉サービス供給組織の基本的課題に関する学術的整理がその中

【図 1−3】 福祉供給組織の理念型

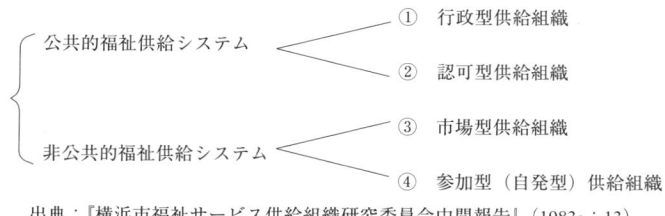

```
                                    ① 行政型供給組織
            公共的福祉供給システム
                                    ② 認可型供給組織

                                    ③ 市場型供給組織
            非公共的福祉供給システム
                                    ④ 参加型（自発型）供給組織
```

出典：『横浜市福祉サービス供給組織研究委員会中間報告』(1983a：13)

心となった。主な内容として、第一に、公私機能分担論に依拠しながら、福祉供給システムを公共的福祉供給システム（行政型・認可型）、及び非公共的福祉供給システム（市場型・参加［自発］型）という理念型に整理した（図1−3）。第二に、在宅福祉サービス供給システムの中核として、在宅サービス分野、リハビリテーションセンターのような通所施設、都市型の新しいタイプの福祉施設のそれぞれを包括する新しい型の福祉供給組織の枠組を提案する。そして第三に、住民参加の積極的受け入れに適した供給組織の整備が必要であると指摘している。

　第二次中間報告では、第一次中間報告が示した基本理念をふまえ、横浜市における新しい福祉サービス供給システムと組織のあり方に関する具体的な検討結果が盛り込まれた。

　この報告書において、委員会は、在宅福祉サービス供給組織の備えるべき性質として以下の三点を挙げる。まず多面的なホームヘルプ事業を包括的に行う組織であること、次に公共的福祉供給システムと非公共的福祉供給システムの長所を併せ持っていること、そして最後に普遍性、包括性、即応性、近隣性という四つの理念を満たしていることである。委員会は、市民参加の欠如やサービスの受け手と担い手の断絶という従来の公共的福祉供給組織の限界を克服するため、市民参加を旗印に運営面における民間の自主性、開拓性、及び弾力性を発揮する供給組織が望ましいと判断した。なお、第二次中間報告では組織形態・構成のあるべき姿についてもふれられているが、この点は本章の目的と密接に関連するため、節を改めてその詳細を述べることとしたい。

　最終報告では、第二次中間報告に対して寄せられた関係者の意見や、横浜市が実施した在宅サービスに関する意向調査[18]の結果をふまえ、横浜市の福祉サー

ビス供給システムの基本構想がまとめられている。最終報告書は二分冊で構成されるが、「横浜市在宅福祉サービス協会（仮称）」の最終的基本構想は第一分冊で取り上げられ[19]、在宅福祉サービスの担い手をパート職ヘルパーや協力ボランティアでまかないつつ、組織運営への参加や市民の拠金に基づく資金作りなど、より広範な形での市民参加を通じて、在宅福祉サービス供給組織が運営されるべきであると結論づけられている。

以上を要約すると、「横浜市在宅福祉サービス協会（仮称）」の基本構想は、在宅福祉ニーズが多様な側面から構成されるという認識に立ちつつ、多面的なサービス提供を目指した組織構成、組織運営における公益性の強調、及び行政と市民との協力に基づく参加型福祉供給システムを志向する点にその特徴をみることができる。

4　報告書が提示する福祉サービス供給システムの特色

前節では両委員会及び各報告書の概要を説明したが、各報告書が提示する福祉サービス供給システムの基本構想は、具体的にどのような特徴を持つものであったのだろうか。「在宅福祉サービスの具体的内容」「在宅福祉サービスの担い手」という2点に焦点を絞って、基本構想の特徴にふれてみたい。

(1) 在宅福祉サービスの具体的内容

居宅高齢者の抱えるニーズは実に多様である。その中でどこまでの範囲をサービスの対象と想定するかによって、実際に展開されるサービスや、サービス供給のために必要なマンパワーの質量は大きく異なってくる。横浜市の二つの研究会の場合、在宅福祉サービス供給組織が提供すべきサービスの内容はどのように考えられていたのだろうか。

その第一の特徴は、在宅福祉サービスを、「専門性を必要としないサービス」と位置づけていた点である。専門性を必要としないという指摘自体は「在宅福祉サービスの戦略」（全国社会福祉協議会、1979年）[20]をはじめ様々なところで強調されているが、ここで注目すべき点は専門性を必要としない理由の詳細である。この点について老人問題研究会の最終報告書は次のように述べる。

「在宅福祉サービスは、居宅での生活を営みつつ、ニードが生じた場合に、居宅の場において、あるいはその人を施設に通所又は、短期的に入所させて、そのニードの解決をはかるというものであり、これまでの老人ホームのように、長期間かつ半永久的に老人を収容（入所）して、その生活を全面的にケアするというのとは異なる。したがって、老人ホーム等の収容（入所）サービスが、対象老人の人格と全生活に係わることが多く、このための処遇は、『措置』行為とされるのに対し、在宅福祉サービスは、サービスを必要とする老人の人格とか、あるいは、個人生活全体に係わることは少なく、そのサービスの利用は本人又はその家族の希望で選択される場合が多い」（横浜市老人問題研究会、1982：41）

現在でこそ在宅福祉においても利用者の人格や生活全体への配慮が重要視されているが、当時の老人問題研究会の認識では、利用者の人格面や生活全体への配慮は在宅福祉サービスの範囲外であったことが、上記の記述からわかる。一方、同研究会の仕事を継承した福祉サービス供給組織研究委員会の中間報告にも、在宅福祉サービスについて以下のような記述があり、上記の老人問題研究会の考え方がほぼそのまま受け継がれていることがわかる。

「在宅福祉サービスとは、居宅での生活を営みつつ、ニーズが生じたばあいに、必要な援助・サービスをさしむけたり、あるいはその人を施設に通所あるいは一時的に入所させて、ニーズの充足をはかるというものであり、従来の社会福祉施設へニーズをもつ人を長期間入所させ、その生活全体のケアをおこなうという施設サービスと異なるものである。このため在宅福祉サービスは、サービスを必要とする全生活に、長期間、継続的にかかわることは少なく、かつ、そのサービスの必要は一時的短期的であったり、日常生活のこまごましたものにかかわりをもったりする例が多い。そのために、これらのサービスは、公的責任で充足しなければならないようなものではなく、さればと言って、営業として成立するほどではない場合もある」（横浜市福祉サービス供給組織研究委員会、1983a：13）

福祉サービス供給組織研究委員会は、在宅福祉サービス供給システムを構築する際、公共的・市場的なシステムでなく、別途の新しいシステム作りが必要と主張するが、その根拠の一つに、上記のような在宅福祉サービスの特徴を挙げるのである。

　次に、第二の特徴として、多種多様な雑務の集合体として在宅福祉サービスをとらえる点が挙げられる。先述したように、在宅福祉供給システムの内容を具体的に検討するためには、提供されるべき在宅福祉サービスの内容を詳細に整理する作業が必要である。老人問題研究会、及び福祉サービス供給組織研究委員会が、それぞれ在宅福祉サービスの具体的内容をどう整理したのか、要点を述べると次のようになる。

　老人問題研究会の中間報告では、「横浜市在宅福祉事業団」（仮称）の取り扱うべき家庭訪問サービスの内容は以下のように整理される。すなわち、①家事援助や身辺介助などのホームヘルプ事業、②家屋修理や掃除などの雑務的作業、③給食サービスや入浴サービスに代表される「定型化されたサービス」の三つである。一方、福祉サービス供給組織研究委員会の第二次中間報告をみると、「在宅福祉サービス協会（仮称）」の取り扱うべき家庭訪問サービスの内容が老人問題研究会のそれとは若干変化していることがわかる。具体的にいえば、老人問題研究会が位置づけた三つのサービスのうち二つ（ホームヘルプ事業、雑務的作業）と、留守番・付き添い・話し相手等の「精神的援助」を合わせた「人的派遣サービス」のみを取り扱うべきサービス内容とし、「定型化されたサービス」が省かれている点である（図1-4）。

　このような枠組の変更はなぜ生じたのだろうか。福祉サービス供給組織研究委員会の第二次中間報告書は、その理由を次のように説明する。すなわち、人的派遣サービスと定型化されたサービスでは、提供方式やサービス範囲の不一致、施設が提供するサービスとの競合度等、サービス組織化の点で多くの相違がある。事業運営の効率性を考慮した場合、これらのサービスは別の組織でそれぞれ提供したほうが望ましいと、委員会は判断したのである。

　このように、両委員会による在宅福祉サービスの定義に対し、供給側にとっての「効率性の論理」が強い影響を及ぼしていることがわかる。

第1章　横浜市ホームヘルプ協会の設立過程

【図1-4】サービス内容の再分類と担い手

(老人問題研究会)

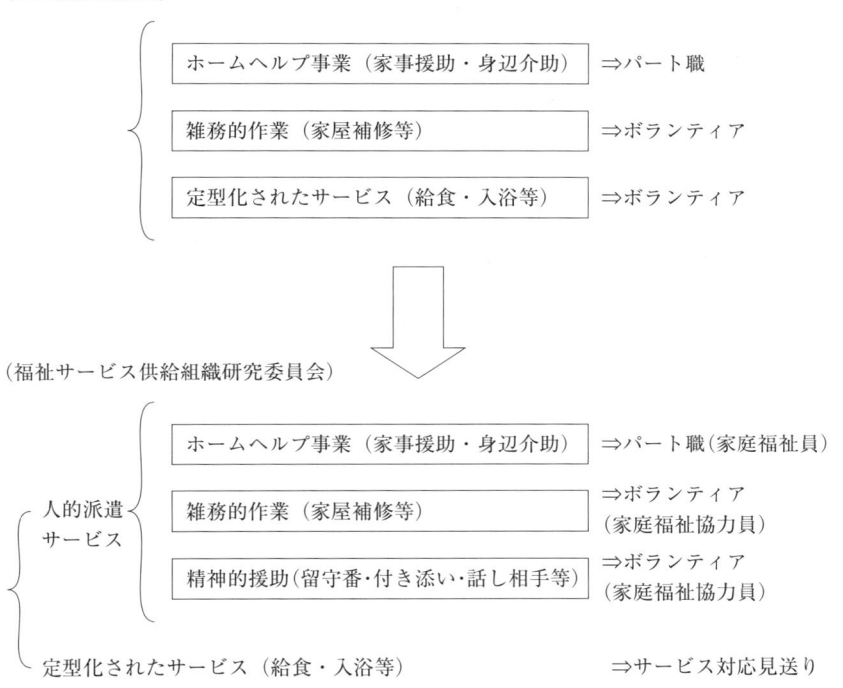

- ホームヘルプ事業（家事援助・身辺介助）⇒パート職
- 雑務的作業（家屋補修等）⇒ボランティア
- 定型化されたサービス（給食・入浴等）⇒ボランティア

↓

(福祉サービス供給組織研究委員会)

人的派遣サービス
- ホームヘルプ事業（家事援助・身辺介助）⇒パート職（家庭福祉員）
- 雑務的作業（家屋補修等）⇒ボランティア（家庭福祉協力員）
- 精神的援助（留守番・付き添い・話し相手等）⇒ボランティア（家庭福祉協力員）

定型化されたサービス（給食・入浴等）⇒サービス対応見送り

出典：『横浜市老人問題研究会中間報告』1981；『横浜市福祉サービス供給組織研究委員会報告（第一分冊）―横浜市在宅福祉サービス協会（仮称）最終基本構想―』1984より作成

(2) 在宅福祉サービスの担い手

　以上の両委員会による在宅福祉サービスの議論を振り返りつつ、前節で述べた在宅福祉サービスに関する規定が、その担い手の議論にどのような影響を及ぼしたのかについて、図1-4に基づきつつ考察したい。

　全国各地で増大する在宅福祉ニーズに対し、1980年代初頭に我が国が抱えていたマンパワーは質量共に絶対的に不足していた。そのため、担い手確保のための資源・財源を拡大させる一方、資源配分にあたって優先順位を定めつつ効果的・効率的なシステムを構築することが各自治体に求められた。さらに、当時の

老人家庭奉仕員制度に代表される行政サービスは、標準的で選択の幅が少ないという大きな欠陥があった[21]。そのような状況下で在宅福祉サービスの新しい担い手として期待されたのが、パート職ヘルパー及びボランティアであった。老人問題研究会並びに福祉サービス供給組織研究委員会は、これらの担い手を実際にどのように活用するかについての具体案を提示する必要があったのである。

老人問題研究会が四つの福祉供給システムを提示した点は先に紹介したが、さらに老人問題研究会では、ホームヘルプ事業を従来の老人家庭奉仕員、介護人[22]、及び家政婦に対応させる一方、雑務的作業（家屋の修理・電球の取り替え等）や定型化されたサービス（給食・入浴等）はボランティアで十分対応可能であるという判断を示す。ここに在宅福祉サービス供給システムへのボランティア導入の布石をみることができる。

ボランティアにどのような業務を担わせるべきかという問題は、さらに福祉サービス供給組織研究委員会でも検討が加えられたが、老人問題研究会での仮の結論からみると大幅な変更が加えられることとなった。

前節の末尾で述べたように、福祉サービス供給組織研究委員会は、在宅福祉サービス供給組織の効率的運営を図るという理由で、定型化されたサービスをサービス提供の範囲外とした。そのため、定型化されたサービス提供の担い手に目されていたボランティアの存在意義はにわかに弱まることとなった。さらに委員会での検討が進む中、ボランティア理念との衝突や労働法規への抵触など、「有償ボランティア」の導入には多くの課題のあることも確認された。このような事情から、福祉サービス供給組織研究委員会では、供給組織のサービス提供範囲と役割分担を再検討することになった。具体的には、常勤職とボランティアの二者択一でなく、それらの中間に位置するパート職ヘルパーを導入し、三者各々の役割を検討し直したのである。

結局、福祉サービス供給組織研究委員会の辿りついた結論は、様々な在宅福祉サービスを全て同一部門で提供する「総合デパート方式」を取り入れる一方、在宅福祉サービス供給システムの構築を女性の就業機会保障の問題としても捉え直し、パート職の積極活用によってより柔軟なマンパワー対策を行うというものであった。その具体的方策として、まず委員会では、①家庭福祉指導員（ソーシャルワークを担う常勤の専門職員）、②家庭福祉員（一定の研修を経て雇用される

パート職ヘルパー)、③家庭福祉協力員（登録制度に基づく協力ボランティア、学生や高齢者も受け入れる）という三つの役割を創設した。そして、パート職の家庭福祉員をホームヘルプ事業にあてる一方、軽易な家事援助サービス、雑務的作業、精神的援助の担い手として家庭福祉協力員をあてることで、ボランティアの導入を図ったのである。

ただし、このような役割分担だけでは、パート職である家庭福祉員と協力ボランティアである家庭福祉協力員との区別に曖昧さが残る。そこで最終報告書では、時間の規則性が確定されない場合や雑務的作業、精神的援助に係わる場合等、雇用に基づく家庭福祉員になじまないサービス分野を、家庭福祉協力員の守備範囲として位置づけることになった[23]。以上のような視点が、横浜市ホームヘルプ協会における供給システムの基本構想作成過程の背景にあったものと推測される。

5　小　括──「五つの報告書」が物語ること──

以上、本章では、横浜市ホームヘルプ協会設立の背景について考察するために、在宅福祉サービス供給システムの基本構想を検討する委員会が作成した「五つの報告書」の検討を行った。以下、「五つの報告書」が、報告書以後の在宅福祉サービス、特にホームヘルプサービスに与えたと思われる影響についてふれ、「報告書のもつ意義」について指摘する。

報告書がもつ意義の一つは、施設収容サービスに対する在宅福祉サービスの特質を解明し、在宅福祉サービスの問題を「再設定」したこと、そしてそれにより、横浜市ホームヘルプ協会の骨格をなすパート職ヘルパー導入に途をつけたことである。老人問題研究会報告は施設収容から在宅福祉への転換を打ち出したが、その際、施設収容サービスとの比較を通じて、在宅福祉サービスの特徴を浮かび上がらせた。すなわち、「対象老人の人格と全生活に係わることが多い」施設収容サービスに対し、在宅福祉サービスは、「サービスを必要とする老人の人格とか、あるいは、個人生活全体に係わることが少ない」（横浜市老人問題研究会、1982：41）という指摘である。さらに、福祉サービス供給組織研究委員会報告は、老人問題研究会が示した在宅福祉サービスの特徴を引き継ぐ形で、「サービスの必要は一時的短期的であったり、日常生活のこまごましたものにかかわりをもっ

たりする」(横浜市福祉サービス供給組織研究委員会、1983a：13) ものとして在宅福祉サービスを定義している。在宅福祉サービスは、個人生活全体にかかわることが少なく、細切れで一時的である。そのため、常勤フルタイマーの家庭奉仕員が主力となる公共的福祉供給システムや、営利を目的とする市場型福祉供給システムによる対応では、利用者のニーズに対応しきれない事態が生じたり、採算を追求するあまりサービスの質が劣悪化する恐れがある。サービスの質の安定や恒常性を維持する上の不都合を解消するために、パート職ヘルパーやボランティアで対応可能な非公共的福祉供給システム・参加（自発）型福祉供給システムの導入が必要、という結論に達したのである。

　報告書のもう一つの意義は、在宅福祉サービスの範囲を改めて設定しながら、在宅サービスの担い手としてホームヘルパーのパート職に対応可能な職種を提示したことである。老人問題研究会報告は、様々な在宅福祉サービスを、公的な担い手や営利事業で対応すべきものとボランティアで対応すべきものとに二分する。すなわち、ホームヘルプ事業（家事援助・身辺介助）は家庭奉仕員、介護人、及び家政婦等で対応する一方、雑務的作業（家屋修理・電球の取り替え等）及び定型化されたサービス（給食・入浴・洗濯・布団乾燥・輸送）はボランティアで対応すべきであるという指摘である。さらに福祉サービス供給組織研究委員会報告では、ホームヘルプ事業（家事援助・身辺介助）、雑務的作業（家屋補修・電球の取り替え等）、精神的援助（留守番・付き添い・話し相手等）の三つを人的派遣サービスとして統合する一方、定型化されたサービス（給食・入浴等）はこれらと別のカテゴリーであると位置づけ、協会の提供すべきサービスの範疇外とした。さらに、ホームヘルプ事業はパート職対応、雑務的作業・精神的援助はボランティア対応と区分し、パート職をホームヘルプ事業の主力として位置づけたのである。その際、パート職導入の根拠となったのは、現状の、「フルタイムか、ボランティアか」の二者択一でなく、両者の中間にパート職を導入することによって、マンパワーの確保を柔軟に図ることができるという考えであった。

　このように、「五つの報告書」は、在宅福祉サービスの内容の「整理・再設定」を行い、それを基に、対応可能な職種を提示し、パート職導入に途を拓いたとみることができる。多少の誇張を含めていえば、「報告書の歴史的意義」も、この点にあると認めることができる。在宅福祉サービスにおけるパート職導入は、女

性の社会進出や就労を促した点において、そしてまた、主婦の経験を活かした就労の機会を創出することに一役買ったという点で評価に値するものであった。勿論、それが新たな問題を内包していたことも記憶されなければならない。一例を挙げれば、パート職とボランティアという立場の違いや仕事内容の違いは、利用者と提供者との間に不協和音を発生させる誘因となっただけでなく、パート職とボランティアの間にある種の摩擦や感情的なしこりを生むという結果をもたらし、それが両者のモチベーションの低下を招いたという一面をもったことに注目しなければならない。そうした点に留意するならば、両委員会による在宅福祉サービス供給システムの検討は、「供給側の論理」に偏ったきらいがあり、現場で起こり得る事態に考慮が十分及ばず、ある見方をすれば、利用者やサービスの担い手が置き去りにされたという部分があったと指摘できよう。

担い手の供給という大命題を解決するために構想されたパート職導入は確かに担い手を飛躍的に増加させることになった。しかし、「供給側の論理」に立った「報告書」が在宅福祉サービスの「総合デパート方式」を取り入れたことも含めて、はたしてそれがどこまで利用者のニーズに合致したものであったかという点については慎重に検討されなければならない。設立後の協会が、これらの諸問題にどう対処していったのかについては、3章で詳しく検討したい。

●註
1）「住民参加型在宅福祉サービス団体」という用語が公式文書に初めて登場するのは、全国社会福祉協議会（1989：70）である。命名にあたってボランティアという用語を避けた理由は、「有償ボランティア」という表現がサービス形態のあり方の混乱を招く恐れがあったためである（全国社会福祉協議会、1987：13）。
2）ホームヘルパーは、老人福祉法が制定された1963（昭和38）年当時、老人家庭奉仕員と呼ばれていた。実施主体は市町村。多くは社会福祉協議会に事業委託されていた。当初は派遣対象を低所得者世帯に限定し無料であったが、1982（昭和57）年から世帯の所得に応じた負担が課されるようになり、1989（平成元）年の高齢者保健福祉推進10か年戦略（ゴールドプラン）から量の拡大が図られた。
3）例えば、調布ゆうあい福祉公社の報酬金額は家事サービスで時給600円、介護サービスで時給800円であった一方、横浜市ホームヘルプ協会の場合は時給870円に加え介護内容に応じて介護手当が430円まで加算されるシステムとなっていた

（1992年3月現在）。

4）ちなみに、全国社会福祉協議会が1992（平成4）年に行った「住民参加型在宅福祉サービス活動の担い手意識調査」によれば、40歳代以上の年齢層では「社会や他人のためになる活動がしたかった」という参加理由が最も多かった一方、30歳代では「人の役に立ってしかも収入が得られるから」という参加理由が最も多かったことが報告されている（安立、1994：107）。

5）介護保険制度施行後の現在でこそ、パート職ヘルパーの存在はありふれたものとなっているが、従来訪問介護事業におけるパート職導入には多くの問題点が指摘されてきた。例えば、在宅福祉サービス事業における雇用・労働契約では雇用期間や雇用条件に不明確な点が多く、それゆえに問題が生じた際は多くの場合ヘルパー側の熱意と善意で埋め合わされざるを得ない点を、橋本（1994：217）は指摘している。さらに、福島（2000：118）はホームヘルパーを労働者、ボランティアのいずれの立場で扱うかが不明確な点が、登録ヘルパーの身分を不安定なものにしていることを指摘する。

6）「ユー・アイ協会」という名称は、あなたと私、YOUとI、友情と愛情にかけ、愛の連帯と血のかよった福祉の実現を目指したことに由来する（ユー・アイ協会：1980）。

7）友情と愛情に結ばれた平等な人間関係を基礎において奉仕をしあうという方法が、幅広い人々の間で役立ち、地域の福祉をより発展できると考え、同団体では会員制と点数制を組み合わせることとした。奉仕する人を正会員、受ける人を賛助会員とし、1点・100円・1時間を単位とし、仕事の種類によって点数を決めるというやり方を採用した。具体的には、留守番：1時間を1点、掃除・洗濯：1時間を1.5点、産前産後の世話・病人の看護：1時間を2点、（重度）ねたきり老人のおむつ洗い・看護：1時間を2点、等である。1チーム4人で1ヶ所を受け持ち無理なく活動できるようにし、人を助け、自分も困った時は助けてもらう"ギブ・アンド・テイク"の助け合いが目指された（三浦：1984）。

8）「ホームヘルプ協会」は、低所得者層に該当しない一人暮らしの高齢者、または高齢者のいる家族等を対象に、協会で訓練をしたヘルパーを派遣して家事援助・介護サービスを提供する軽費家事援助組織である。ホームヘルプ協会は、運営にあたってサービス利用者を正会員、ヘルパーを協力会員とする会員制度をとる一方、サービス利用者が「会費」として支払う利用料（1時間500円）は、そのままヘルパーの収入とした。この額は1980年当時のパートタイマーの賃金を参考に設定したものである。この点から、ホームヘルプ協会が自らの活動を「有償のボランティア活動」ではなく、地域に貢献する「職業」として位置づけようとしていたことが伺え

る。ホームヘルプ協会は事務所を横浜市桜木町に置き、運営資金は県・市・各社会福祉団体からの補助金の他、正会員の入会金（10,000円）、会費（正会員：月額500円、協力会員：月額300円）、及び利用料によって調達した。また、ボランティアの役員と会員が共同で運営するとした点もホームヘルプ協会の特徴の一つに挙げられる（北川：1982、松田：1986）。

9）職業安定法には、労働者を派遣する事業を行う際には労働大臣の許可を必要とするという定めがある。ゆえに、有償制のもとホームヘルプ協会のヘルパーを利用者に派遣し謝礼を受け取る行為は、この職業安定法の定めに抵触する恐れがあった。そのためホームヘルプ協会では利用者にホームヘルプ協会の会員（正会員）になってもらい、利用者から会費を受け取りヘルパー（協力会員）へ謝礼を支払うという体裁をとることで、職業安定法に抵触しないよう配慮した（深澤：1982、園本：1989）。

10）この時の横浜市職員の訪問日は、栗木（1997：26）では1982（昭和57）年9月、園本（1986：41）では1983（昭和58）年8、10月、及び1984（昭和59）年1月というように、文献によって記述が異なる。ここでは、初回の訪問日が早い栗木の記述を採用した。ちなみに、このとき訪問した元横浜市民生局企画課課長（2006.10.7インタビュー）は、具体的な年月日までは正確に記憶していなかった。

11）横浜市老人問題研究会（1981）、横浜市福祉サービス供給組織研究委員会（1993b）では、ホームヘルプ事業、ホームヘルプサービス事業と二通りの使われ方がされている。主旨は同じものなので、本稿では「ホームヘルプ事業」を使用する。

12）元ホームヘルプ協会協力会員への聞き取り（2006.9.8）によれば、ホームヘルプ協会側では横浜市と協働することの是非をめぐって長時間激論が繰り広げられたという。

13）横浜市では、すでに1970（昭和45）年に高齢者生活実態調査が行われている。しかし当時の調査は実態把握に留まるものであり、対策の検討を踏まえた本格的な調査は1980（昭和55）年の「高齢者事業団（仮称）調査」まで待たなければならなかった。

14）当時行われた高齢者人口推計によれば、横浜市は他の都市よりも早く高齢化率が全国平均を上回ると予測されていた。委員会が設立された背景には、こうした推計を念頭に置き、高齢者対策を全国に先駆けて進めたいという市の思惑があった。

15）この時期を含め横浜市は毎年多くの特別委員会を設置しているが、1978（昭和53）年から1982（昭和57）年の間に研究会方式によって構成された委員会は、「みなと経済振興懇談会」（1978年9月発足）、「横浜市文化問題懇談会」（1979年7月発足）、「横浜市行政懇談会」（1980年7月発足）及び本委員会のみである。ここか

ら、老人問題研究会が委員会として特殊な位置づけであったことがうかがえる。

16) メンバー総数14人のうち、40歳代が3人、50歳代が7人を占めていた。

17) 最初の中間報告の正式名称は単に「福祉サービス供給組織研究委員会　中間報告」であり、「第一次」という名称がつけられていない。最初の報告書を出した時点では第二次中間報告を出す予定がなかったことがその理由だという（横浜市民生局企画課、1984：34）。

18) 「在宅福祉サービスに関する調査」は、1983（昭和58）年11月から1984（昭和59）年3月にかけて利用者のニーズ・担い手の就労意向・市民意識について、サービスの受け手・担い手及びその他の市民に分けて実施された質問紙調査である。在宅福祉サービスの利用者ニーズがとても高いこと、担い手側は（労働時間は限定されるものの）高い就労意欲があること、一般市民には極めてぼう大な潜在的利用意向があること等の結果が報告された。

19) 最終報告第二分冊は、社会福祉施設の設置・運営主体のあり方が検討され、「横浜市リハビリテーション事業団」「横浜市市民福祉事業団」（仮称）の設置構想に関するものである。二分冊にしたのはそれぞれの配布先が異なることへの配慮からだったという（横浜市民生局企画課、1984：67）。

20) 全国社会福祉協議会（1979：53）は、それまで家族成員相互の間で援助がおこなわれてきた経緯をふまえ、在宅ケアは必ずしも専門的である必要はないと指摘する。

21) 森川（1999：32）は、家庭奉仕員の絶対数の少なさや派遣対象が著しく制限される等の課題を家庭奉仕員制度が抱えていたという背景から介護人派遣事業が実施されたこと、またこのような事情から在宅福祉サービスに家庭奉仕員と介護人という二つの担い手が登場したことで、家庭奉仕員の業務内容の特殊さが際立つ結果となったことを指摘する。

22) 介護人とは、市町村による在宅福祉対策事業の一つであった介護人派遣事業（1971年制度化）において、身体の衰えや障害等で日常生活が困難になった身体障害者や高齢者に対し介護サービスを提供する者を指す。主に福祉に理解と意欲がある一般市民が登録、活動を行った。一般的には行政から交付された介護券を、高齢者や障害者が介護を受けるたびに使い、介護者はその介護券に応じた手当を得るものであった。しかし、1982（昭和57）年の老人家庭奉仕員派遣事業の改正に伴って同制度に吸収された。なお、横浜市では全国に先立ち1970（昭和45）年に、介護券を用いた独自の介護人派遣事業を開始している。

23) なお、このときの委員の一人であった三浦文夫は、有償ボランティア方式を否定する他委員の意見に当初同意していたものの、後になって「登録ボランティア」という形で有償ボランティアに準じる制度を導入すべきであると主張した。この点に

ついて、福祉サービス供給組織委員会の最終報告書では、「協力ボランティアの仕組み」として組み込まれることとなった(横浜市民生局企画課、1984：43)。

第2章

社会福祉の改革と市民参加
―― 在宅福祉の思想と方法 ――

1 三浦文夫・京極高宣両氏と横浜市ホームヘルプ協会

　前章では、横浜市ホームヘルプ協会の設立に大きな役割を果たした「五つの報告書」をとりあげ、老人問題研究会及び横浜市福祉サービス供給組織研究委員会が在宅福祉サービスの枠組をどのように構築したかを考察したが、協会成立にかかわった研究者の思想や理論についてはあえて触れずにきた。

　前章で紹介した「五つの報告書」のうち特に見逃すことのできないのは、1984（昭和59）年に横浜市福祉サービス供給組織研究委員会によって作られた最終報告書「横浜市福祉サービス供給組織研究委員会報告（第一分冊）―横浜市在宅福祉サービス協会（仮称）最終基本構想―」である。そして、この報告書の作成において中心的役割を演じたのが三浦文夫、京極高宣の両氏である。もとより報告書は両氏の研究論文ではないし、両氏の考え方が全面的に盛られているわけでもない。しかし、この報告書は急激な高齢化社会の進展という時代的背景の産物であり、我が国における高齢者介護への対策の先駆けとして大きな意味を持つものである。よって、この報告書に込められた両氏の思想や理論を読み解くことは、我が国の在宅福祉理論の成り立ちを考察する上で重要な意義を持つといってよい。

　本章では、横浜市ホームヘルプ協会の成立における理論的支柱となった三浦・京極両氏の在宅福祉に関する思想と理論について若干の整理を行い、それを手掛かりに、思想的・理論的側面から、横浜市ホームヘルプ協会の歴史的位置を検討

することを課題にしたい。

2　戦後日本の社会変動と社会福祉

　横浜市ホームヘルプ協会は、確かに行政の意欲を反映した側面も有していたが、一方で理論的営みでもあった。すなわち、戦後日本の急激な社会変動下における、在宅福祉のあり方を指し示すという理論的営みの成果でもあった。そしてそこに二人の有力な理論家——三浦文夫・京極高宣——が存在した。もちろん三浦、京極の両氏は、最初から横浜市ホームヘルプ協会を念頭において理論的な作業を行ったわけではない。その逆で、横浜市が、福祉の見直しと新しい福祉の方向を探る中で、三浦・京極両氏に理論構築を求めたのである。横浜市ホームヘルプ協会の基本構想を創りあげる上で両氏が果たした貢献には特記すべきものがある。横浜市ホームヘルプ協会設立の検討委員会のような場において、自説を完全に反映させることは至難の業である。当然のことながら、三浦・京極両氏にとって必ずしも納得のいく結果ではなかったと推察する。そうした限界の中でもなお、横浜市ホームヘルプ協会の基本構想を創りあげた両氏の貢献は記憶に価する。

　三浦・京極両氏の理論的研究は、そして、両氏の理論的研究を支柱にして形成をみた横浜市ホームヘルプ協会の成立は、それを大きな視点で眺めてみれば、福祉の転換期という時代的背景の所産であった。福祉国家の再編が世界的な潮流となり、福祉国家の役割にひとつの限界が認識された時代を意識して、両氏の理論は構築されてきた。見方によれば、それは後に、社会福祉基礎構造改革と通称される福祉国家再編に通じていく、いわば、福祉における新しい時代の幕開けを導く活動であった。社会福祉基礎構造改革は、社会福祉事業法の成立（1951年）以降の社会変動を背後にもつものであるが、その間、施設の社会化など構造改革に至るさまざまな動きを抱えていた[1]。

　我が国における福祉国家の形成は、児童福祉法をはじめとするいわゆる福祉六法（1964年）の整備（制度確立）によって進められてきた。脆弱な福祉基盤しか持たなかった我が国が福祉国家の体裁を整えるため、制度の確立という基盤整備を主眼においてきたことは当然であった。しかし、多くの社会的創造物がそうであるように、福祉国家もまた進化しなければならないという宿命から逃れるこ

第2章　社会福祉の改革と市民参加

とはできない。社会変動は福祉国家の再編を求め、制度の整備を超えた内容——より充実した福祉とそれを実現するための制度の創造——を求めることになる。三浦・京極両氏の研究は福祉国家の再編を意図し、それに寄与する理論の構築を課題として展開されたものである。

　この間の動きを確認することにしよう（表2-1・巻末資料-1）。戦後我が国の歩みをいくつかの段階に区分してとらえる手法はさまざまな分野でみられる。社

【表2-1】 戦後昭和期における社会福祉制度・政策のあゆみ（社会政策／高齢者福祉関係分に注目して）

年	事　項	研究動向・報告書
1946（昭和21）	（旧）生活保護法制定	
1947（昭和22）	児童福祉法制定	
1948（昭和23）	民生委員法制定	
1949（昭和24）	身体障害者福祉法制定	全国母子世帯調査・未亡人調査（厚生省児童局）
1950（昭和25）	生活保護法制定、精神衛生法制定	社会保障総合基礎調査（厚生省統計調査部）
1951（昭和26）	社会福祉事業法（後に社会福祉法）制定	
1952（昭和27）		社会医療基礎調査（厚生省統計調査部） 肢体不自由者（児）実態調査（厚生省社会局・児童局） 岡村重夫「社会福祉事業の本質について」（大阪社会福祉研究） 孝橋正一「社会事業・その本質探究の旅路」（大阪社会福祉研究）
1953（昭和28）		精神薄弱児実態調査（文部省） 老人の暮らしの実態（国立世論研究所）
1954（昭和29）		地方改善実態調査（厚生省社会局）
1956（昭和31）		中村優一「公的扶助とケースワーク」（日本社会事業大学研究紀要） 岡村重夫「社会福祉学（総論）」（柴田書店）
1957（昭和32）		社会保障基礎調査（厚生省統計調査部） 岸勇「公的扶助とケースワーク」（日本福祉大学研究紀要）
1958（昭和33）	国民健康保険法制定	社会保障に関する世論調査（厚生省大臣官房企画室）
1959（昭和34）	国民年金法制定	生活実態調査（厚生省統計調査部） 竹内愛二「専門社会事業研究」（弘文堂）
1960（昭和35）	精神薄弱者福祉法（後に知的障害者福祉法）制定	高齢者調査（厚生省統計調査部） 老人福祉に関する世論調査（総理府） 吉田久一「日本社会事業の歴史」（勁草書房）
1961（昭和36）		後期壮年層調査（厚生省統計調査部）

年	事　　項	研究動向・報告書
1962（昭和37）	厚生省、老人福祉センター整備費、老人家庭奉仕員事業実施	孝橋正一「全訂社会事業の基本問題」（ミネルヴァ書房）
1963（昭和38）	老人福祉法制定	高齢者実態調査報告（厚生省統計調査部）
1964（昭和39）	母子福祉法（後に母子及び寡婦福祉法）制定	一番ヶ瀬康子「社会福祉事業概論」（誠信書房） 小川政亮「権利としての社会保障」（勁草書房）
1965（昭和40）	母子保健法制定	
1966（昭和41）		牧賢一「コミュニティ・オーガニゼーション概論」（全社協）
1967（昭和42）		社会福祉と住民運動市区町村社会福祉協議会・活動実績調査（全社協）
1968（昭和43）		居宅ねたきり老人実態調査（全社協） 老後の生活調査（社会保障制度審議会事務局） 一番ヶ瀬康子・真田是「社会福祉論」（有斐閣双書）
1969（昭和44）		コミュニティ――生活の場における人間性の回復――（国民生活審議会調査部会）
1970（昭和45）	心身障害者対策基本法（後に障害者基本法）制定 社会福祉施設緊急整備5か年計画策定	老人問題に関する総合的諸施策（中央社会福祉審議会） 一人暮らし老人実態調査（厚生省） 岡村重夫「地域福祉研究」（柴田書店）
1971（昭和46）		コミュニティ形成と社会福祉（中央社会福祉審議会）
1972（昭和47）	老人福祉法（老人医療費支給制度）改正	
1973（昭和48）		老後の生活と意識に関する調査（内閣総理大臣官房老人対策室） 地域福祉サービス実態調査（経済企画庁） 孤独死老人追跡調査（全社協・全民児協）
1974（昭和49）		岡村重夫「地域福祉論」（光生館） 老親扶養に関する調査（内閣総理大臣官房老人対策室）
1975（昭和50）		老後の生活設計に関する調査（内閣総理大臣官房老人対策室）
1976（昭和51）		地域における老人のためのボランティア活動状況調査（総理府老人対策室）
1977（昭和52）		老人ホーム基礎調査（全社協老人福祉施設協議会）
1979（昭和54）		「在宅福祉サービスの戦略」（全社協） 人口の高齢化に伴う生活構造の変化に関する調査（厚生省人口問題研究所）
1980（昭和55）		高齢者雇用対策に関する基礎調査（厚生省統計情報部） 三浦文夫「社会福祉経営論序説――政策の形成と運営」（碩文社）
1981（昭和56）	第2臨調設置、社会福祉を含む行財政改革を提言	老後の生活と介護に関する調査（内閣総理大臣官房老人対策室）

第 2 章　社会福祉の改革と市民参加

年	事　　　項	研究動向・報告書
1982（昭和 57）	老人保健法制定	高齢化社会に対応した居住地域の整備に関する調査報告（厚生省） 高齢者問題総合調査報告（全社協）
1983（昭和 58）		老人保健事業報告（厚生省統計情報部）
1984（昭和 59）		京極高宣「市民参加の福祉計画」（中央法規） 丸尾直美「日本型福祉社会」（日本放送出版協会）
1985（昭和 60）		在宅福祉供給システムの研究（全社協） 三浦文夫「社会福祉政策研究——社会福祉経営論ノート——」（全社協）
1986（昭和 61）	老人保健法（老人保健施設創設）改正	福祉コミュニティの整備方策に関する調査報告書（厚生大臣官房政策課）
1987（昭和 62）	社会福祉士及び介護福祉士法制定	住民参加型在宅サービスの展望と課題（全社協） 堀勝洋「福祉改革の戦略的課題」（中央法規出版）
1988（昭和 63）		高齢者の地域社会への参加に関する調査（総務庁官房老人対策室） 東京大学社会科学研究所「転換期の福祉国家」
1989（平成元）	高齢者保健福祉推進 10 か年戦略	正村公宏「福祉社会論」（創文社）
1990（平成 2）	社会福祉関係八法改正	京極高宣「現代福祉学の構図」（中央法規）
1991（平成 3）	老人保健法（老人訪問看護制度の創設）改正	痴呆性老人の処遇調査の概要（厚生省保健医療局）
1992（平成 4）		長寿社会づくりモデル市町村に関する調査研究（総務庁老人対策室） 古川孝順「社会福祉供給システムのパラダイム転換」（誠信書房）
1993（平成 5）		老人訪問看護統計調査（厚生省統計情報部） 右田紀久恵「自治型地域福祉の展開」（法律文化社）
1994（平成 6）	高齢者保健福祉 10 か年戦略の見直しについて	老人保健福祉計画等統計調査（厚生省老人保健福祉局） 古川孝順「社会福祉学序説」（有斐閣）
1995（平成 7）	高齢社会対策基本法（総務庁長官官房老人対策室）	家族機能基本調査（厚生省大臣官房政策課） 岩田正美「戦後社会福祉の展開と大都市最底辺」（ミネルヴァ書房）
1997（平成 9）	介護保険法制定	老人保健施設調査（厚生省）
1998（平成 10）	特定非営利活動促進法制定	
1999（平成 11）	地方分権一括法制定 今後 5 か年間の高齢者保健福祉施策の方向	武川正吾「社会政策のなかの現代——福祉国家と福祉社会」（東京大学出版会）
2000（平成 12）	社会福祉の増進のための社会福祉事業法等の一部を改正するための法律制定 行政改革大綱	

出典：厚生省社会・援護局監修『社会福祉基礎構造改革の実現に向けて』中央法規出版、1998；新版・社会福祉学習双書編集委員会『新版・社会福祉学習双書2007《第 1 巻》社会福祉概論』全国社会福祉協議会、2007；池田敬正・土井洋一『日本社会福祉綜合年表』法律文化社、2000 より作成

会福祉の研究領域においても然りである。吉田（1982）は、(1) 戦後社会事業（1945年〜1959年）、(2) 高度成長期の社会福祉（1960年〜1973年）、(3) 減速経済移行期（1974年〜）という区分を試みる[2]。この吉田の試みを基本的に継承しつつ、三浦は戦後我が国の社会福祉施策の展開を、第1期（1945年〜1959年）、第2期（1960年〜1974年）、第3期（1975年〜）の三期に分けて以下のように概観する（三浦、1978a）。

　戦後しばらくの間、戦争の痛手を被った国民に対する緊急保護の観点から、低所得世帯に対する対応が政府の主たる福祉施策となった（第1期：戦後処理の時期）。その後、我が国が国力を回復し高度経済成長期を迎えると、経済開発に伴う国民間格差の是正、及び福祉増大への国民の期待に応えるため、福祉政策の対象者の拡大や予防・回復機能の重視という面から社会福祉の拡大が図られた（第2期：社会福祉の拡大期）。このような社会福祉の拡大傾向は、1973（昭和48）年のオイルショックに伴う低成長期への突入によって転換を余儀なくされ、それまでの社会福祉の枠組に大きな見直しが求められることとなったのである（第3期：社会福祉の見直し期）。

　三浦が指摘するように、戦後の我が国は復興期を経て高度経済成長を実現し、国民生活のあり方を大きく変えてきた。農村部から都市部への大規模な人口移動による世帯規模の縮小は、それまで家族が有してきたニーズ充足機能を脆弱なものにし、高齢化がその傾向に拍車をかけることとなった。また、国民全体の生活水準の向上は、社会福祉ニーズの質を変容させていくこととなった。1970年代における社会福祉施策の見直しは、このような国民の生活構造・生活意識の変化と深く関係するものであった。戦後我が国の福祉は産業化に導かれた社会構造の変動とそれに連動した生活構造の変動、さらには、それと連結する意識構造の変化という複合的変動・変化の結果としてそのあり方を変えてきた。福祉国家の再編という課題はそのような複合的変動・変化の中に生じている。

3 三浦・京極と在宅福祉思想

(1) 三浦文夫の在宅福祉思想

　先述したように戦後の我が国はオイルショック等を契機として高度成長期から低成長期へと移行した。その中で、社会福祉についても、それまでの拡大路線（福祉における量的充実志向）に対する批判が高まり、新たな方向を模索する必要に迫られることになった。そうした事態を踏まえて、三浦は、これからの我が国が構築すべき社会福祉のあり方を提案した（三浦、1978a：84-85）。三浦の提案の根底にあるのは、端的に言って、「国民がもつニーズの質が社会福祉施策のあるべき姿を規定する」という考え方であった。以下、三浦の主張するところを概観する。

　戦後の初期段階は貧困や低所得者への対応が社会福祉政策上の主要な課題であり、社会福祉には公的扶助と連携しつつ国民生活の安定化に寄与することが期待されていた。このような生活不安に基づくニーズを、三浦は、「貨幣的ニーズ」とよぶ。この貨幣的ニーズは、高度経済成長期を迎え、国民の生活水準が向上し社会保障制度が整備されるに伴って縮小する。その一方、現金給付で解決できない新たな生活ニーズの問題が浮上する。現金給付で解決できない生活ニーズのことを、三浦「非貨幣的ニーズ」とよび、今後の社会福祉施策はこの非貨幣的ニーズへの対応を主要な課題としなければならないという。

　この「貨幣的ニーズ」から「非貨幣的ニーズ」へという変化は、従来の社会福祉の供給体制にも大きな変革を迫ることとなった。そもそも社会福祉事業法第5条では社会福祉事業における公私分離の原則が定められており、社会福祉の増進はもっぱら国や地方自治体の責任であるという考え方が、1970年代初めまでの一般的な考え方であった。救貧対策を主要課題としていた時代においては、社会福祉ニーズは貨幣的・可視的であり、その公的責任はより明確であった。しかし、1973（昭和48）年のオイルショックを契機に我が国が低成長期に突入すると、それまでの手厚い公共的福祉サービスを自治体の財政事情悪化の元凶として批判する「福祉見直し論」が声高に唱えられるようになった。

【図 2-1】福祉供給組織の理念型（再掲）

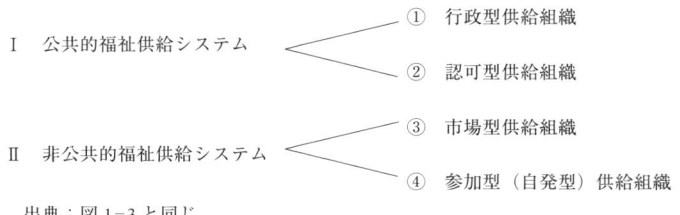

```
                                    ┌── ①　行政型供給組織
    Ⅰ　公共的福祉供給システム ─────┤
                                    └── ②　認可型供給組織

                                    ┌── ③　市場型供給組織
    Ⅱ　非公共的福祉供給システム ───┤
                                    └── ④　参加型（自発型）供給組織
```

出典：図 1-3 と同じ

　三浦は、もっぱら財政的要因から福祉縮小を唱える「福祉見直し論」とは距離をおきつつも、公共的福祉供給システムにおけるいくつかの欠陥や限界に目を向ける。第一に、現金給付よりも現物給付やサービス給付（例えばホームヘルプサービス提供、施設の提供および人的役務サービス等）による対応が必要なニーズの増大によって、公が責任を持つべき最低生活の基準は曖昧となり、ゆえに行政がニーズ充足の責任を負うことが適切でない事案が増加するという問題、第二に、行政サービスが公平性を重視する性格を持つため、サービスが標準的になり選択の幅の狭まりが生じ、結果として多様性を求める利用者に対して不利益が生じるという問題を挙げている。このような行政によるサービス提供の限界を補うため、サービス提供の主体を自治体に限定せず、市場原理や地域住民間の連帯原理に基づくサービス提供を適宜組み合わせることで、より良い福祉供給システムができると三浦は言う（図 2-1）。

　三浦は、非貨幣的ニーズが「代替・補完的ニーズ」と「即時的ニーズ」の二つに大別されるという考えを手がかりに、我が国の福祉サービス供給システムのあるべき姿についてさらに考察を進める。代替・補完的ニーズとは、家族等の私的なニーズ充足機能が十分機能しないために社会的解決を要するものを指す。一方、即時的ニーズとは、ニーズの充足に専門的知識や技術を要するため、社会的解決が必要となるものを指す。これらの二つのニーズに対応するサービスとして、それぞれ「代替・補完的サービス」と「専門的援助サービス」を考えると、これらのサービスを施設と在宅のどちらで行うべきかという問題に逢着する。この問題に対し、三浦は以下のように回答を与える。

　1970 年代以前、「代替・補完的サービス」はこれまで施設において主に提供されてきた。しかし、要援護者に対して、できる限り一般人と同等な生活環境が保

障されるべきであるというノーマライゼーションの思想に基づくと、要援護者が居宅で私的に養護・介護を受けられない場合でも、必要なサービスを用意して居宅での生活をなるべく可能にすることが望ましい。そのため、代替・補完的サービスは、可能な限り「在宅ケア・サービス」として推進すべきである。一方で施設は、在宅ケア・サービスの用意にもかかわらず居宅での介護が困難な場合、及び「専門的援助サービス」を要する場合への対処がその主たる役割となろう。

「家族機能の代替・補完は、第一義的には在宅福祉サービスで追求され、そして在宅福祉サービスでは充足することができない機能を施設（収容）に求めるということになるのである。……非貨幣的ニーズを大きく2つに分け、これに対応するサービスを『代替・補完的サービス』、『専門的援助サービス』がそれに対応して考えることができる」（三浦、1978b：11-12）。

このように考えた三浦は、これら二つのサービスを「狭義の在宅福祉サービス」とし、これに要援護状態を生み出さないための予防的福祉活動、及び一般的にハンディキャップを抱える人々に対する福祉増進のための活動を含めたものを「広義の在宅福祉サービス」と定義した（図2-2）。

【図2-2】在宅福祉サービスの概念図

対人福祉サービス（広義の在宅福祉サービス）｛予防的サービス／専門的ケア／在宅ケア／福祉増進サービス｝狭義の在宅福祉サービス

出典：「対人福祉サービスの今後の方向（その2）」『季刊社会保障研究』（1978c：18）

三浦は、このような枠組を用いることで、それまで様々な関係者によって雑多な語群で定義されてきた「在宅福祉サービス」概念に対し、一定の理論的枠組を与えたのである。

(2) 京極高宣の在宅福祉思想

京極は、非貨幣的ニーズへの転換が社会福祉の新しい供給体制を必要とすると

いう三浦の福祉思想に立脚し、在宅福祉供給システムを機能させるための要件について分析を進め、在宅福祉に関する精緻な理論を構築した。在宅福祉に関する彼の理論の特徴は、次の諸点に整理することができる。

1）福祉需給モデルの精緻化

京極が独自のモデルを提示する以前の代表的な社会福祉需給モデルとしては、福祉ニーズとそれを満たすための社会資源とのつながりに注目したティトマスの「社会市場モデル」、当面の福祉需要とそれに対応する福祉サービスとの関係に注目するフリードマンの「市場モデル」、そして、三浦のモデルの三つを挙げることができる[3]。

京極がモデルの精緻化を進める上で注目したのは、フリードマンモデルとティトマスモデルの構成要素としてそれぞれ示された、福祉ニーズと社会資源、福祉需要と福祉サービス相互の関係である。京極（1984a：81-84）は、まず、これまで截然としないまま議論されることの多かった「福祉ニーズ」と「福祉需要」を区別して、福祉需給モデルの精緻化を試みる[4]。

例えば、たとえ居宅高齢者の多くが食事の面で不便を抱えていたとしても、食事サービスの供給体制が整備されない限り、食事サービスに関する地域住民のニーズが実際に表面化することはない。言い換えれば、地域住民の心の中に潜在的に存在しているものを「福祉ニーズ」とすると、一方で、供給体制の整えられたサービスに対応して福祉ニーズの一部が顕在化したものを「福祉需要」と呼ぶことができる。社会資源と福祉サービスとの間にも同様な関係があり、具体的なサービス供給体制に合わせて、地域に潜在する社会資源の一部が動員され表面化されるという関係が成立する。

このように、福祉需要とその背後に潜在する福祉ニーズ、福祉サービスとその調達に用いられる社会資源とを厳密に区別しつつ、福祉需要と福祉ニーズ、福祉サービスと社会資源との関係に注目することが福祉需給モデル構築には欠かせない、京極はそう主張する。

京極は、以上の考察に基づいて既存の福祉需給モデルが抱える課題を提示し、モデルの改善を図る。京極の指摘するフリードマンモデル並びにティトマスモデルの問題点の一つは、上記のように福祉ニーズと福祉需要、ならびに福祉供給

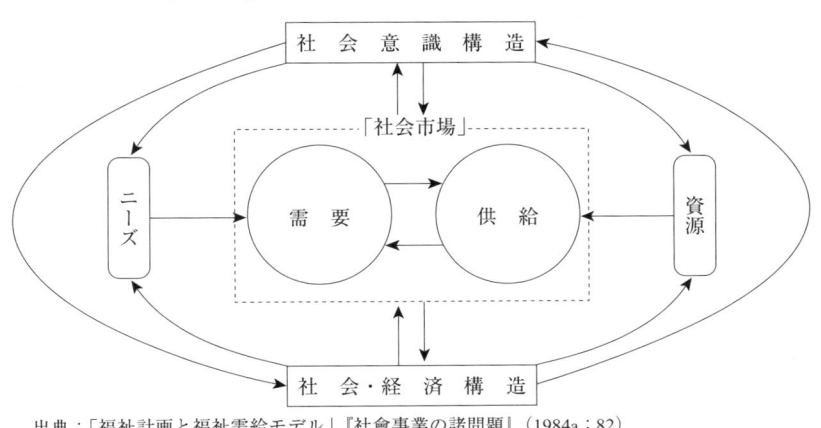

【図2-3】新しい社会福祉サービスの需給モデル

出典:「福祉計画と福祉需給モデル」『社會事業の諸問題』(1984a:82)

（サービス）と社会資源との区別が曖昧な点にある。先に説明したように、福祉ニーズとは本来潜在的なものであり、具体的福祉サービスが用意されることではじめて特定のニーズが福祉需要として表出するという性質を持つ。同様に、地域に埋もれている様々な社会資源は、社会福祉サービス供給体制によって調達されることで、はじめて福祉サービスの供給条件に転化する。

　自治体の福祉計画の構築を念頭に置いた場合、ニーズと福祉需要、サービスと社会資源との区別が曖昧なままであれば、福祉計画を具体化することができないという大きな問題を抱えてしまう。そのため、京極は①ニーズと福祉需要、サービスと社会資源とを厳密に区別するという考え方、②福祉ニーズや社会資源の有り様は、当該社会の「社会意識構造」や「社会・経済構造」によって規定されるという考え方、それぞれを需給モデルに反映させることで、「京極モデル」を完成させたのである（図2-3）。

2）在宅福祉サービスの体系と方向

　前節で紹介した福祉需給モデルの改善のみならず、京極は在宅福祉サービスそのものの理論的整理に関しても貢献した。

　在宅高齢者の社会福祉ニーズは生活の諸部面にわたりきわめて多様であるため、在宅福祉サービスのメニューはできるだけ総合的で選択性があることが望ましい

【図 2-4】在宅福祉サービスの概念図

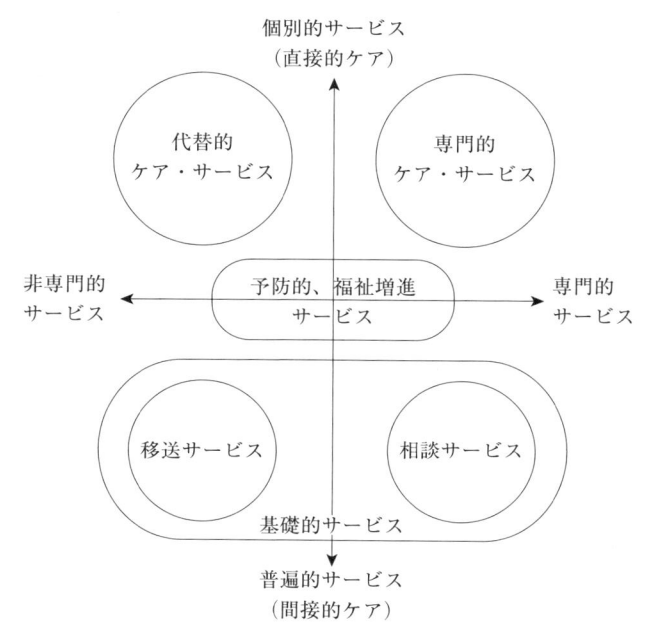

```
           個別的サービス
          （直接的ケア）
              ↑
    ┌─────┐      ┌─────┐
    │ 代替的 │      │ 専門的 │
    │ケア・  │      │ケア・  │
    │サービス│      │サービス│
    └─────┘      └─────┘

非専門的 ←──┌予防的、福祉増進┐──→ 専門的
サービス     │  サービス      │    サービス
            └──────────┘

    ┌─────┐      ┌─────┐
    │ 移送   │      │ 相談   │
    │サービス│      │サービス│
    └─────┘      └─────┘
          基礎的サービス
              ↓
          普遍的サービス
          （間接的ケア）
```

出典：「高齢化社会に対応する在宅福祉サービスの供給システム」『痴呆等老人対策と新しい在宅福祉の方向——高齢化社会対策研究調査報告書——』(1983：129)

と京極は言う。そのような視点から在宅福祉サービス総体の系統的把握を試みた際、三浦（1978c：18）が作成した在宅福祉サービスの概念図（図2-2）には、いくつかの問題が浮かび上がる。すなわち、①専門か非専門かの区別が「狭義の在宅福祉サービス」に限定されていること、②要援護者に個別に関わるサービスと移送や相談事業のように居宅ケアの基盤となるサービスとの区別が不明確であること等の問題である。

これらに対し、京極（1983：126-134）は、専門／非専門の次元と個別的／普遍的の次元を取り込んで理論的整理を図ることで、三浦の概念図が抱える課題の克服を目指している（図2-4）。ここで、京極の言う在宅福祉サービスの体系と方向について、詳しくみてみよう。京極は、地域社会における在宅福祉サービスの供給体制の全体をトータルシステムと呼び、実際に各サービスの提供を担う個々の供給組織をサブシステムと呼んで区別する。トータルシステムとしての在

第 2 章　社会福祉の改革と市民参加

宅福祉供給体制は、ニーズ発見、相談・評価、費用徴収、サービス提供、資金調達等々、様々な要素[5]によって構成される。これら全ての構成要素を単一の供給組織が担うことは実際問題として困難であり、構成要素のいくつかを担う複数の供給組織によってトータルシステムが構成されることで、初めて全体が機能すると考える方が妥当である。そうした認識から京極は両者を区別する。

「在宅福祉サービスの供給体制とは『在宅福祉サービスを具体的に推進、実践するために必要な資源の調達・配分とサービスの実施のための組織体制を意味するもの』といわれている。……供給システムと供給組織をさしあたり概念的に区別し、前者をトータルシステムとして、後者をそのサブシステムとして位置づけ直しておく必要があるのである」（京極、1984b：203-205）。

地域社会の福祉供給を担うサブシステムがトータルシステムとして再編成される上で、どのような課題が解決されなければならないのだろうか。京極は、その課題を次の六点に整理・指摘する。①利用対象が特定層（低所得層、高齢者等）に制限されることで、総合性や選択性が欠けないようにすること、②地域社会に埋もれている社会資源を十分掘り起こし、資源調達の効率化を図ること、③相談判定の機関とサービス提供機関の間で適切な役割分担と連携を図ること、④公費負担と利用者負担のどちらにも偏らない適切な費用負担を検討すること、⑤福祉行政と保健行政との連携を図ること、⑥公的社会福祉サービス機関と市民組織・ボランティア団体との連携を図ること、である。そしてこれらの問題を解決するためには、既存のサブシステム（供給組織）を補完しつなぐコーディネート部門を新設したり、トータルシステムの中核としてほとんどの構成要素を含む新たなサブシステムを構築する等の配慮が必要となる。京極のこのような構想を基盤として、「横浜市在宅福祉サービス協会（仮称）」は構築されることになった。

(3)「横浜市在宅福祉サービス協会（仮称）」の設立と三浦・京極

上記のように、京極は三浦の理論を受け、それを発展させる形で自らの在宅福祉供給システム論を構築しているため、両者の理論には大きな相違はないように思われる。しかし、「横浜市在宅福祉サービス協会（仮称）」設立のための研究委

員会においては、両者の間に「立場のちがい」が存在し、委員会で大いに論議された旨の記録がある（横浜市民生局、1984：41-43）。両者における「立場のちがい」とは何か。そしてどのような議論がなされたのであろうか。両者における「立場のちがい」と「議論の内容」を確認しておくことは、「横浜市在宅福祉サービス協会（仮称）」の目指したところを知る上で、あるいは「横浜市在宅福祉サービス協会（仮称）」の性格を知る上で必要である。

横浜市民生局（1984：41）によれば、報告書作成にあたって三浦が最もこだわったのは、「横浜市在宅福祉サービス協会（仮称）」と社会福祉協議会との関係、及び協会におけるボランティア機能の取り込みの仕方であったという。三浦は、厚生省通知において社会福祉協議会が家庭奉仕員派遣事業の委託先に取り上げられていること[6]を根拠に、社会福祉協議会に事業を委託する案を推した。それに対し京極は、社会福祉協議会が在宅福祉サービスを担うことには以下のような問題点があり望ましくないという考えを示した。すなわち、①社会福祉事業法を始めとして現行法には社協が在宅福祉サービスを直接担う根拠が見当たらないこと、②社協のもつ連絡調整機能と居宅ケアを直接担う機能との間の矛盾、③都道府県社協、市町村社協、地区社協という三層構造における一元的供給体制構築の困難、④一般の地域住民の参加を制限する社協の組織構造、の四点である。この問題に対し、最終報告書では、社会福祉協議会を表面に出さないという結論を得た。

またボランティア機能の取り込み方に関して、三浦は「登録ボランティア」という形で一部「有償ボランティア」に準じる制度を用いる案を提示した。これに対し、京極は、有償ボランティアの導入によって純粋な無償ボランティアの発達が阻害される可能性や、有償化することによる促進効果に限界がある等の問題点を考慮し、有償ボランティアよりむしろ、パート職ヘルパーの導入を図るべきであるという意見であった。この点についての話し合いは結局時間切れとなり、最終報告書は「協力ボランティアのしくみ」という曖昧な表現で両案を折衷することとなった。具体的には、①既存のボランティア団体に協力を仰いだり、②費用支弁の手段を個人への金銭報酬に限定せず、当人の所属団体の活動資金に充当したり奉仕時間貯蓄制度等の多様な方法を採用することで、有償ボランティアに一定の歯止めをかける形でまとめられたのである。

要約すると、三浦が社会福祉協議会やボランティアという既存の枠組を活用した地域ケアのしくみを志向していたのに対し、京極は既存の枠組にとらわれず柔軟に地域ケアのしくみを再構築しようと考えていたことを、上記一連の論議は示している。

4　福祉財政の見直しと在宅福祉

すでに明らかなように、在宅福祉の思想は福祉国家の見直しと密接な関係をもつ[7]。

各国で福祉国家の体制が発達した1950年代から60年代にかけて、産業の近代化・合理化に主導された経済成長を背景として政府の財源は豊かになり、社会保障・社会福祉の施策拡充に有利な条件が形成されてきた。しかし、1970年代の通貨危機と石油危機を契機とする世界的なスタグフレーションにより、先進各国の福祉国家体制は大きな困難に直面することになった。経済成長率の低下、それによる税収の停滞、失業率の上昇が顕著になったにもかかわらず、多くの国で継続して社会保障・社会福祉の施策の拡充を図り支出が拡大し続けたことで、深刻な財政危機が発生し、福祉国家型施策の行き過ぎに対する批判が沸き起こったのである。

このような背景から、福祉国家に対する批判は特に財政の硬直化に向けられることが多いが、福祉国家の欠陥はそれにとどまらないと正村公宏は言う。正村は、社会の全般的な硬直化という問題の方が、財政的な硬直化よりいっそう深刻であると指摘する。つまり、「公共的な制度・政策は、いったん確立されると、状況が変化しても改革・統合・廃棄などがきわめて困難になる。それらの制度・政策の恩恵を受ける社会集団が現状の変更に強く抵抗するからである。さまざまな社会集団の要求に対応して積み上げられた福祉国家的な施策は、改革にたいするその種の抵抗に直面して、ますます硬直化する傾向を示している。……このように、福祉国家の制度・政策と、そのもとでの集団的な交渉の仕組みが、経済のフレクシビリティ（柔軟性）を失わせ、同時に、経済的・政治的諸主体のレスポンシビリティ（責任性）を不明確にしている」（正村、1986：117-118）のである。

しかしこのような福祉国家の行き詰まりは、必ずしも福祉国家思想の破産を意

味するものではない。例えば、ミュルダール（Myrdul, G.）は「福祉国家を超えて」（1960 ＝ 1970：111-134）において、福祉国家が今日直面する諸課題はこれまでの福祉国家が未熟な段階にあることを示すものであると指摘する。国家の干渉による初期段階の不完全な計画化が官僚主義を生んでおり、その官僚主義が国民の自発性の低下と無関心の増大を生み、それがさらに官僚主義的な干渉を誘発するという悪循環が、福祉国家の直面する困難の本質である。このような行き過ぎた干渉を排除して自発性を高める努力が、福祉国家の次の段階への発展のために不可欠だとミュルダールは考えるのである。

　これに関連して、ロブソン（Robson, W.A.）は「福祉国家と福祉社会：幻想と現実」（1976 ＝ 1980：211-218）において福祉国家が直面する深刻な社会問題を提示する。つまり、現実の福祉国家においては、福祉国家の理念が本来前提としていたはずの社会的連帯や協力の精神が希薄になり、かえって個人あるいは個別の団体の利己的な態度を助長する傾向が強まっていることが、福祉国家の成立を危ういものにしているという認識である。現在の福祉国家の抱える諸課題を克服し、より高次の福祉国家をめざすためには、国民の福祉の保障のための制度整備の責任を「国家」がすべて抱え込むのではなく、市民的な参加を土台として社会全体を底辺から改革していく方向が求められていると、ロブソンは主張するのである。このように、国民が政府に依存する傾向を強め自らの責任を放棄する状況を打開するため、中央集権的な諸制度を改革し地方分権と自治の確立をめざすことで、国民の責任ある参加を促すことが必要であるという認識が、福祉国家から福祉社会へという彼のスローガンにつながったのである。「公共政策の進め方に対する国民の姿勢に明確な変化が現われており、これは、より『草の根運動的』な方向に向かっている」（OECD 報告書、1983：11）という指摘は、そうした動きを意識したものであろう。

　在宅や脱施設をめぐる福祉の動きは、明らかに、福祉国家の危機＝見直しという〈時代の要請〉と絡んでおり、その意味で理論的考察を必要とする作業であった。こうした時代の要請にもかかわらず、当時の社会福祉学会の主流は三浦のニーズ論に耳を貸そうとすることはなかった。つまり、「戦後作られました制度そのものが、十分に達成されていないところに問題があるという問題意識」（三浦、2000：16）に固執し、時代が要請する社会福祉の新しい枠組を追求しようとはし

第 2 章　社会福祉の改革と市民参加

なかった。その後、臨調を契機とする外発の「福祉見直し論」がもたらされるまで、ついに学会で内発的な議論を形成するには至らなかったのである。この点からも、三浦の提唱した福祉構想の先進性を窺うことができよう。

　こうした三浦の思想に歩調を合わせて、そうした流れの中に生まれた横浜市ホームヘルプ協会も、また、新しい福祉国家のあり方を意識していたと考えられる。もちろん、横浜市ホームヘルプ協会は福祉国家の見直しを大上段に構えていない。しかし、そこには、国民の福祉の保障のための制度整備の責任を「国家」がすべて抱え込むのではなく、市民的な参加を土台として社会全体を底辺から改革していく方向が求められているというロブソンの主張、及び公共政策の進め方に対する国民の姿勢に明確な変化が現れており、これは、より「草の根運動的」な方向に向かっているという OECD の報告書と内容的に重なるものがある。横浜市ホームヘルプ協会の設立が、福祉国家の限界を意識しつつ、新しい方向を探るという意欲的試みであったとすれば、それは、単に技術的な行政の対応を超えた理論的な支えを必要としていたにちがいない。本章で取り上げた三浦・京極、二人の研究者がそこにかかわり、積極的に推進しようとしたのも、それが福祉国家の新しい方向を探る上でひとつの実験にも似た内容をもっていたからであろう[8]。

　福祉国家の再編は必然である。そして草の根を十分意識した福祉社会が関心の対象となることも明らかである。福祉社会への関心は福祉国家にもまして民族社会がもつ歴史的個性の問題に論議を集めることになろう。生活文化や地域文化へのあるいは福祉風土を抜きにした福祉社会の形成はありえない。横浜市ホームヘルプ協会の意義と設立・発展を理論的に支えた二人の研究者の役割に対する評価（福祉社会の形成に対する貢献）はそうした点を認識して行われるべきであろう[9]。

　本章は、横浜市ホームヘルプ協会の設立における理論的支柱となった三浦・京極両氏の在宅福祉に関する思想と理論に若干の整理を行い、それを手掛かりに、思想的・理論的側面から、横浜市ホームヘルプ協会の歴史的位置を検討することを課題とした。横浜市ホームヘルプ協会の設立は社会福祉の改革と市民参加を目指す一つの実験であったといえよう。

　産業構造の変化が社会構造と地域構造を変え、社会構造と地域構造の変化が生活構造と意識構造の変化を導くという形は、戦後の日本社会においては顕著な現

象であった。かりにそうした過程を〈社会変動〉と呼べば、戦後の我が国は社会変動に満ちた社会であった。戦後の我が国は幾つかの発展段階を経験した。福祉についてみても、それぞれの発展段階で、制度を変革し、新たな制度維持のシステムをつくりだしてきた。いま社会変動を、シンプルに、「制度及び制度維持システムにおける変化」（内藤、2001b：25）とみれば、歴史は、常に、社会変動に対応する制度と制度維持のシステムを新たにする課題の前にある。横浜市ホームヘルプ協会の創生もそうした課題の一つとして理解することができる。

それにしても、福祉国家から福祉社会へという動き――福祉社会の内実化――は、それを担う自治体に力量の向上を求めており、自治体に恒常的・継続的な努力を要請する。それはいわゆる社会福祉の構造改革が緒に就いた現在なお変わっていない。その意味で、横浜市ホームヘルプ協会の設立に動いた横浜市が、その後、一つの実験ともみられるその試みを通じてどのような成果を得ているかは、この作業に参加し理論的側面から支えた研究者は当然のこと、自治体・住民にとっても大きな関心事にちがいない。

●註
1）施設の社会化は1970年代から80年代に関心がもたれたテーマである。本論は施設の社会化を直接のテーマとしないが、これは福祉見直し論とも深い接点をもつテーマであるため、ここであえて触れておきたい。施設の社会化については、当然のことながらこれを扱った論文も多い。定義も、「社会福祉施設の社会化とは、社会保障制度の一環としての社会福祉施設が、施設利用者の人権保障、生活構造の擁護という公共性の視点に立って、その施設における処遇内容を向上させると共に、その置かれたる地域社会の福祉ニードを充足・発展させるために、その施設の所有する場所・設備・機能・人的資源などを地域社会に開放・提供し、また、地域社会の側からの利用・学習・参加などの働きかけ（活動）に応ずるという、社会福祉施設と地域社会との相互作用の過程をいう」（秋山、1978：41）、「『施設の社会化』とは、社会福祉施設がその処遇理念と方法において、施設利用者の画一的処遇による集団管理体制からの脱皮をめざし、利用者の個別ニードに対応しつつ、かつ利用者自身の生活圏の拡大と自立化への助長を促すという処遇内容の向上に基づいて、利用者の生活と地域社会の生活態様との等質性を追求することであり、さらには地域社会で表出してくるところの福祉ニードを充足させるために、その施設の物的・人的機能を在宅福祉サービスの供給体制との有機的関連性をもって提供し、また地域福祉

状況についての住民の相互学習と体験を援助するという社会福祉の方法をさすものである」(神奈川県社会福祉協議会・神奈川県ボランティアセンター企画委員会、1980：3) など複数存在する。

　こうした定義に加え、施設の社会化については、それが要請された背景を確認することが必要である。阿部志郎は施設の社会化を、戦後の我が国の社会福祉の歩みの中から、必然的に要請されてきた問題であると言う。「施設の社会化は、戦後の日本社会福祉の歩みのなかから、必然的に要請されてきた問題にほかならない。戦後の社会福祉は、貧困問題に対応する公的扶助と、福祉対象者を施設へ収容し処遇する方法が中心であった。昭和20年代は、街にあふれた要援護者の対策が緊急課題であり、貧困対策が昭和20年代を特色づけた。昭和30年代は、急激な工業化・都市化が、経済成長に伴って進展し、地域環境の悪化、公害、過密、過疎、家族形態と機能の変化、交通災害等を惹起した。経済成長とともに福祉財源も伸び、福祉が行政の重点施策の一つとなり、施設づくりも盛んになるが、施設経費に占める公費も増大した。地域社会の崩壊に加えて、行政依存の態度が重なり、施設が地域社会から遊離する度合も強まってきた。……昭和40年代に老人問題がクローズ・アップされた。……老人人口の増加は、同時に老人の生活、経済、労働、住宅、家族、健康などの多様なニーズを生み出し、老人施設のみでは充足できなくなってきた。大多数の老人を、その居住する地域社会で積極的にとらえなければならなくなったのである。そこで、従来の施設中心のあり方を転換し、福祉ニーズを地域社会の住民の生活の場で見直し、これを基盤として、施設・行政・関係機関を再編成する必要と、同時に、地域社会の住民が主体となって福祉活動を展開しなければならないとの認識が深まってきた」(阿部、1980：91)。

2) 吉田久一 (1982：6-7) は、戦後初期の社会事業が貧困を中心とした「補充的」なものであるのに対し、高度成長期以降はニーズの高度化・多様化を中心とした「一般的・制度的」なものとなったという把握に異を唱え、戦時国家の崩壊と国民生活の破滅から戦後社会事業が立ち上がったという本質論的視点から、戦後社会事業を把握しようとする。この視点に沿うと、大正後半期以降の社会事業の社会問題的視点や生存権思想を継承・再編成する一方、隣保相扶や家族扶養等のいわば「幻想的共同体」理念の払拭が試みられたのが、戦後社会事業期の特徴と位置づけられる。その後我が国が高度経済成長期を迎えると、最低生活の維持から一般生活水準からみた不平等の是正へ課題が変化したため、従来の社会事業の枠組だけで当面する諸問題を解くことができなくなった。吉田は、ここに戦後日本における社会事業から社会福祉への移行を見出すのである。さらに、減速経済移行期を迎えた日本の今後の課題として、業績主義が国民相互の社会連帯を阻害した高度経済成長期の反

省をふまえ、社会的連帯の復興・生活者としての全体的人間の尊重・社会福祉の国民化の三つを推し進めるべきであると吉田は主張している。
3）社会福祉政策を議論するうえで欠かせない焦点の一つが、社会福祉の骨格となる需給モデル、すなわち福祉サービスの利用者と供給体制との関係に関するモデルである。京極は、それまでの三つの代表的なモデルと自ら作成したモデル（「京極モデル」）の対比を通じて、自らの社会福祉政策論の枠組を提示する（図2-5）。

　京極モデルの説明の前に、まずそれまで提唱されてきた代表的なモデルについて説明しよう。既存の社会福祉需給モデルの代表的なものとして、フリードマン型モデル、ティトマス型モデル、三浦型モデルの三つを京極は挙げる。フリードマン型モデルは、近代経済理論の枠組を背景に、社会福祉の需給関係を経済市場の枠組で捉えようとするモデルである。経済市場のアナロジーを用いて、公的福祉サービスの需給関係までも経済市場として強引に捉えるという方法論であるため、当面の行政需要にどう応えるかという短期的視点としては有効である一方、福祉ニーズがもっぱら所得保障レベルで捉えられるため他の福祉サービスが無視されてしまうという弱点を有する。

　これに対しティトマス型モデルは、社会福祉需給関係を公的規制下にある「社会市場」（または「政策市場」）と捉えることによって、要援護者の抱えるニーズと資源との調整関係に注目するモデルである。社会資源の範囲として財源からマンパワーにいたる広範囲に注目するため、所得保障に視野が限定されてしまうフリードマン型モデルの弱点を克服できる一方、当面の行政需要にどう応えるかという具体的

【図2-5】福祉需給モデルの類型

〈フリードマン型〉
D ─ S

〈ティトマス型〉
N ─ R

〈三浦文夫型〉
N（D）─ S

〈京極高宣型〉
N…D ─ S…R

注）N：ニーズ、D：需要、S：供給（またはサービス）、R：資源の頭文字をとっている
出典：「社会福祉学に関する一断章」『社会福祉学』（1989：134）

判断が難しくなるという弱点を持つ。もう一つの三浦型モデルは、要援護者の抱えるニーズとそれに応えて提供される福祉サービスとの調整関係に注目する。具体的に言えば、「貨幣的ニーズ」から「非貨幣的ニーズ」へというニーズの質の変化によって、居宅サービスという新しい形のサービスが必要とされるという主張を通じて、「ニーズ」と「福祉供給（サービス）」との関連に注目するのが、三浦による需給モデルである。このような特徴をもつ三浦型モデルは、需要—供給に注目するフリードマン型モデルとニーズ—社会資源に注目するティトマス型モデルとのちょうど中間に位置する政策科学型のモデルであるといえる（京極、1989：133-136）。

4）科学的研究に概念の明確化を求める論者は多い。ここでは、ロバート・マートン（Merton, R.K.）「社会理論と社会構造」の第2章「社会学理論の経験的調査に対する意義」における指摘に注目したい。マートンは言う。「概念の明確化ということがもつ一つの機能は、一定概念の下に包摂せられるデータの性格を明らかにすることである。……データが何を包摂し何を排除しているか、正にこの点を一層正確に示すことによって、データの再構成に寄与しているのである」（Merton, 1949 = 1961：82-83）。

5）在宅福祉サービス供給システムの構成要素には、その他にサービス組織化、資源調達、市民の組織化、調査・研究、ボランティア団体との連携、社会福祉施設との連携、関連行政との調整、広報・宣伝、職員研修、住民参加と全部で15の要素が挙げられている（全国社会福祉協議会、1979：117、京極、1983：124）。

6）1962（昭和37）年4月の通知において経営主体を社会福祉協議会に委託できることが定められている。その後特別養護老人ホーム等を経営する社会福祉法人及び民間事業者等に委託できるようになるには1989（平成元）年まで待たなくてはならなかった。

7）福祉国家とは如何なる国家か。福祉国家に関する定義は複数あるが、「福祉国家とは、さしあたり社会保障制度を不可欠の一環として定着させた現代国家ないし現代社会の体制を指す」（東京大学社会科学研究所、1984：3）という定義はもっともシンプルなものであろう。

そうした意味での国家はいつ頃成立したのか。福祉国家の起源についても諸説があるが、主なものには、①基本的な権力を支配階級から大衆に移さず社会秩序を確保するための社会運営の一つの流れとしてとらえる説、②19世紀の都市労働者の地域的且つ社会的な動きに端を発し労働組合や社会民主主義的労働政党の政治運動に至る流れとしてとらえる説、の二説がある。その後、福祉の伝統的担い手であったカトリック教会との主導権争い、及び19世紀から20世紀に至る市民権の拡大を通じて、国家による福祉運営の体制が整えられていったのである（OECD報告書、

1983：17-18)。

　しかし、いまわれわれは、福祉国家の役割と限界を見直す必要に迫られている。「福祉国家は、もともとは貧困や社会的保護を取扱うために生まれたものであるが、社会的ニーズや個人の選好は、もはや福祉国家のみが福祉を担う唯一の主体ではないという形に変化しつつある」(OECD報告書、1983：10-11)。

　敷衍しよう。第二次世界大戦後の経済成長と相前後して、西ヨーロッパを中心とする先進各国で福祉国家に向けた制度の整備が徐々に進められた。各国で実現された福祉国家体制は国によって多様であったものの、20世紀において世界規模で発展した大衆民主主義と、政府が積極的に市場に介入すべきであるというケインズ理論との二つが、福祉国家の成立に大きな役割を果たしていると正村公宏は主張し、福祉国家の思想を以下のようにまとめている。

　「第一に、福祉国家の思想は、一面においては、伝統的な自由主義的経済体制観を批判するが、他面においては、マルクス主義的社会主義に代表される革命主義と権威主義的な中央計画体制を否認する。福祉国家の思想は、経済の計画的制御と国民生活の社会的保障のための政策・制度の確立を求めるが、同時に、自由主義的民主主義と両立しえない中央計画体制を明確に否定する立場に立つのである。第二に、福祉国家の思想は、右に述べたような立場から、共通に、以下の政策手段を提起し、実践しようとする。①多様な方法により、産業にたいする政府のコントロールを強めること。……②経済の安定的な拡大により、すべての勤労者に就業の機会を保障すること。……③労働基本権の確立をはかり、所得や資産の極端な不平等を是正するとともに、国民生活のさまざまな起伏に対処するために、社会保障と社会福祉の制度を確立し、拡充すること」(正村、1986：112-113)。

　なお、福祉国家を伝統的な社会改良政策としてのみとらえるのではなく、政治経済全般を組織・管理する国家の広範な役割に注目して捉えようとするエスピン-アンデルセン (Esping-Andersen, 1990＝2001：232-241) のアプローチが近年台頭しつつある。

8) 横浜市ホームヘルプ協会設立の骨子を示す「横浜市福祉サービス供給組織研究委員会報告書」は、「住民参加」の旗印のもとに、協力ボランティアの導入、協会運営への市民参加、そして市民の拠金に基づく資金作り等、広範な形で市民参加を求めている。しかし、1章で指摘したように、組織運営の効率化を図る過程において、常勤職員とボランティアによる役割分担という当初の構想は変更を余儀なくされ、パート職ヘルパーの積極的導入に代えられることになった。これに関連して、研究委員会の席上、三浦文夫がボランティア構想を推したのに対し、京極高宣はパートタイムヘルパーの柔軟な運用を主張したといわれている (横浜市民生局、1984：

42）。
9）堀（1981：48-50）は、日本型福祉社会論について、賛否両論の根拠に言及しつつ理論的整理及び総合的評価を行っている。日本型福祉社会論の主張は、①国民に高負担を強い労働者の勤労意欲を減退させるという理由で欧米型福祉国家モデルを否定するという前提に立ち、②日本社会の特質である自助努力、及び家庭・地域・企業等の福祉資産をできるだけ活用すべきであること、そして③国家の社会保障施策は、上記が機能しない場合の補完役割に徹するべきである、という点に要約される。これに対して堀は、①日本型福祉社会論が強調する自助、相互扶助、家庭福祉、地域福祉等は必ずしも日本に限った特質とはいえないこと、また②家庭福祉ひとつを取り上げても、その活用にはプラスマイナスの両面があること等を根拠に、日本型モデルと西洋型モデルのどちらかを住民が自由に選択できるよう施策を講じていくことが望ましいと主張している。

第3章

横浜市ホームヘルプ協会の設立・変遷過程

　本章は横浜市ホームヘルプ協会の設立・変遷に焦点を当てた考察である。横浜市ホームヘルプ協会の設立過程については先に1章で言及したが、そこでは設立にかかわる「五つの報告書」に限定して考察を行った。これに対し、本章では設立と変遷を時系列的に観察・詳述する作業を、主に行う。

　確かに横浜市ホームヘルプ協会の性格は先に検討した「五つの報告書」をもって把握することが可能である。しかし、横浜市ホームヘルプ協会は設立以降時の経過に従って姿を変えていることも事実であり、協会の性格に関する正確な理解には、設立以後の協会の動きを丹念に追う試みが必要である。

　本章が変遷過程に注目するのは何故か。横浜市ホームヘルプ協会が時間的推移のなかでその運営方法を試行錯誤したことは、単に、設立当初、協会の掲げた理念に曖昧さがあったことを意味するものではない。何よりも協会には当初手探りの状態で出発したという事情がある。社会情勢の深刻さは協会に多くの時間を与えなかった。そこに、戸惑いをもって進む協会の姿がある。協会の揺らぎは協会の内部事情のみによるものではない。協会の戸惑い、〈変遷〉には、「国の在宅福祉政策とそれを受けた横浜市の在宅福祉に関する方針」の揺らぎも読み取ることができる。このように外部環境が不安に満ちたなかで、いかに協会はサービス供給体制を確立していったのであろうか。これを明らかにすることが本章の課題である。

1 横浜市ホームヘルプ協会の変遷

　横浜市ホームヘルプ協会の変遷をみるためには歴史年表が不可欠である。そのために作成したのが協会に関する「歴史年表」[1]である（巻末資料-2）。なお、「歴史年表」はいささか煩雑である。煩わしさをさけるために「協会の沿革」[2]を用意した。

　本章は横浜市ホームヘルプ協会が、「利用者急増に対応し、質の高いサービスを提供するためにどのような工夫を行ってきたのか」、「来るべき介護保険制度にどのように対応しようとしていたのか」という二点に注目しながら、主に、「協会の沿革」に沿って、協会の変遷過程（1984年〜1999年）を記述したい。

　まず本節では、表3-1を参照しつつ協会の沿革について簡単に説明する。

【表3-1】横浜市ホームヘルプ協会の沿革

年	月	摘　要
1984年	12月	財団法人横浜市ホームヘルプ協会設立、ホームヘルプサービス開始
1985年	2月	第1回全体研修開催
1986年	3月	協会報「ホームヘルプよこはま」創刊（年3回）
	4月	第1回ホームヘルパー育成研修開催
1988年	8月	ヘルパー向け「交流室だより」創刊
	9月	「交流室」開設
	10月	訪問入浴サービス開始 「土曜サロン」開設
1989年	12月	ケアヘルパー（週5日時間拘束型）を導入 5周年記念大会開催（5年勤続ヘルパー表彰）、5周年記念誌出版
1990年	10月	介護手当制度開始（介護サービスを行っているホームヘルパーに業務程度に応じて支給）
1991年	9月	ホームヘルパーのグループ活動に助成を開始 理事長への手紙―協会への私の提案・ヘルパー活動着デザイン募集
	10月	戸塚事務所（支部第1号）開設 ガイドヘルプサービス開始（視覚障害者・全身性障害者の外出介助）
1992年	1月	第1回ヘルパー感謝祭開催
	3月	7周年記念パネルディスカッション開催
	6月	ヘルパー募集・登録・研修等の業務を担当する「人材開発課」を設置
	10月	一時入所送迎サービスを開始
1993年	10月	夜間及び祝日・年末年始のホームヘルプサービスの開始
1994年	2月	第2回ヘルパー感謝祭開催

第3章　横浜市ホームヘルプ協会の設立・変遷過程

年	月	摘　要
	8月	チーフヘルパーを導入（相談指導業務と共にヘルプ活動・介護指導も行う） シニア・りぶいん巡回相談事業を開始（民間借り上げ型高齢者用市街住宅）
	10月	港北事務所（支部第2号）開設
1995年	3月	10周年記念シンポジウム、永年活動（10年勤続）ヘルパーの集い開催、10周年記念誌出版
	6月	早期対応ケアヘルパーを導入（派遣開始日までの期間を短くするために派遣）
	8月	シルバーハウジング巡回相談事業を開始（高齢者用市営住宅）
	10月	経験加算開始（ヘルパー経験5年以上かつ2500時間以上の経験者に賃金加算）
1996年	3月	永年活動（10年勤続）ヘルパーの集い開催
	10月	矢向地域ケアプラザ受託運営開始（通所介護、居宅介護支援、地域交流、在宅介護支援）
	11月	24時間巡回型ホームヘルプサービス事業を西区で開始
1997年	1月	社会福祉法人横浜市福祉サービス協会設立
	3月	財団法人横浜市ホームヘルプ協会解散 永年活動（10年勤続）ヘルパーの集い開催
	4月	横浜市阿久和ホーム（現新橋ホーム）受託運営開始（養護老人ホーム） 相談指導課を派遣調整課、人材開発課を企画研修課に名称変更
	6月	藤棚地域ケアプラザ受託運営開始
	7月	瀬谷事務所（支部3号）開設
	10月	難病患者等ホームヘルプサービス事業を開始 ホームヘルプサービスの365日派遣を開始 24時間巡回型ホームヘルプサービス事業を南区で実施 新橋ホーム・藤棚地域ケアプラザで在宅介護支援センター事業開始
1998年	2月	タイムヘルパー（週32時間拘束型）を導入
	3月	チーム運営制の導入（チーム作りサービスをモデル的に行う）、ヘルパーステーション6ヶ所で始まる
	5月	ホットほっと福祉シンポジウム開催
	8月	金沢事務所（支部4号）開設
	9月	矢向地域ケアプラザで在宅介護支援センター事業開始
	10月	ホリデイサービス開始 24時間巡回型ホームヘルプサービス事業を鶴見・金沢・戸塚・瀬谷区で実施 知的障害者へのガイドヘルプサービス開始
	12月	中山地域ケアセンター受託運営開始及び在宅介護支援センター事業開始 「ふれあい110番」（ヘルパー電話相談）開設
1999年	2月	ヘルパーステーション14ヶ所に達する
	3月	活動感謝の集い（ヘルパー・施設職員の10年、5年活動表彰）開催
	5月	泥亀地域ケアセンター受託運営開始
	12月	ヘルパー応援BOOK出版

出典：『事業年報』1984-1993；『交流室だより』1988-1999；『横浜市ホームヘルプ協会ごあんない』1987、1989、1990、1991、1992より作成

　横浜市は、1984（昭和59）年3月、検討委員会から答申された「横浜市福祉サービス供給組織研究委員会報告」を受け、同年4月には準備担当職員を発令し、

6月には事務局体制を発足させた。同年9月に任意団体を設立するとともに、12月、財団法人横浜市ホームヘルプ協会を設立してホームヘルプサービス事業を開始した。

横浜市ホームヘルプ協会が設立されてしばらくの間は、ヘルパーに対する研修が主な取り組みとなった。協会にとっての初めての全体研修は1985（昭和60）年2月に開催される。この全体研修はその後2003（平成15）年度まで毎年開催されるが、それと並行して協会は各区に「地区別研修」を開催し、グループ討議や講演会を通じて相談指導員（ヘルパーと利用者のコーディネーター役）とヘルパーとの交流を行った。この地区別研修は、1989（平成元）年に「地域交流セミナー」と改称され、現在、区事業所毎の職場研修に至っている。さらに1986（昭和61）年4月、協会は独自に介護技術を身につけるための「育成研修」を開始した。この育成研修は、1992（平成4）年度以降、市のホームヘルパー2級養成研修委託事業、さらに1996（平成8）年度以降ホームヘルパー3級養成研修事業として引き継がれ、1999（平成11）年3月まで続けられた[3]。

また協会は、会員向け広報や会員間交流の取組に早くから取り組んだ。協会による最初の協会報「ホームヘルプよこはま」[4] は1986（昭和61）年3月に創刊されている。さらに協会は1988（昭和63）年8月、ヘルパー向け通信「交流室だより」を創刊した。同年9月には事務所内に「交流室」[5]、10月には「土曜サロン」[6] が開設され、以後ヘルパーの相談・交流の場として機能した。交流室だよりはその後月1回発行され、2000（平成12）年4月の名称変更（スタッフ通信あいあい）を通じて現在に至っている。

1988（昭和63）年10月、訪問入浴サービスが開始された。ここから横浜市ホームヘルプ協会の在宅福祉事業の多角化が始まる。事業の展開は、その後ガイドヘルプサービス開始（1991年10月）、一時入所送迎サービス開始（1992年10月）、夜間及び祝日・年末年始のサービス開始（1993年10月）、高齢者用市営住宅巡回相談員派遣事業開始（1994年8月）、24時間巡回型ホームヘルプサービス開始（1996年11月）、難病患者等ホームヘルプサービス・ホームヘルプサービス365日派遣開始（1997年10月）と進められた。一方、このような事業の展開によって運営面での改善が徐々に求められるようになり、ケアヘルパーの導入（1989年12月）を始め、介護手当制度開始（1990年10月）、人材開発課の設置

(1992年6月)、チーフヘルパー導入(1994年8月)、経験加算制度導入(1995年10月)、「ふれあい110番」(ヘルパー相談電話)開設(1998年12月)等、徐々に新しい職種の導入や待遇改善、組織機構の改革を行っている。

1997(平成9)年は、協会が新法人「社会福祉法人横浜市福祉サービス協会」へと改組された年である。介護保険への対応、及び入所施設経営を含めた多角的経営を視野に入れ、各種事業を展開する。同年4月には老人ホームの受託運営も開始された。また改組の前年に矢向(鶴見区)で初めて開設されたケアプラザはその後横浜の各区に広がり、後の在宅介護支援業務の礎となった。以上が1999(平成11)年までの横浜市ホームヘルプ協会の沿革である。

2 協会における四つの発展段階
——国の方針や横浜市の対応と対比しつつ——

横浜市ホームヘルプ協会は、在宅福祉分野における民間団体として開拓者(パイオニア)の位置にある。以下においては、そのことを念頭において、いくつかの資料から協会の変遷を捉えてみたい。

まず、利用者数と活動ヘルパー数の変化をまとめた図3-1をみると、横浜市ホームヘルプ協会には、①利用者、ヘルパーともに微増を続けた時期、②利用者が急増したことに合わせてヘルパー数の増加が図られた時期、③利用者数、ヘルパー数共に減少に転じた時期の三つの時期があることがわかる。また先述したように、協会は1997(平成9)年に新法人「社会福祉法人横浜市福祉サービス協会」に改組されているので、さらに②の時期を、法人の改組前後で二分してとらえることができる。以上をふまえ、横浜市ホームヘルプ協会にみられる変遷過程を、「離陸期」(1984年～1989年)、「拡大期」(1990年～1995年)、「改変期」(1996年～1999年)、「再編期」(2000年～)と呼ぶことにする。それぞれの時期に起きた主な出来事を整理し読み込むことを通じて、協会が外部からの要請にどのように対応したか、その動きを観察したい。なお、介護保険制度後は協会を取り巻く状況も大きく変化するところから、ここでは、以上の四期のうち、改変期(第三期、協会によるホームヘルプサービス事業が横浜市在宅サービスの中心的位置を占めた時期)までに限定して記述をすすめたい。

【図3-1】利用者数と活動ヘルパー数の推移

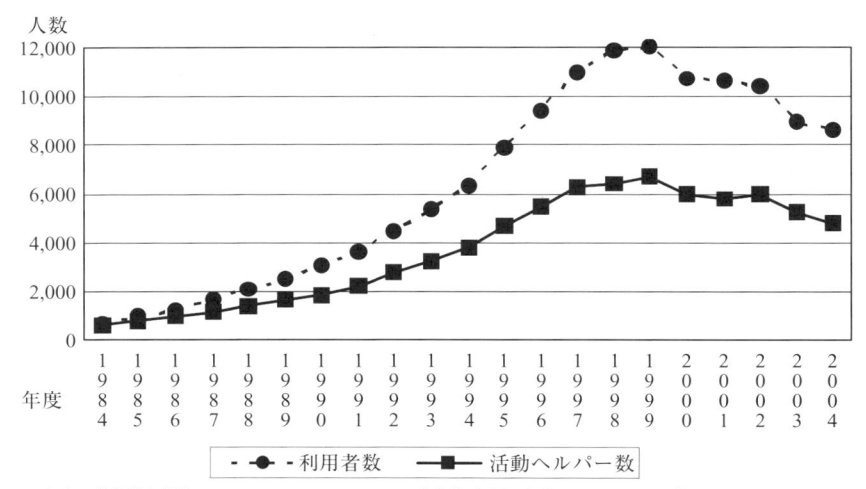

出典:『事業年報』1984-1993、2000-2004;『交流室だより』1988-2004;『ホームヘルプよこはま』1986-1997 より作成

(1) 第一期:離陸期(1984年〜1989年)

1)国・全国的動向

　高齢者を対象とした在宅福祉事業は、1970年代まで専ら無償のサービスとして行われていた。そのような状況に大きな転換をもたらしたのが、①有料ホームヘルパーの新設検討を提言した全国社会福祉協議会在宅福祉サービス研究委員会「在宅福祉サービスに関する提言」(1977年)と、②在宅福祉の新たな担い手としてボランティア活動への期待を明言した全国社会福祉協議会研究報告「在宅福祉サービスの戦略」(1979年)であった。これらの二つの提言を受け、中央社会福祉審議会は意見具申「当面の在宅老人福祉対策のあり方について」(1981年)において、在宅福祉サービスの有料制度の導入について具体的な改定内容を提案した。「老人家庭奉仕員派遣事業運営要綱」(1982年)の改正はこのような経緯をもって生まれたものである。1982(昭和57)年の改正では、在宅福祉サービスの派遣が有料化されたほか、サービスの担い手の非常勤化も図られた。家庭奉

仕員の勤務体制を弾力化しマンパワーの確保を図るため、非常勤家庭奉仕員に関する規定を改め、「臨時的介護需要にも対応できるように日給のほか、新たに時間給の家庭奉仕員を設置できるようにした」ほか、「家庭奉仕員の身分をそれまでの〈原則常勤〉から〈恒常的、臨時的介護需要等を総合的に判断して決定する〉」ものへと変更したのである。それは非常勤・パート制・時間給制を導入し潜在的ニーズに対応するための改正であり、ヘルパー増員を目指したものであった。

しかし、ホームヘルパーの非常勤化の進行は、一方で、提供されるサービスの質の低下につながる恐れがある。そのために、国は1985（昭和60）年に「主任家庭奉仕員制度」[7]の導入を図り、ホームヘルパー20人につき主任家庭奉仕員1人を配置し、主任家庭奉仕員による家庭奉仕員の指導を通じてサービスの質の向上を図ろうとした。このように、当時の在宅福祉事業は、一方で人的資源確保のために柔軟な勤務体制を導入しつつ、他方でサービスの質を維持するという難しい問題に直面していたのである。

2）横浜市ホームヘルプ協会の対応

設立時、協会は「誰にでも」、「何でも」、「いつでも」、「どこでも」を理念として、充実した在宅福祉サービスを提供しようとした。しかし、先述したような状況もあってその実現には多くの困難があった。この時期、協会が特に課題として意識していたのは、「ビューロクラシーによる弾力性を欠いた定型的サービス」（横浜市社会福祉協議会自主研究会、1985：32）という批判にみられるように、いかに各利用者の状況に合わせた対応と質の高いサービスを維持するかという点にあった。

この課題に対する協会の取り組みは、①協会独自の研修プログラム、②仕事の範囲を明確にするためのマニュアル化、③経験者による同行訪問及び指導、④ヘルパー間の相互交流、の四点にまとめられる。

第一に、厚生省が1987（昭和62）年にホームヘルパーの研修内容を整備するのに先駆け、横浜市ホームヘルプ協会では、「ホームヘルプ協会」時代から独自の研修プログラムを培い、サービスの質の向上のために絶えず見直しを行っていた。さらに、各会員に研修内容がきめ細かに浸透するよう、1985（昭和60）年2

月から開催された「全体研修」と同時並行で、各区別の「地区別研修」も実施した。さらに各ヘルパーの早期育成を図るため、1986（昭和61）年4月からは育成研修も実施している。

　第二に、仕事の範囲を明確化し業務内容の標準化を進めるため、協会では就業規則やヘルパー覚書等を整備するにとどまらず、各ヘルパーに「ヘルパー手帳」を配布。各ヘルパー間で業務内容にばらつきが出ないよう各業務の標準化を図った。

　第三に、協会ではヘルパーが利用者宅を初回に訪問する際、必ず相談指導員が同行し、介護内容について様々な指導を行うことで、各利用者の生活ニーズが円滑に引継がれるよう配慮した。

　第四に、協会ではヘルパー間の相互交流を促進するための様々な取り組みを実施した。協会報「ホームヘルプよこはま」（1986年3月）の発刊に加え、ヘルパー向け通信「交流室だより」（1988年8月）を創刊。さらに、1988（昭和63）年9月には相談指導員とヘルパー、またヘルパー同士の交流を促すために「交流室」を用意し、同年10月からは毎土曜日に指導員が常駐し、ヘルパーの相談に応ずる「土曜サロン」が開始された。各利用者宅で独りで仕事を行うという職務の特殊性のため、ヘルパーは常に仕事上の悩みを抱えたまま孤立するリスクを負っていた。上記の諸活動はこの課題に対する解決策だったのである。

　このように、横浜市ホームヘルプ協会は様々な研修プログラムを通じて業務能力を高める一方、組織内におけるヘルパー間の交流機会を確保し[8]、協会の安定的運営に努めた。事実、そうした取り組みを反映して、その後協会の規模は順調に拡大した。1984（昭和59）年度の設立時には、利用者692人、活動ヘルパー605人で出発した協会が、5年後の1989（平成元）年度には、利用者2,534人、活動ヘルパー1,648人を数えた。

(2) 第二期：拡大期（1990年～1995年）

1) 国・全国的動向

　1989（平成元）年の老人家庭奉仕員派遣事業運営要綱の改正によって、サービス内容が「身体の介護に関すること」と「家事に関すること」に二分され、これらのうち身体介護に重点が置かれることとなった。また、同年の高齢者保健福祉

推進十か年戦略で、ホームヘルパー設置の目標値が10万人と具体的に定められ、高齢者に関する保健・医療・福祉サービスの基本的方向（市町村における在宅福祉対策緊急整備のいわゆる三本柱としてホームヘルパー・ショートステイ・デイサービスが挙げられた）が明示された。これらの大きな制度改革によって、ホームヘルプサービスは、その後、国内全域にしっかりと根を下ろすこととなる。

このようにホームヘルプサービスの利用機会を増大させる試みは、同時に、ホームヘルプサービスの内容を大きく変化させた。第一に、ホームヘルパーの業務内容は「介護」、「家事」に区分され、介護業務の賃金単価が家事業務の1.5倍で計算されることとなった。第二に、在宅福祉サービスにおける多職種間連携やサービスの統合化の必要性が認識されるようになったことから、1992（平成4）年にはそれまでの「主任家庭奉仕員」制度が廃止され、新たに「チーム運営方式」[9]が導入されることとなった。第三に、在宅サービス利用者のニーズに対応するため、1995（平成7）年には「24時間対応ヘルパー事業（巡回型）」[10]が導入され、多様なサービスが開発・実施されるようになった。

2）横浜市ホームヘルプ協会の対応

在宅福祉サービスの利用機会の増大により、横浜市ホームヘルプ協会のサービス利用者数は、前年度比伸び率が毎年20%以上という大幅な伸び率を記録したことは先に見た。しかし、活動ヘルパー数は利用者数ほどの大きな伸びを示さなかった。図3-2からわかるように、協会設立後しばらくの間は新規登録者と登録抹消者の差が300人台を維持し、登録者数は順調な伸びを示していた。それが、1990（平成2）年には、新規登録者数と登録抹消者数が非常に接近する。高齢者の在宅サービスニーズの拡大にもかかわらず、この時点で活動ヘルパー数に伸び悩みが生じたのである[11]。

横浜市ホームヘルプ協会の抱えるヘルパーのほとんどは非常勤（パート）であるため、利用者数の増加に対して、より多くのヘルパーを確保する必要がある。それゆえに、この時期のヘルパー不足は特に深刻なものであった。協会の平成元年度事業報告書では、「ヘルパーによって活動可能な日数・時間数が様々なのに対し、利用者側の希望も尊重して実施していかなくてはならないため」ヘルパー不足が生じていることが指摘されている[12]。当時のヘルパー通信「交流室だよ

【図3-2】ヘルパーの新規登録・登録抹消者数の推移

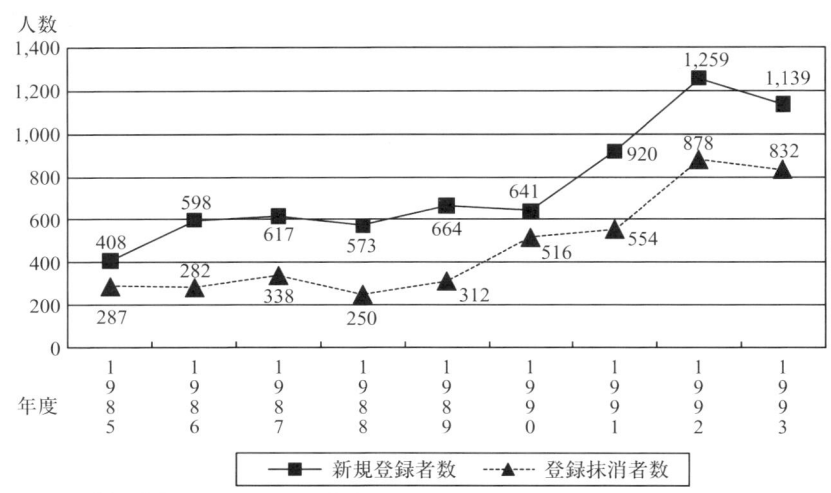

人数

新規登録者数: 1985年度 408、1986年度 598、1987年度 617、1988年度 573、1989年度 664、1990年度 641、1991年度 920、1992年度 1,259、1993年度 1,139

登録抹消者数: 1985年度 287、1986年度 282、1987年度 338、1988年度 250、1989年度 312、1990年度 516、1991年度 554、1992年度 878、1993年度 832

出典：『事業年報』1985-1993より作成

り」（1989.11.25）も、「ヘルパーさんが足りない」という見出しでヘルパー不足の問題の深刻さを伝えている。

　この問題は複数の新聞紙上でも取り上げられた。毎日新聞は、「ヘルパー不足深刻　要介護老人が激増」（1989.12.8）として、要介護老人が激増し対応するヘルパーの数が追いつかないため、ヘルパー確保策として時給を上げることを伝えたほか、読売新聞は「求む！　ホームヘルパーさん　利用件数増加に数確保ままならず」（1991.5.24）という記事を掲載し、平均勤続年数が2年前後と定着率が悪いため、常時補充に追われている実情を報道した。

　ところで、こうした事態が生じた理由を、当時の協会関係者はどのように認識していたのであろうか。当時協会職員だった鎌田宣子は、ヘルパーの定着率が低い理由として、「自分の描いていたイメージよりも、現実は厳しく、仕事がハードである」（鎌田、1988：5）ことを第一に挙げる。また、横浜市職員だった川合邦明は、「待遇のよい他のパートに就労するため」（川合、1991：57）と推測する。さらに考慮すべき点として、協会が雇用するパート職ヘルパーの主力は主婦であったため、配偶者特別控除の範囲（扶養控除枠）を超えない程度の就労を希望した点も理由の一つに挙げられよう。彼女らは限られた収入範囲でしか活動しない

第 3 章　横浜市ホームヘルプ協会の設立・変遷過程

【表 3-2】ヘルパーの時給・各種手当の変化

年度	時給	待機保障	介護手当	年度	時給	待機保障	介護手当
1984	590	590		1996	1,020	740	510
1985	610	610		1997	1,030	740	510
1986	650	650		1998	1,040	740	510
1987	670	670		1999	1,050	740	510
1988	670	670		2000	1,060	740	520
1989	720	720		2001	1,060	740	520
1990	740	740	380	2002	1,070	740	520
1991	870	740	430	2003	1,070	740	520
1992	960	740	470	2004	1,070	740	520
1993	980	740	490	2005	1,070	740	520
1994	1,000	740	500	2006	1,070	740	廃止
1995	1,010	740	510				

出典：『事業年報』1984-1993、2000-2006；『スタッフ通信あいあい』2004-2006；『交流室だより』1988-2004；『ホームヘルプよこはま』1986-1997；『横浜市ホームヘルプ協会 ごあんない』1987、1989、1990、1991、1992 より作成

　ため、利用者の増大に対しマンパワーの確保がままならなかったのである。このような様々な制約下、協会は、ヘルパーの引きとめを図るため、ヘルパーの待遇改善に向けての取り組みを模索し始めたのである[13]。

　横浜市ホームヘルプ協会の取り組みの第一は、賃金体制の整備である（表 3-2）。1989（平成元）年度までヘルパーへの報酬は時給 720 円（ただし、同額の待機保障はされていた）であり、1990（平成 2）年に「介護手当」の導入を図ったほか、1991（平成 3）年および 1992（平成 4）年の各年で、それぞれ 130 円、90 円と時給を大幅に引き上げ、待遇の改善を図った。ここでいう「介護手当」制度とは、ヘルパー業務を家事と介護に分け、それぞれのサービス内容を具体的にひとつひとつ確認し、点数化した上で、上位ランクの業務に従事するヘルパーには、より多くの介護手当を支給する制度を指す。このように利用者の介護の必要度を反映した制度は、現在の介護保険の要介護認定制度のさきがけとなるものである[14]。

　この制度には、単なる待遇改善にとどまらず、自分の業務評価を実感できる仕組みを作ることでヘルパーの意欲向上を促す狙いもあった。さらに、1993（平成5）年から開始された夜間及び祝日・年末年始対応サービスについては、時給

1,280円、待機補償760円、介護手当640円とより高額の手当を保障しており、また1995（平成7）年には、経験加算として、経験5年かつ2,500時間以上の活動時間経験者には時給を20円上乗せするという制度も開始した[15]。

1995（平成7）年時点で、国のヘルパー給与基準が、賃金910円、介護手当470円、待機保障無しであったことと比較しても、協会がヘルパー確保のために非常に高いレベルの賃金を保障していたことがわかる。見方を変えれば、当時の横浜市においてパート職ヘルパーの確保がいかに困難であったかを裏付けるものともいえよう。

ところで、当時の緊迫した状況に応ずるためのヘルパー確保策として、ヘルパーの待遇改善のみでは不十分であった。なぜなら先述したように、ヘルパーの多くは主婦であり、配偶者特別控除との関係から、待遇改善の効果は部分的なものに留まらざるを得なかったからである。協会によるこの他の取り組みの中で特に重要と思われるのは、協会を起点とするヘルパー達や地域住民たちの連帯意識を高めるための様々な試みである。

1991（平成3）年、協会ではヘルパー同士の交流を推進するため、グループ活動の助成制度（年間3万円まで助成）を始めた。当時の協会ヘルパーとして働く人々の中には、自身の技術向上のために自発的に勉強会を開催する機運が生まれていたが、グループ活動助成制度はこうした機運を軌道に乗せ、ヘルパー間の仲間作りを推進させるねらいがあったものと思われる[16]。また、「理事長への手紙―協会への私の提案」としてヘルパーから積極的に意見・提案を募る試みや、活動着のデザイン募集を行う等、ヘルパーに対して協会運営への参加を促す取り組みを行ったのもその一環である。特に「理事長への手紙」については、「交流室だより」を通じて、応募状況の発表やヘルパーの提案への回答を行うなど、ヘルパーとの対話姿勢を積極的に打ち出した。

さらに、この時期、横浜市との共催で「ヘルパー感謝会」を行うなど、ヘルパーの社会的評価を高める取り組みも行われた。これは同時に、地域住民の社会啓発としての側面も有するものである[17]。地域住民対象の啓発活動としては、この他にもヘルパーの仕事や業務を理解してもらうための「利用のしおり」の作成・配布、広報誌の活用、さらには自治会・町内会を中心にチラシの回覧等を行い、ヘルパーの役割を認識してもらうための配慮を重ねている[18]。

機構・職務面からの協会の改善の取り組みについても取り上げておくことにしよう。機構改革が行われる以前、ヘルパーの募集・登録とヘルパー雇用管理に関連する業務は、他の業務と共に「事業課」が一手に行っていた。しかし、1990（平成2）年前後のヘルパー不足の問題を通じて、ヘルパー確保・養成を独立の部署で担当する必要が認識されるようになり、これらの業務を担当する「人材開発課」が1992（平成4）年に設置されている。

また、利用者の幅広いニーズ（介護の重度化、緊急対応等）に対応できるよう、様々な職種のヘルパー導入が進められた。1989（平成元）年、週5日時間拘束型ヘルパー、ケアヘルパーを採用したのがその最初の試みである。初年度は7人の採用にとどまったが、その後、定期採用を続け1998（平成10）年には146人となった。また、国が1992（平成4）年に「チーム運営方式」を導入したことにあわせて、協会では1994（平成6）年からチーフヘルパーを導入し、介護業務に携わる一方で利用者とヘルパーとの調整業務に従事させた。また、利用者の緊急のニーズに対応するため1995（平成7）年ケアヘルパーの早期派遣サービス[19]が開始された。このように、各利用者のニーズに柔軟に対応するため、協会がヘルパー派遣体制の改善に対して先進的に取り組んだことは、居宅介護事業のモデルケースとして強く記憶されてよい。こうして積極的に運営を展開した横浜市ホームヘルプ協会は、以後、ホームヘルプサービス以外の事業にも進出することになる。1988（昭和63）年訪問入浴サービス、1991（平成3）年ガイドヘルプサービス、1992（平成4）年一時入所送迎サービス、1994（平成6）年高齢者用市営住宅巡回相談員派遣事業等がそれである。また、1991（平成3）年戸塚事務所が開設されたのを皮切りに、この時期から支部の開設が進められ、横浜市全体への事業の展開を図っている。

(3) 第三期：改変期（1996年〜1999年）

1）国・全国的動向

この時期の国の動きとして特記すべきことは、1997（平成9）年に新たな国庫補助として導入された「事業費補助方式」である。これは「要介護者の要望にあったきめ細かなサービスを効率的に提供する体制を整備するとともに、介護保険制度への移行を展望」することを目的に導入されたものである。以前の「人件費

補助方式」では常勤雇用を前提とした補助単価となっていたが、「事業費補助方式」はホームヘルパーの身分・雇用形態に関係なく、国が定めたサービス内容に基づき、訪問した実績に応じた補助金を払う出来高払い方式を導入したため、ホームヘルプサービス事業の財源確保が早急の課題となった[20]。なお、財源の確保については、ホームヘルプサービスに対する需要拡大の中で、ヘルパーを含むサービスの質的水準をいかに維持していくかという面からも強く求められた。

2）横浜市ホームヘルプ協会の対応

この時期の横浜市ホームヘルプ協会の対応として大きな出来事は、1997（平成9）年、財団法人から社会福祉法人に改組され、名称も「横浜市福祉サービス協会」と改められたことである。介護保険導入を視野に入れ施設運営部門を加えるためには、法人格（社会福祉法人）の取得が必須の条件であった。そうした前提から、協会は、「総合的な福祉サービスの新たな一歩」[21]を謳い、ヘルパーを派遣してきた部署を「相談指導課」から「派遣調整課」とし、ヘルパーの登録・研修を行ってきた部署を「人材開発課」から「企画研修課」へと名称変更したことを皮切りに、次々と新しい運営方針を打ち出していった。

1998（平成10）年に導入された、週32時間拘束型ヘルパー、タイムヘルパーは、協会による新たなヘルパー確保策である。当時、協会では横浜市各地に支部の設立を進めていたが、各区でヘルパーの採用数に大きなばらつきがあることが問題となった。そこで、採用数の少ない区におけるヘルパー増員のため、主婦層の労働条件に合う週32時間拘束という新たな職種のヘルパーを創り出すことが発案された。それにより各地域で万遍無くヘルパーが確保でき、地域密着型のサービス展開が可能になると考えられたのである[22]。また、協会は利用者のニーズにより柔軟に対応できるよう、訪問介護時間・対象の拡大を図っている。1996（平成8）年には24時間巡回型ホームヘルプサービス、1997（平成9）年には難病患者等ホームヘルプサービス・ホームヘルプサービス365日派遣、さらに1997（平成9）年および1998（平成10）年、24時間巡回型ホームヘルプサービスの対象地域拡大を実施している。

このような取り組みの一方、協会は事業所としての運営体質向上に向けて、在宅介護支援事業及び施設運営事業を開始した。1996（平成8）年矢向地域ケアプ

ラザを皮切りに、1997（平成9）年新橋ホーム・藤棚地域ケアプラザ、1998（平成10）年中山地域ケアセンター、1999（平成11）年泥亀地域ケアセンターと次々に各区で施設の受託運営を開始し、在宅介護支援事業を展開する[23]。そしてここでも、利用者のニーズへの柔軟な対応を意識して、1998（平成10）年には通所介護を日曜日にも行うホリデイサービス・知的障害者へのガイドヘルプサービスを開始した。また、この時期は介護保険開始を身近に控えた時期であったため、施設運営展開の一方で、ホームヘルプサービスの拡充・充実を目指している[24]。

3　小　括

冒頭で述べたように、本章は横浜市ホームヘルプ協会の設立・変遷に焦点を当てた論考である。本章の問題意識は、在宅福祉ニーズの高まりに応じて協会が進めた運営の過程を丹念に追うことを通じて、協会の変遷を促した内部的・外在的条件や、協会の性格に関する理解を深めることにあった。そうした認識に従って、本節においてこれまでの作業を小括したい。

創立時、協会は「誰にでも」、「何でも」、「いつでも」、「どこでも」を理念として、充実した在宅福祉サービスを提供しようとした。しかし現には多くの困難に直面した。また、既に見ておいたように、協会の事業はビューロクラシーによる弾力性を欠いた定型的サービスであるという批判も受けた。この問題について矢澤澄子は次のように言う。

「家事の社会的評価を困難にするのは、特に①家事の無償性、②他律性、③達成度のあいまいさ、である。協会では、ヘルパーの家事援助・介護における同様の性格にともなう困難に対して、仕事のマニュアル化、『利用のしおり』作成・配布、広報紙誌の活用、市民向けイベントの実施、相談指導員による調整・責任体制の確立、ヘルパー研修・交流、ヘルパー感謝会の実施等による相互的・社会的評価の向上を図ってきた」（矢澤、1993：167）

このように、様々な研修プログラムや業務のマニュアル化に努め業務能力を高

める一方、組織内における交流の促進に取り組み、協会の安定的運営に努めてきたことが、第一期における大きな成果である。事実、そうした取り組みを反映して、その後協会の規模は順調に拡大した。

　横浜市ホームヘルプ協会の抱えるヘルパーのほとんどは非常勤（パート）であり、利用者数の増加に対しては、より多くのヘルパーを確保する必要があった。そのためヘルパー不足は特に深刻な問題となった。とりわけ定着率の低さが問題視された。定着率の低さを協会関係者は「自分の描いていたイメージよりも、現実は厳しく、仕事がハードである」、「待遇のよい他のパートに就労するため」にあるとみた。さらに、協会が雇用するパート職ヘルパーは、主婦層がその多くを占めており、配偶者特別控除の範囲（扶養控除枠）を超えない程度の就労を希望したことも、マンパワー不足に拍車をかけた。

　このような事情から、横浜市ホームヘルプ協会は、この時期（第二期）ヘルパーの確保と定着率向上に向けての様々な取り組みを模索した。協会の取り組みの第一は、賃金体制の整備であった。時給については国基準を上回り、介護手当は介護業務に付加価値をつけた。当初は、国が1989（平成元）年に家庭奉仕員の業務内容を「介護」と「家事」に分けそれに伴って補助金単価を二本立てにしたことへの対処であったが、協会では翌年、「介護」の内容を3ランクに分けて支給を開始した。特にサービス内容を具体的にひとつひとつ確認し、点数をつけ加算していったことは、自分の働きが正当に評価されているという実感につながり、ヘルパーの意欲の向上を促す契機になった。

　ヘルパー確保のための協会の取り組みは、上記のような賃金体制における待遇改善にとどまらなかった。どうすれば仕事のやりがいや協会への帰属意識を高められるかという問題がそこには生じていたからである。そこで複数の試みが導入された。グループ活動の助成制度、理事長への手紙―協会への私の提案、活動着デザイン募集等がそれである。さらに、協会は組織の機構改革にも乗り出した。ヘルパーの募集・登録とヘルパー雇用管理に関連する業務を「事業課」から「人材開発課」に移行させた。また様々な職種のヘルパー導入を進め、ケアヘルパー（週5日時間拘束型）の採用を試みた。初年度は7人の採用にとどまったが、その後、定期採用を続け1998（平成10）年には146人となった。また、協会は国の動きにも敏感であった。「チーム運営方式」が導入されたことに合わせて、協

会ではチーフヘルパーを導入した。利用者の緊急なニーズに対応するため早期派遣サービスを開始した。こうして積極的に運営を展開した協会は、以後、それらを背景にして、ホームヘルプサービス以外の事業、訪問入浴サービス、ガイドヘルプサービス、一時入所送迎サービス、高齢者用市営住宅巡回相談員派遣事業を手がけていく。

　第二期を経て、横浜市ホームヘルプ協会は大きな転換期（第三期）を迎える。財団法人から社会福祉法人に改組され、名称も「横浜市福祉サービス協会」と改められた。介護保険導入を視野に入れた協会は、「総合的な福祉サービスの新たな一歩」を謳い、機構改革、職制改革に乗り出した。部署名の変更、タイムヘルパーをはじめとする新たな職種のヘルパーの創出、新部署の設立、採用数の少ない区に対するヘルパー増員等が発案、実行された。それによりどの区でもヘルパー確保が容易になり、地域密着型のサービス展開が可能となったのである。このような整備のもと、協会は利用者のニーズに柔軟に対応できるよう、訪問介護時間・対象の拡大を図り、24時間巡回型ホームヘルプサービス、難病患者等ホームヘルプサービス、ホームヘルプサービス365日派遣を行っていったのである。

　この時期までの横浜市ホームヘルプ協会の動きについては、おそらく、さまざまな評価がなされるであろう。実際、協会のあり方については、先述した官僚制的であるという批判の他にも、市の福祉サービスがホームヘルプサービスに限定され、それを一民間団体である協会が独占するということは、競争原理の軽視であるばかりか、結果的に在宅福祉に対する自治体の公的責任の回避につながる、という批判もある（生活クラブ運動グループ福祉協議会、1997：13）。しかし、協会が、深刻な事態の中で、困難な社会情勢の下で、可能性を模索し創意工夫の精神を持って、時代の抱える難局に挑んだ姿については一定の評価があってよいように思われる。ヘルパー確保に向けた具体的方策、時給のアップ、介護手当。国の基準を上回る時給をはじめとする待遇改善の諸方策。こうした待遇改善に加え、ヘルパーの仕事に誇りを与えるためのさまざまな考案。協会はヘルパーに対して、自分たちが孤立した存在ではなく協会に深く関与しているのだという意識、帰属意識を持たせることの必要性を意識して、そのための具体的手立てを用意した。「交流室」、「土曜サロン」の設置、「ヘルパー通信」、「全体研修」、「地区別研修」、「永続勤務表彰」、「記念講演会」等々がそれである。

最後に、住民参加型団体と自治体との協働のあり方について、課題を指摘したい。横浜市ホームヘルプ協会は「住民参加」を旗印に設立され、横浜市の在宅政策を一手に引き受ける形となった。芳賀（1983：97）は、この協会を「公私協働方式は〝市民自治による福祉〟として発展する可能性もあるし、パートヘルパーについては、当面の地域における雇用創出の第一歩としていくこともできよう」と指摘した。市からの委託事業による運営の弊害は、野口（1991：73）が「行政の役割遂行に対する不信からくる自己限定の姿勢」という言葉を用いて指摘しているところでもある。野口の批判は、協会の事務局に休職派遣[25]の市職員（1985、1986、2000、2001）が最高時5人を数えていたことをみるとき説得力を有している。協会の収入の中で、受託事業収入が大部分を占めていたことに照らしてみても、協会は市の施策に左右されやすい構造であったことは確かであろう。
　もとよりそうした態勢は一人協会が希求した結果でないことは明らかである。見方によればそれは国と自治体の、自治体と市民の未成熟な関係の反映といえる。ある意味では、横浜市ホームヘルプ協会の沿革は、未来に向けて、国と自治体、自治体と市民の関係がどうあるべきかという問いを突きつけているとも読み取ることができそうである。

●註
1）横浜市ホームヘルプ協会が発行しているヘルパー向けの通信紙（毎月発刊）、利用者向けの広報誌（年3回発刊）、10周年記念誌、協会ホームページ、事業年報、利用案内パンフレット等を参照して作成した。
2）横浜市福祉サービス協会のパンフレット「福祉のまち『よこはま』から」、平成17年度事業年報に掲載されている「協会のあゆみ」、またヘルパー向けの通信紙（毎月発刊）の記載部分をもとに作成した。
3）1986（昭和61）年4月より延べ75回開催し、ホームヘルパー養成研修実施要綱に基づき、1992（平成4）年度からは2級課程、1996（平成8）年度からは3級課程と変更され継続していたが、1999（平成11）年3月をもってホームヘルパー養成研修すなわち「育成研修」は終了となった。
4）協会報「ホームヘルプよこはま」は、1997（平成9）年10月「福祉サービスよこはま」、2004（平成16）年4月「ちゅーりっぷ通信」と名称変更し、現在に至っている。

5）以前からのメンバーの要望を受け、ヘルパー同士の交流、相談指導員との交流を図るための場所を確保するための交流スペースを作った（交流室だより：1988.8.25）。
6）相談指導員とヘルパーとの接点を増やすため、土曜の午後に相談指導員が2名常駐し、ヘルパーの活動上の悩み相談に応じる機会を作った（交流室だより：1988.9.25）。これは、1993（平成5）年度まで続いた。
7）主任家庭奉仕員とは、家庭奉仕員間の連絡・指導・助言等の役目を担うために配置されたものである。その後、1992（平成4）年「ホームヘルプサービスチーム運営方式推進事業の実施について」において主任家庭奉仕員は廃止されたが、代わりに「主任ヘルパー」がその任にあたることとなった。
8）上記の交流室や土曜サロンの他にも、週1回午後の時間帯に地区毎の懇談会が開催され、自主勉強会も自然発生した。
9）チーム運営方式は、ソーシャルワーカー、看護師等との連携の下に基幹的な主任ヘルパーとその他（パートヘルパーを含む）が一体となって運営することを目的としている。
10）24時間対応ヘルパー事業では、派遣時間を昼間（9時～17時）、早朝（7時～9時）、夜間（21時～翌朝7時）に分け、24時間体制で老人ホームヘルプサービス事業を提供する体制が整備された。
11）図3-2のヘルパー数は、ホームヘルパーの人数と「協力ヘルパー」の人数を合算した値である。ここで言う「協力ヘルパー」とは、協会設立時に旧介護人制度からの移行者でホームヘルパーへの切り替えを行っていない者、または新規に登録をして活動しながらホームヘルパー育成研修等を受講しようとしている者のことを指す。ちなみに、1994（平成6）年以降の新規登録者数、登録抹消者数については、詳細を示す資料の入手が困難であったため割愛した。
12）他にも、「ヘルパーと利用者の割合の地域差は年々顕著に見られるようになってきている。こうした状況の中、区内で需給を完結することは不可能であり、居住地区以外でも活動可能なヘルパーに他地区での活動を依頼して、サービスを実施している。また、1人の利用者に対してヘルパーが曜日ごとに交替で対応するケースなども多く、ヘルパー不足は利用者とヘルパー間の調整をより複雑化させている。従って、実際の動きの中ではこの数値以上にヘルパー不足は深刻である」と述べられている（平成元年度事業報告：7）。
13）しかし一方で、ヘルパー確保のための賃金体制の整備は、扶養控除枠の上限のために活動時間を減らすヘルパーを生み出したため、さらにヘルパーの人員確保の必要が高まるという悪循環に陥る側面もあった。

14）協会の「介護手当」の中身は次のようなものである。Aランク（最重度）は介護手当単価×総時間、Bランク（重度）は介護手当単価×総時間×2／3、Cランク（中程度）は介護手当単価×総時間×1／3の手当が支給された。Dランクは家事業務のみで介護手当は支給されない。介護手当単価は、1時間あたり380円（1990年度）であった。なお2006（平成18）年度に介護手当は廃止されている。

15）ちなみにこの経験加算制度は、2005（平成17）年7月現在では経験5年かつ2,500時間以上の経験者には10円、経験10年かつ7,000時間以上の経験者には20円が加算されている。

16）交流室だより（1991.10.25）の記事「グループ活動助成について」では、地域のグループや育成研修同期会のグループなどさまざまなグループの結成を通じて、仲間作りを促し、自主的研修等もすすめたいと伝えている。このグループ活動助成制度は2003（平成15）年度まで続けられた。

17）全国福祉公社等連絡協議会（1992：256）では、ヘルパー感謝会は地域住民の社会啓発も兼ねたものと記載されている。

18）交流室だより（1988.9.25）では、「ポスター見ましたか」という見出しで神奈川新聞にホームヘルパーの広告を載せたことを、交流室だより（1989.10.25）では、「あれ？ 協会のポスター」という見出しで「生活が仕事です」という見出しのポスターを町内会の掲示板に掲示したことを掲載している。また、広報よこはまに「お知らせ 募集ホームヘルパー」（1985.2）、「介護の手が足りない家庭にホームヘルパーを派遣」「ホームヘルパーも募集」（1985.3）を掲載している。

19）ヘルパーの派遣申込から派遣開始までの期間短縮を図るため、定期に活動するヘルパーが決定するまでの期間に早期対応ヘルパーが一時的に活動し、ヘルパー派遣のスピードアップを目指した。

20）「人件費補助方式」から「事業費補助方式」へ国庫補助基準が移行したことにより、ホームヘルプサービス事業所では事業運営の改革を余儀なくされた。具体的には、サービス基盤整備のための取り組み、すなわちサービスのコスト管理、事業の効率化及び利用者の介護ニーズに即したサービスの質の向上等の取り組みが行われた。

21）交流室だより（1997.3.25）では、「新たな一歩」という書き出しから始まり、財団法人横浜市ホームヘルプ協会は、社会福祉法人横浜市福祉サービス協会に改組し、新法人としての方針を打ち出した旨が記載されている。福祉サービスよこはま（1997.10）では、「理事長の挨拶」から始まり協会の組織の説明が続き、新たな受託施設については写真付きで説明をしている。

22）交流室だより（1998.3.25）では、「チーム運営方式の導入について」という書き

出しで、チーム運営方式の導入により地域密着サービスを目指す旨が記載されている。神奈川新聞（1998.9.15）は「地域に生きる意欲を応援」という見出しで「横浜のホームヘルプサービス市民参加で14年」と現状を伝えている。福祉サービスよこはま（1998.9）では、「ご存知ですかヘルパーステーション」と特集を組み、チーム運営方式の説明、具体的な活動の流れを掲載している。

23）横浜市は1区に1館のケアセンターを設置する「地域ケアセンター構想」を打ち上げ、「福祉機器展示コーナー」を設けて区内の福祉機器の利用等の相談に応じること、及び区内のケアプラザの統括的機能の役割を付加することを目的としたケアセンターが設置された。従って、福祉機器相談コーナーを持つ施設は「ケアセンター」、通常の業務（通所介護、地域交流活動、福祉相談・情報提供活動）のみを行う施設は「ケアプラザ」の名称を使用した。2003（平成15）年度からすべてケアプラザの名称になり、現在では地域包括支援センター機能をも有している。

24）この時期の「交流室だより」は協会職員・嘱託職員募集の記事が毎月続いており、いかに協会が人材確保に四苦八苦していたかが窺われる。

25）休職派遣の場合は、従業員に対する指揮命令権が派遣先に移転するが、労働契約は派遣先に移転せず出向とは異なる。協会の休職派遣期間は3年であった。

第 4 章

横浜市の福祉行政と横浜市ホームヘルプ協会

　横浜市におけるホームヘルプ協会の設立と変遷については、すでに、1 章及び 3 章において検討した。その試みは、文字通り、「協会の設立と変遷」に焦点をおいたものであるが、一方で協会設立の歴史・社会的背景については立ち入った考察を行っていない。

　当然のことながら横浜市ホームヘルプ協会は一定の歴史・社会的背景の中で設立されている。その設立は 1984（昭和 59）年 12 月であって、時の市長は細郷道一であった。本章では、1 章及び 3 章の内容も踏まえつつ、横浜市においてホームヘルプ協会が設立された歴史・社会的背景について記述する。

1　協会設立の歴史・社会的背景

　戦後において我が国が実現した復興と、それに続く、いわゆる高度経済成長は、大都市への人口集中をもたらし、ただでさえ貧困な状況におかれてきた都市の生活環境は深刻な都市問題を生み出した。経済の成長が第一義的課題とされ、経済の成長をリードする企業に外部経済を提供する形で進められた国家・自治体の〈企業優遇策〉とは対照的に、市民の生活環境は貧困なままにおかれてきた。そうした状況の中で生活の場としての地域の見直しが行われ、生活環境を整備することの必要が叫ばれてきたのは当然のことであった。革新自治体の登場はそうした動きと深く関係する。革新自治体は、多く、シビル・ミニマムを自治体運営の指針として採用したが、それは裏を返して言えば、生活者の視点を重視し、経済

成長と生活環境のギャップを是正したいとする自治体の対応策と考えることができる。

　1967（昭和42）年に策定された「経済社会発展計画」は、単なる「経済計画」ではなく、「社会発展計画」であったことが注目されるが、生活の場としての地域の見直しがなされる上で大きな契機となったのは「コミュニティ――生活の場における人間性の回復――」（国民生活審議会調査部会、1969年）であった。同年には「東京都におけるコミュニティ・ケアの進展について」（東京都社会福祉審議会、1969年）が、さらに「コミュニティ形成と社会福祉」（中央社会福祉審議会、1971年）と続き、生活の場としてのコミュニティに対する関心は福祉を射程におくことになったのである。

　しかしながら、驚異的と言われた戦後の我が国の経済成長も、〈オイルショック〉を契機にひとつの曲がり角に行き当たる。1973（昭和48）年は国の社会保障予算が前年比で28％の伸びを示し、「福祉元年」と呼ばれた記録に残る年であるが、その年の秋に発生したオイルショックが日本経済を戦後初めてマイナス成長に導き、それまで拡大してきた社会福祉政策にも深刻な影響を与え、我が国の福祉に見直しが求められた年でもあった。「これからの社会福祉――低成長下におけるそのあり方――」（1976年）、「新経済社会7ヵ年計画」（1979年）、「第二次臨時行政調査会基本答申」（1982年）、「第二次臨時行政調査会最終答申」（1983年）と続く国の方針は、「活力ある福祉社会」を目指すために、個人の自助努力と相互扶助を謳い、民間の積極的活用と在宅福祉に比重を移していくことになる。その福祉の見直しへの動きは、自治体の福祉行政にも現れる。

　横浜市の場合も例外に属さない。横浜市ホームヘルプ協会は、横浜市の福祉行政が戦後の我が国の歴史・社会的事情のなかで〈転回〉を余儀なくされる中に成立したとみることができる。在宅福祉サービスの要となった横浜市ホームヘルプ協会の設立を理解するためには、協会が設立される時期の歴史・社会的背景を押さえることが不可欠である。それは、飛鳥田市政（1963年～1977年）、細郷市政（1978年～1989年）、高秀市政（1990年～2001年）の時期である（巻末資料-3）。

　ここで横浜市の沿革について簡単に振り返ってみたい。江戸時代末期に至るまで一漁村にすぎなかった横浜は、日米修好通商条約締結と1859（安政6）年の開

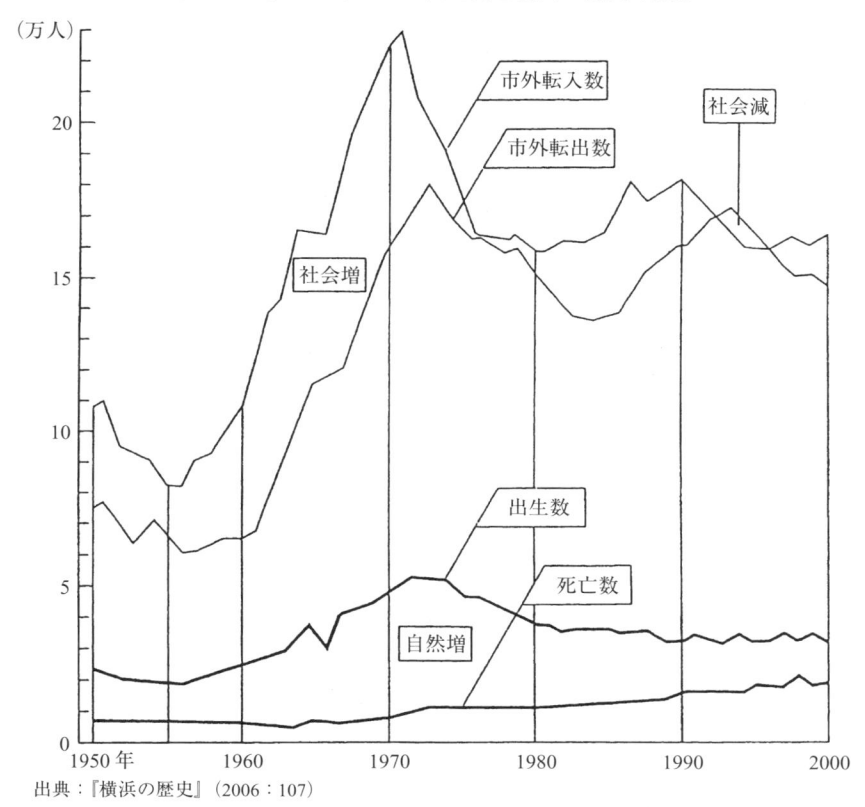

【図4-1】横浜市出生・死亡数と転入・転出の推移

出典:『横浜の歴史』(2006:107)

　港により、都市形成の歴史を刻むことになる。そして、明治期以降、関東大震災や経済恐慌など、いくつかの危機に直面しながらも横浜は順調な発達を遂げていく。戦後の横浜市は、市街地の中心部が占領軍により接収されたことで一時的に停滞したものの、占領軍撤収後に迎えた我が国の高度経済成長期は、横浜を一大都市へと押し上げた。東京のベッドタウンとしての機能を併せ持つようになった横浜は、従来の港湾・工業都市の性格に加えて、住宅都市という顔を持つ都市に成長したのである。他地域、とりわけ東京からの流入人口を受け入れた横浜市は、1960年代に急激な膨張を遂げた（図4-1）。

　1963（昭和38）年、市長に当選した飛鳥田一雄が、「子どもを大切にする市

【図 4-2】横浜市人口割合推移

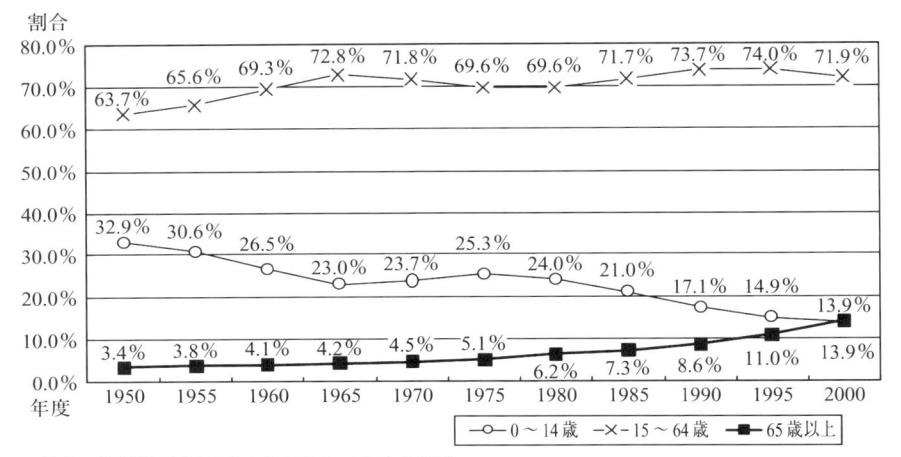

年度	0〜14歳	15〜64歳	65歳以上
1950	32.9%	63.7%	3.4%
1955	30.6%	65.6%	3.8%
1960	26.5%	69.3%	4.1%
1965	23.0%	72.8%	4.2%
1970	23.7%	71.8%	4.5%
1975	25.3%	69.6%	5.1%
1980	24.0%	69.6%	6.2%
1985	21.0%	71.7%	7.3%
1990	17.1%	73.7%	8.6%
1995	14.9%	74.0%	11.0%
2000	13.9%	71.9%	13.9%

出典：『横浜市人口のあゆみ 2000』2000 より作成

政」、「だれでも住みたくなる都市づくり」という二本柱を市政の重点目標として掲げたのは決して偶然ではない。当時の横浜市がおかれていた状況、多くの流入人口を受け入れた横浜市の状況からして当然のことであった。誰をも受け入れなければならなかった横浜、そして特に、子どもを産み育てる世代を多く受け入れた横浜、その現実が、飛鳥田をして二本の柱を掲げさせたのである。

後の、横浜市ホームヘルプ協会の設立を念頭においた際に注目したいのは、この当時の横浜市は高齢者への対応よりむしろ、児童への対応が市政の中心的課題であったということである。〈ちびっ子広場〉が作られ、〈青少年図書館〉が作られた時代であった。

飛鳥田市政は、当初から「一万人集会」[1]などのアイディアによって全国的に注目を集めたが、飛鳥田市長が任期途中で交代したこともあって、残した課題も少なくない。細郷道一が市長に就任した 1978（昭和 53）年は、高齢者問題が広く表面化し、年少人口に代わって高齢者人口割合の増加が目立ち始めた時期に当たる（図 4-2）。国際障害者年（1981 年）に続き、高齢者問題世界会議（1982 年）[2]が開催されたことは、障害者とともに、高齢者の問題が福祉問題としてこの頃から強く意識され始めたことを意味している。横浜市では、1980（昭和 55

年度に、必要とされる各種福祉施策を研究する事業（高齢化社会・情報化社会等社会の構造的変化への福祉的対応研究事業）を開始する。そしてこれが、後の横浜市ホームヘルプ協会、横浜市リハビリテーション事業団の設立へと繋がっていくのである。

　1990（平成2）年、細郷道一前市長の死去に伴う市長選において登場したのが高秀秀信である。この時期は、バブル経済が崩壊した後であり、財政状況が厳しくなる一方、高齢者保健福祉推進十か年戦略、福祉関係八法改正（在宅福祉サービスの明確化、在宅・施設サービスの市町村での一元実施、老人保健福祉計画の策定）等、福祉の地方分権が進められ、自治体に一層の高齢者対策が求められた時期である。高秀市政は、経済と福祉を車の両輪に例えて両者のバランスを重視した施策の展開を図っている。すなわち、行財政改革を図りながら、新規事業を立ち上げ社会資本の拡充に努める一方、福祉の面では、老人福祉施設及び在宅福祉サービスの拡充を進め、「活力ある福祉社会」を目指している。

2　高齢化と行政の対応──横浜市の場合──

　1963（昭和38）年は老人福祉法が制定された年である。これによって老人福祉施設が全国各地に建設され、老人家庭奉仕員の拡充が図られていく。高齢者問題は次第に社会的関心事となり、1966（昭和41）年には「敬老の日」が国民の祝日となった。1968（昭和43）年には、全国社会福祉協議会が実施したねたきり老人実態調査によって、全国で約二十万人のねたきり老人の存在が明らかになった。

　65歳以上の高齢者人口が総人口の7％を超えた1970年以降、有吉佐和子のベストセラー小説『恍惚の人』（1972年）の影響もあり、高齢者問題がにわかに全国的関心を呼ぶこととなった。それに応じて、いくつかの先進的自治体は積極的な高齢者対策に乗り出した。特に、東京都が1969（昭和44）年にいち早く導入した老人医療費無料化制度は、その後国が1973（昭和48）年に同制度を実施する先駆けとなった。さらに、全国的に不足する介護マンパワー確保のため、1971（昭和46）年には介護人制度もスタートしている。

　しかし、1973（昭和48）年の秋に発生したオイルショックは日本経済を低成

長に追いやった。福祉財政の逼迫が表面化し、老人医療費の無料化や施設中心の福祉が「ばらまき型福祉」と批判されたように、1970年代は「福祉見直し」の時期でもあった。

「福祉見直し」の動きは、当然、横浜市政にも影響を及ぼすこととなった。当時の横浜市長飛鳥田は、1975（昭和50）年の全国革新市長会において「福祉政策総反省論」を唱え、不況、低成長のこの時期にこそ、福祉に関する市民の議論が必要であり、行政には市民の立場に立った福祉施策の推進が求められると主張した[3]。また神奈川県知事長洲一二も、福祉に関する国民合意を得るために「福祉の哲学と科学」が必要であると主張した[4]。この長洲の考えは、後に、神奈川県による「ともしび運動」[5]として結実することとなる。

この間、横浜市の高齢者施策はどのように推移したのであろうか。老人福祉法が制定される1963（昭和38）年までは、国民一般に高齢者問題が深刻に意識されていなかったこともあり、横浜市における高齢者向けの施策も、老人クラブへの補助、老人憩いの家の設置、長寿者への記念品贈呈等、一般の高齢者を対象としたものに限られていた。しかし、このような傾向は1970年代に入り大きく変化する。1968（昭和43）年に全国社会福祉協議会が実施した「居宅ねたきり老人実態調査」によって、ねたきり老人の存在がクローズアップされ、国民の間で

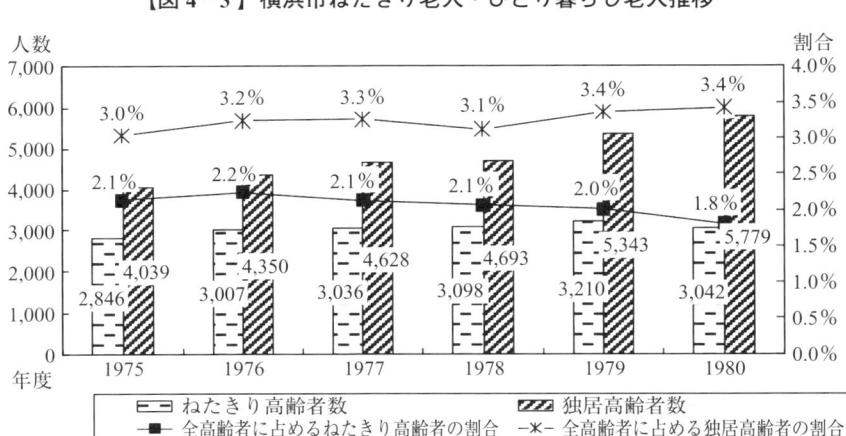

【図4－3】横浜市ねたきり老人・ひとり暮らし老人推移

年度	ねたきり高齢者数	独居高齢者数	全高齢者に占めるねたきり高齢者の割合	全高齢者に占める独居高齢者の割合
1975	2,846	4,039	2.1%	3.0%
1976	3,007	4,350	2.2%	3.2%
1977	3,036	4,628	2.1%	3.3%
1978	3,098	4,693	2.1%	3.1%
1979	3,210	5,343	2.0%	3.4%
1980	3,042	5,779	1.8%	3.4%

出典：『横浜市老人福祉事業概要』1976－1981より作成

関心を集めた。その後の横浜市の調査においても、ねたきり老人・ひとり暮らし老人の多さが確認され（図4-3）、福祉サービスを担う人材の不足、及び高齢者に配慮した地域環境の未整備が、にわかに問題視されるようになった。そこで、老人医療費無料化がすすむかたわら、介護マンパワー確保のための「介護人派遣事業」[6]、福祉に配慮した地域環境づくりのための「福祉の風土づくり推進事業」等、様々な在宅福祉施策が検討・開始されていった。さらに、ねたきり予防のためには医療・保健・福祉間の連携が必要であるとの認識から、福祉局と衛生局の協働によるねたきり老人対策事業も、この時期に開始されたのである[7]。

（1）高齢者問題と横浜市総合計画

「子どもを大切にする市政」を掲げて就任した飛鳥田市長が、市政の重点を高齢者福祉に移すことになったのは、我が国における高齢化の急速な進展を背景とするものであった。市政の重心が高齢者問題へ推移する姿は、横浜市の総合計画からも読み解くことができる。横浜市で策定された総合計画の中で初めて福祉問題を取り上げた「横浜国際港都建設総合計画」（1965年）をみると、市が実施する高齢者福祉事業は、施設の建設整備、老人クラブの助成、老人健康診査、家庭奉仕員派遣という内容にとどまり、今後の課題として挙げられた項目も、相談機能の強化と、福祉設備の整備の二項目だけであった。

8年後の「横浜市総合計画1985」（1973年）は事情を異にする。この総合計画では、「子どもと老人を大切にする市政」の推進を大きな課題の一つに掲げ、「かぎっ子」問題に加えて、独居高齢者問題に対する需要の増大を踏まえたサービスの質の向上や生活保障のための総合的取り組みの必要性を強調している。より具体的には、社会保障制度の不備、福祉施策の縦割り問題、専門職員の不足、実態把握の難しさ、都市施策設計上の配慮不足、国庫補助の問題などを指摘する一方、その改善策として、生活のできる所得の確保、医療体制の拡充、住宅の確保、老人ホームの建設整備、居宅サービスの充実、社会とのつながりと生きがいのある生活に向けての支援を指摘する。とりわけ本計画では、在宅高齢者対策として、家庭奉仕員、介護人派遣、インターホーン設置等、ひとり暮らし老人向けの居宅サービスの充実を図っていることが注目されよう。

さらに、1981（昭和56）年に策定された「よこはま21世紀プラン」では、高

齢者重視の姿勢が一層鮮明である。この計画では、高齢者の社会参加の促進、高齢者の生活の安定、健康な身体づくり、要援護老人に対する福祉の向上・拡充等、高齢者福祉にかかわる具体的事業の大幅な拡充が唱えられている。ここで注目したいのは、それまでの総合計画に明記されていた「福祉施設の拡充」に代わり、福祉基盤整備として「人材育成」が大きく取り上げられていることである。ここに、横浜市の高齢者福祉施策におけるひとつの転換を読み取ることができる。すなわち、「よこはま21世紀プラン」は、施設福祉から地域福祉への転換を目指した計画であった。そこにおいて、行政・企業・地域社会・市民の相互協力による「活力ある福祉社会の形成」という目標が、横浜市における高齢者福祉施策の柱として据えられたことは記憶に価する。横浜市の次の総合計画「ゆめはま2010プラン」（1994年）では、施策分野「ふれあいのまち」における5大プランの最重要項目として高齢者対策が挙げられ（「いつでも安心シニアプラン」）[8]、その中でも地域ケアサービスの充実と、在宅支援体制の強化が重要項目として強調されていることをつけ加えておくことにしよう。

(2) 横浜市の高齢者福祉対策の変遷

1) 民生費・高齢者福祉対策費の動向

本節では、横浜市の福祉行政の推移を概観するという試みを、まず関連予算の

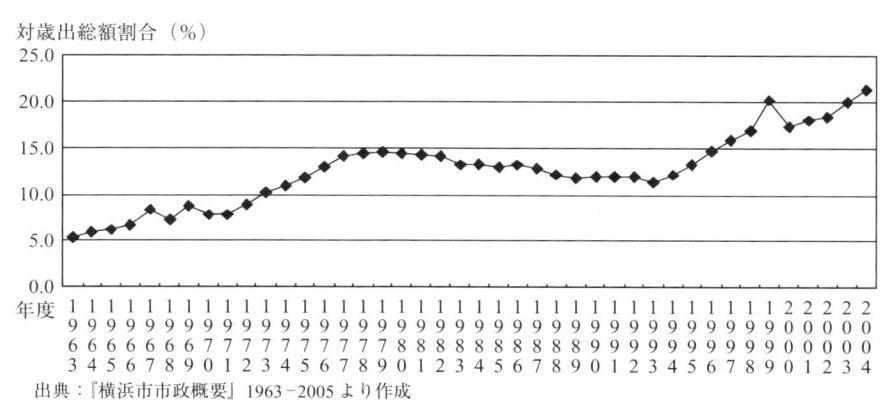

【図4-4】横浜市予算民生費割合

出典：『横浜市市政概要』1963-2005より作成

第4章　横浜市の福祉行政と横浜市ホームヘルプ協会

側面から行うこととしたい。まず民生費の対総予算割合の推移をまとめたものが、図4-4である。飛鳥田市政最初の1963（昭和38）年度は予算全体の5.3％であったが、その後上昇傾向に転じ、1973（昭和48）年度には10.2％と全予算に占める比率が1割を超えた。その背景として、全国に先駆けて老人医療費無料の該当者の所得制限緩和を開始したことが一因に挙げられる。

次に、民生費に占める老人福祉費割合の推移に注目しよう。

当初7％前後を推移していた老人福祉費割合は、1972（昭和47）年に急激に上昇し翌1973（昭和48）年度には15％を超えた。さらに、1979（昭和54）年度には、民生費に占める児童福祉費と老人福祉費の割合がほぼ同率になる。その後、高齢人口の増加を背景として老人福祉費は増え続け、2000（平成12）年の介護保険施行まで、児童福祉費と老人福祉費の民生費に占める割合は、同じ15％前後で推移する。2000（平成12）年以降は老人福祉費が激減し児童福祉費の割合が増加するものの、児童福祉費と老人福祉費を合わせると対民生費割合は一貫して30〜35％であり、興味深い[9]。なお、障害者関係の予算は、1974（昭和49）年の時点では民生費全体の4.3％に過ぎなかったが、その後、障害者福祉への関心の高まりに伴いその構成比は徐々に増加を示し、国際障害者年の1981（昭和56）年には7.0％となる。1987（昭和62）年には初めて10.3％と1割を超

【図4-5】横浜市老人・児童・障害者福祉経費割合

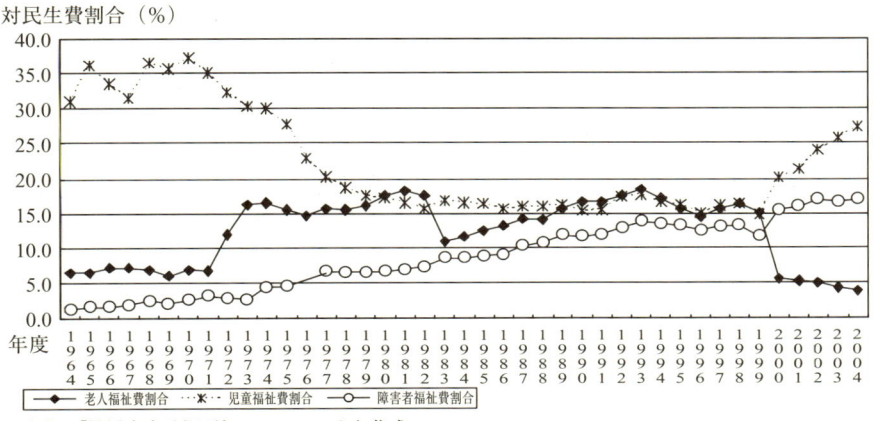

出典：『横浜市市政概要』1964-2005より作成

え、その後 15% まで増加し現在に至っている（図 4-5）。

以上、当初児童福祉を重視していた横浜市の福祉施策が、老人医療費無料化を一つのきっかけとして高齢者福祉重視へと推移する様子を、総予算割合の推移から読み解くことができる。

2）高齢者福祉事業の概要

このように、横浜市における福祉予算の推移をみると、①老人福祉課を新設した 1971 年から、2 年後に初めて民生費の総予算比が 10% を超えた 1973 年前後まで、②市の予算に占める民生費割合が 15.0% に迫り、児童福祉予算と老人福祉予算の割合が逆転、老人福祉予算が児童福祉予算を上回る 1980 年～ 1982 年まで、③老人保健法施行後、児童福祉予算を老人福祉予算が再度上回った 1990 年～ 1994 年までという三つの時期が注目されるであろう。それは、大まかに、70 年代、80 年代、90 年代の三つの時期と理解してもよい。そこで、それぞれの年代における高齢者福祉事業を概観し、各年代における高齢者福祉事業の特徴を明らかにしたい。

まず、1974（昭和 49）年度の老人福祉事業をみると、①居宅福祉（ねたきり老人対策、ひとり暮らし老人対策、地域老人対策、老人住宅対策、老人福祉週間行事対策）、②施設福祉（老人ホーム対策、民間老人ホーム運営援助対策、老人ホーム入所者援助対策、居宅老人利用施設対策）、③医療福祉（老人医療対策）、④所得保障（老齢年金対策、税制優遇措置対策）など、全部で 43 の事業が実施されている。この時期は、生活環境の体系的な整備と、市民福祉の推進＝社会的弱者（子ども・老人）を守ることが主眼に置かれ、老人福祉事業は居宅、施設、医療、所得の四分野において展開されている。

次に、1982（昭和 57）年度の老人福祉事業では、①居宅福祉（要援護老人対策、地域老人対策、生きがい対策、老人福祉週間行事対策、老人住宅対策）、②施設福祉（老人ホーム対策、民間老人ホーム運営援助対策、老人ホーム入所者援助対策、居宅老人利用施設対策）、③医療福祉（老人医療対策）、④所得保障（老齢年金対策、税制優遇措置対策）、⑤シルバー人材センター等、全部で 59 の事業が実施されている。この時期の特徴は、生きがい対策やシルバー人材センター等、健康な高齢者に対して主体的に社会参加を促すことを狙いとした新しい施策が現

われたことである。

　最後に、1994（平成6）年度の老人福祉事業をみると、①在宅福祉（家事・介護サービス、ねたきり・ひとり暮らし高齢者等の援護、虚弱高齢者等の援護、痴呆性[10]高齢者の援護、生きがいと社会参加、すまいの援助）、②保健福祉（ねたきり高齢者等の援護、虚弱高齢者等の援護、痴呆性高齢者の援護、疾病の予防、老人保健施設）、③施設福祉（老人ホーム、高齢者利用施設）、④医療福祉（疾病の治療・医療費の助成）、⑤その他（年金制度、税制優遇措置等、福祉のまちづくり）で、総数74の事業が実施されている。この時期はそれまでの「施設と在宅」という枠組みから距離を置き、「共生と連帯」に基づく地域社会を形成するために、施設・在宅サービス、地域の適宜利用を旨とした施策の重要性が意識される中、高齢者のニーズに合わせた在宅サービスの充実が図られ、それに応じて老人福祉費も増加したことが記憶されるであろう。

　ここで在宅サービス分野の具体的施策に注目して、高齢者福祉施策の推移をとらえてみよう。表4-1に基づいて施策内容を各年代間で相互比較すると、施策の推移に以下のような特徴を見出すことができる。

　まず、1974（昭和49）年から1982（昭和57）年への推移の特徴として挙げられることは、①ねたきり老人を対象とした事業が豊富化していること、②生きがい対策が施策のカテゴリーとして独立したこと、及び、③「老人のしあわせ交流事業」、「老人を囲む地域福祉事業」等、高齢者の地域交流や社会参加を促す事業が増えたことである。ねたきり老人問題が施策課題として強く意識されていたことはともかく、〈地域福祉〉をキーワードとして高齢者福祉事業を捉え始めたという点で、この時期が横浜市の高齢者福祉施策のひとつの転換点であったことに、ここでは注目しておきたい。

　次に、1982（昭和57）年から1994（平成6）年への推移に特徴的なことは、①要援護老人対策として一括されていた諸施策が、家事・介護サービス提供、ねたきり・ひとり暮らし高齢者等の援護、虚弱高齢者援護、痴呆性高齢者援護、の四カテゴリーに多様化したこと、②その中で特に痴呆性高齢者援護対策が充実したこと、③健康促進や住宅対策の面で事業内容が増えたことである。施策課題として痴呆性高齢者対策が重点化したこと、介護予防の重要性が意識され始めたこと等を窺うことができる。

【表4-1】 横浜市高齢者福祉事業

《1974（昭和49）年》		《1982（昭和57）年》	
ねたきり老人対策	家庭奉仕員派遣事業 介護人派遣制度	要援護老人対策	家庭奉仕員派遣事業 介護人派遣制度
	寝具衛生事業 特殊寝台並びにマットレス貸与事業		寝具乾燥事業
	ねたきり老人見舞金支給事業 ねたきり老人歳末慰問金支給事業		ねたきり老人等家族見舞金支給事業 ねたきり老人等激励慰問金交付事業 ねたきり老人等日常生活用具給付事業 ねたきり老人等一時入所事業 ねたきり老人等入浴サービス事業 ねたきり老人等家庭援護金給付事業 在宅老人給食サービス事業 特養ホームマッサージ等施術事業 在宅老人機能回復訓練事業
ひとり暮らし老人対策	ひとり暮らし老人慰問金支給事業 インターホーン貸与事業		ひとり暮らし老人慰問金支給事業 高齢者緊急相談援護事業
			在宅老人デイサービス事業
			痴呆性老人一時入所事業
地域老人対策	老人クラブ助成事業 敬老特別乗車証交付事業 高齢者無料職業紹介事業 ことぶき花だん設置事業 老人相談員事業	地域老人対策	老人クラブ助成事業 敬老特別乗車証交付事業 高齢者無料職業紹介事業 老人のしあわせ交流事業 老人を囲む地域福祉事業 老人体操・スポーツ等振興事業 ことぶき花だん設置事業
	老人の生きがい作業事業 老人の生きがい対策事業 老人（ことぶき）大学講座事業	生きがい対策	老人の生きがい作業事業 老人の生きがいを高める事業 老人（ことぶき）大学講座事業 老人福祉大学講座事業
老人福祉週間行事対策	老人福祉週間行事 長寿手帳交付事業 敬老金品贈与事業	老人福祉週間行事対策	老人福祉週間行事 長寿手帳交付事業 敬老金品贈与事業
		（シルバー人材センター）	シルバー人材センター事業 （注）当該事業は、1982年当時、在宅福祉事業とは別の「その他の事業」として分類されていた。
老人住宅対策	老人居室整備資金貸付事業 老人向住宅（公営）事業	老人住宅対策	老人居室整備資金貸付事業 市営住宅

出典：『横浜市老人福祉事業概要』1974、1982、1994より作成

第4章　横浜市の福祉行政と横浜市ホームヘルプ協会

（在宅福祉関連）の変遷

	《1994（平成6）年》
家事・介護のサービス提供	ホームヘルパー派遣事業 横浜市ホームヘルプ協会運営事業
ねたきり・ひとり暮らし高齢者等の援護	寝具乾燥事業
	ねたきり老人等家族見舞金支給事業（神奈川県） ねたきり老人等激励慰問金交付事業（神奈川県） ねたきり老人等日常生活用具給付事業 ねたきり老人一時入所事業 ねたきり老人入浴サービス事業 ねたきり老人等家庭援護金給付事業
	ひとり暮らし老人慰問金給付事業 高齢者緊急相談援護事業 あんしん電話設置事業（ふれあいペンダント119） 防災訪問指導（消防局） ホームケア促進事業
虚弱高齢者等の援護	在宅老人デイサービス事業 地域ケア拠点設置（在宅支援サービスセンター等）設備運営事業 虚弱老人一時入所事業
痴呆性高齢者の援護	痴呆性老人一時入所事業 痴呆性老人デイサービス事業 痴呆性老人長期入所事業 痴呆性老人処遇技術研修事業 在宅高齢者福祉啓発事業
生きがいと社会参加	老人クラブ助成事業 敬老特別乗車証交付事業 高齢者無料職業紹介事業 老人のしあわせ交流事業 高齢者を囲む地域福祉事業 高齢者体操・スポーツ等振興事業（福祉局・教育委員会） シルバー健康ひろば整備事業 高齢者いきいきスポーツ促進事業
	老人の生きがい作業事業 老人の生きがいを高める事業 ことぶき大学講座事業 老人福祉大学講座事業 老人福祉月間事業 長寿のしおり交付事業
	シルバー人材センター運営事業（市民局） シルバー人材センター技能研修（市民局）
すまいの援助	高齢者住環境整備事業 市営住宅（建設局） 高齢者世帯等住み替え家賃助成事業 シルバーリフォーム融資（建設局） 住宅取得資金の「高齢者等同居、高齢者隣居・近居」割増融資（建設局） シニア・りぶいん（高齢者向借上賃貸住宅）

このような高齢者施策の推移から、その時々で重点施策を推移させつつも、横浜市が地域福祉への取り組みを充実させている姿を読み取ることができよう。

3）組織の変遷

横浜市における高齢者対策の変遷は、横浜市の行政機構にも反映されている。横浜市では1962（昭和37）年5月に老人家庭奉仕員制度が開始され、その事業は市社会福祉協議会に委託されている。この時点における民生局厚生部は、福利課、保護課、生活対策課の三課で構成され、高齢者対策を主管する課は存在しなかった。高齢者対策を担当する部署がはじめて作られるのはその7年後の1969（昭和44）年である（図4-6）。

1963（昭和38）年、老人福祉法第12条に老人家庭奉仕員制度が加えられ、その後、ねたきり老人対策事業に対する国庫補助や家庭奉仕員派遣世帯の拡大があって老人家庭奉仕員事業の規模は拡大した。そうした動向に呼応して、横浜市は、

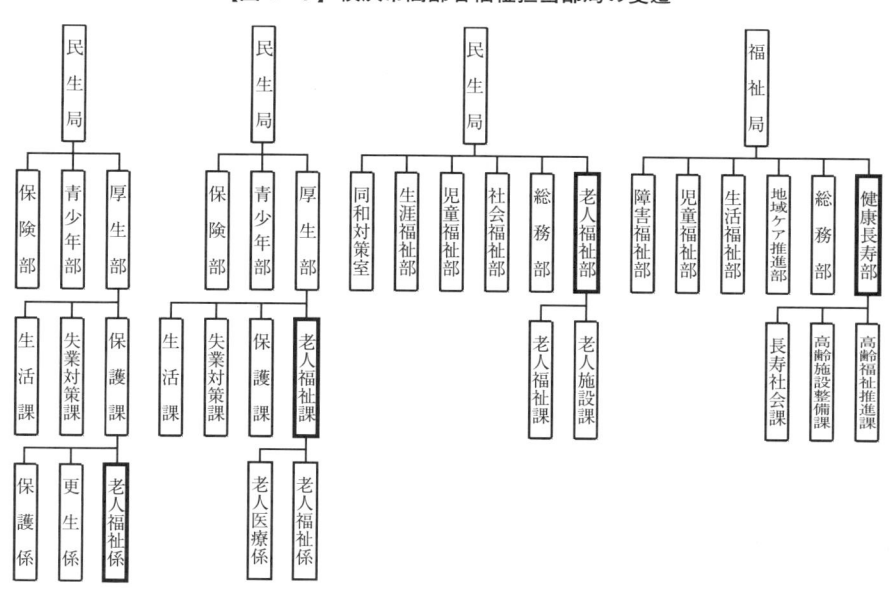

【図4-6】横浜市高齢者福祉担当部局の変遷

［1969（昭和44）年］［1971（昭和46）年］　　［1982（昭和57）年］　　　　　［1994（平成6）年］
出典：『横浜市組織図』1970、1971、1982、1995より作成

1969（昭和44）年に、それまで横浜市社会福祉協議会に委託していた家庭奉仕員事業を市の直轄事業とし、合わせて、高齢者対策に取り組む部署として保護課の中に老人福祉係を新設した。

翌1970（昭和45）年に介護券による介護人派遣事業が開始すると、翌年の1971（昭和46）年には老人福祉係が老人福祉課へ昇格し、合わせて、老人福祉係・老人医療係の二係が設けられている。さらに1982（昭和57）年には、高齢者福祉問題の高まりを受けて老人福祉課は部へと昇格し、老人福祉課及び老人施設課を統括することとなった。以上の組織変遷から、高齢者問題の高まりと歩調を合わせるように、高齢者対策部局がより大きな位置を占めていることがわかる。

なお、市の企画部門に目を転ずると、飛鳥田市政の要であった企画調整局は、その後、細郷市政の1982（昭和57）年に、企画財政局と名称変更される。1985（昭和60）年、この企画財政局に高齢化社会対策室が新設され、高齢者の福祉に対する取り組みが、市の重要施策のひとつとして位置づけられた。その後、1994（平成6）年には民生局が福祉局に、老人福祉部が健康長寿部に名称変更され、高齢福祉推進課、高齢施設整備課、長寿社会課の三つの課を持つこととなった。また企画部門においては、細郷市政の企画財政局が高秀市政で企画局とされたが、高齢化社会対策室は存続されている[11]。しかし、介護保険導入に伴い高齢化社会対策室はその役割を終え、2001（平成13）年の機構改革で廃止されている。

4）衛生局との連携

1947（昭和22）年、保健所法の制定とともに、保健所における保健師活動が実施された。1950年代は、乳幼児の発育不良、伝染病、結核などの感染症対策が主であったが、1960年代になると、高齢者の増大、成人病や難治性疾患の増加により在宅で療養する患者が増大したため、在宅患者に対する訪問指導や看護の必要性が高まり、家族の介護の在り方も問われるようになった。また成人病対策として、老人福祉法に基づいて「横浜市老人健康診査事務取扱規則」（1964年）が定められ、高齢者の健康づくり推進が図られている。1975（昭和50）年10月からは、地域での看護活動を強化するために、未就労の看護師を活用した「在宅看護職活動事業」が発足し、保健師との連携のもとに、ねたきり老人に対する訪問看護活動が実施された。そうした横浜市の取り組みは、国が1992（平

成4）年に導入した「老人訪問看護制度」に先立つものであり、先駆的な在宅ねたきり老人対策として記憶されるであろう。

　1982（昭和57）年老人保健法が制定され、翌年から老人保健事業（健康診査、訪問指導、機能訓練教室）が開始される。1987（昭和62）年には、保健・福祉の連携推進とネットワーク化を目指し、地域ケアサービスモデル事業が始まった。この連携のシステムは、その後さらに発展し、1992（平成4）年12月以降、地域ケアを推進する中心機関として、区役所の中に福祉保健相談室が設置されるに至った。これにより区役所の窓口に保健師が登用されることとなった。さらに1994（平成6）年7月、区役所の中に福祉保健サービス課（相談調整係・福祉保健サービス係）が設置され、保健師と福祉事務所のワーカーが同じ部署で働くこととなり、連携は一層具体化されることとなった。

5）福祉の風土づくり推進事業・福祉の都市環境づくり推進事業

　様々な都市問題を解決していくための行政と市民参加のあり方について研究を進めるべく、横浜市は、1971（昭和46）年に横浜市コミュニティ研究会を発足させた。この研究会の目的は、横浜市における地域社会のあり方、コミュニティ形成への期待と可能性、コミュニティ形成に対する行政と市民の役割を検討することにあった。3年後の1974（昭和49）年に報告書がまとめられ、その後の地域社会づくりとコミュニティ行政に対する問題提起となった。

　一方、1973（昭和48）年には、京都市で「福祉を語る革新市長と婦人の集い」が開催された。そこでは、住民の福祉意識向上が課題として取り上げられ、〈社会的に阻害された人々（社会的弱者）を迎える温かい思いやりの風土、福祉の風土を育てることが必要である〉というアピールが採択された[12]。このアピールが直接のきっかけとなって、市は「福祉の風土づくり」に積極的に乗り出すこととなった。そこで、上記のコミュニティ研究会の委員長であった富田富士雄が、「福祉の風土づくり推進委員会」の委員長に再度就任し、翌年の1974（昭和49）年度から「福祉の風土づくり推進事業」が開始された。

　「福祉の風土づくり推進事業」は、地域社会は住民と物的環境の両面で構成されるという考えに基づいて、福祉モニター委嘱、福祉モデル地区の選定、ボランティア育成、広報活動、生活環境整備等の事業を推進・実施した。1976（昭和

51）年には、市が身体障害者福祉モデル都市に指定されたのを契機に「横浜市福祉の都市環境づくり推進指針」を制定し、「福祉のまちづくり」への取り組みは一層強力に進められた。

その後、1978（昭和53）年には、上記整備事業を区単位で進めるために区推進委員会が置かれ、実施主体が市から区へと委譲されている。1981（昭和56）年には区推進委員会と市社会福祉協議会が連携して福祉講座、ボランティアセンターの設置、福祉基金等の事業を行うようになる。さらに、1993（平成5）年には緑・青葉・都筑の3区を除く15区の区社会福祉協議会、1995（平成7）年には残りの区社会福祉協議会も法人化され、会の活動が強化されることになった。近年では、住民相互の交流・支え合い、施設整備における住民と行政との協力・連携を促進する目的から、「横浜市福祉のまちづくり条例」（1997年）が制定されている。「安心した生活」、「自立した自由な行動」、「あらゆる分野への参加」を目標に掲げるこの条例は、「福祉の風土づくり」の考え方を継承するものであり、福祉のまちづくり推進会議の設置、重点推進地区の指定、推進指針の策定を定めている。

3　横浜市の福祉行政と横浜市ホームヘルプ協会

我が国における国と自治体との関係は、自治体が国に従属するという色彩を強く有している。自治体の施策は、多く、国の施策の後追いであった。それは何よりも制度の問題であるが、他方で自治体の力量の問題でもあった。不幸なことに国と自治体は垂直的関係、管理するものと管理されるものという関係におかれてきた。この構図は地方分権の必要が強く叫ばれている今日、なお、強く残存する。

しかし、国と自治体の関係は絶対不変のものではない。中央集権による画一的な行政は変動する現実には不都合な場合がある。硬直化した行政サービスは生起する地域問題を解決するには不都合であり、画一的な行政サービスは多様化する住民のニーズに対応することが難しい。既にみてきたように、飛鳥田が市長に就任した当時の横浜は大きな変貌を経験しつつあった。飛鳥田市政を含め全国的に現れた革新自治体（革新を標榜する首長をもった自治体）の出現は、中央集権の画一的な行政が、噴出する地域問題と多様化する住民ニーズに対応することがで

きない、そうした事態の中に登場したのである。

　東京をはじめ全国から多くの流入人口を受け入れ、短い期間に都市を膨張させた横浜市はさまざまな地域問題を抱えることになった。急速な都市化に対応する横浜市の都市基盤はあまりに脆弱であった。地付き層と来住層の対立も生じ、地域社会は、時に、摩擦と混乱の中におかれた。行政は住民のニーズに応える仕組みと財源をもたなかった。

　飛鳥田時代に提起された「横浜方式」という行政スタイルは、そうした深刻な現実に対する苦肉の策であったのである。1964（昭和39）年に締結された「公害防止協定」は国の定める基準をもって公害行政を展開するという画期的なものであったし、1968（昭和43）年に定められた「宅地開発要綱」による開発規制も、それが横浜市を嚆矢としないものの、横浜方式のひとつの成果であった。それらはいずれも中央集権的、画一的行政によっては解決することのできない〈現実〉を直視して打ち出された対応であった。「市民の現実から来る諸要求を一方において個別に具体的に処理しながら、個別問題に流されるのでなく、それらをより根本的に解決するための具体的政策を立ててゆく。この政策は、ただ要求だけにふりまわされているのではなく、より将来のために望ましい解決を計ろうとするもので……、ゴミの問題、開発規制の問題、緑の問題など多くの都市の中の問題は、このような姿勢に立った施策がたてられなくてはならない。そのような望ましい現実の解決の方向に立って、なお、自治体をとりまく、国をはじめ多くの制約条件に対しては、たんに抽象的段階の論議にとどまらず、自ら問題を具体的に解決し、すすめてゆくという実績の上に立ちながら、国の方向の転換、制度の改正等を要求してゆくという姿勢である」（田村、1974：102）という指摘には、横浜方式を採用しなければならない横浜市の苦悩と国による集権的・画一的行政の限界が明示されている。

　1970年代から1980年代に我が国が経験する低成長経済は、自治体にも新たな課題を突きつけた。この時期、国は民間活力の導入、規制緩和を提唱し、「第二次臨時行政調査会」（1981年）を立ち上げるが、自治体も高度経済成長期の懸案事項を解決しきれないまま、新たな課題の前に立たされたのである。自治体の行財政改革は必至のものとなり、シビル・ミニマムを掲げて展開されてきた行政施策も、都市経営に重点を移すことになる。「昭和50年度からはじまった深刻な財

政危機、その直接の原因は、石油ショックを契機とする不況の長期化、税収入の激減ではあるが、他面、もう一つの要因は恒常的かつ硬直的に増加した支出側にあったといえる。長年の高度成長時代のゆたかな自然増収を背景に、行政サービスは次第にふくれ上がり、財政体質はすっかり肥大化してしまっていた。それが低成長、不況の深刻化で一挙に露呈したのである。したがって、今後この厳しい環境に適応して行くには、まず自らの〝減量〟、〝ぜい肉落し〟を行い、体質の改造を行うことがこれからの大きな課題となっている」（日本都市センター都市行財政研究委員会、1978：36）。細郷市政（1978年〜1989年）の横浜市が飛鳥田市政（1963年〜1977年）の「企画調整局」を「企画財政局」に改組したのも、単に、市長の意向によるものではなく、歴史・社会的背景がそれを求めていたと理解されるのである。

　本格的な高齢化社会の到来と行財政改革の動向は、福祉の流れをも大きく変えることになった。「東京都におけるコミュニティ・ケアの進展について」（1969年）や「これからの社会福祉──低成長下におけるそのあり方──」（1976年）が出され、施設中心の福祉から在宅福祉及び地域福祉への転換が時代の潮流となり、施設の社会化にも関心が寄せられたのである。こうした状勢の中で、横浜市ホームヘルプ協会も、自治体と住民参加型団体との共同出資という新しい方式を採用して登場する。

　横浜市は1964（昭和39）年に「市民生活白書」を発表した。この白書は、「豊かな生活を市民の手で」というスローガンを掲げ、「子どもを大切にする市政」、「だれでも住みたくなる都市づくり」を具体的に進めていくため、①市民のための近代的市政、②市民全体のための計画的な市政、③市民がみんな平等の権利を持つ市政、④市民の自治による市政、の四原則を打ち出した。この白書が公刊された1964（昭和39）年は、まだ、児童の問題に多くの関心があって、高齢者問題が深刻な社会問題として意識されていない時期であった。しかし高齢者問題への対応は、間もなく横浜市の重要課題となる。1968（昭和43）年にねたきり老人実態調査が行われて以降、児童問題と並んで、高齢者に対する施策が市の重要なテーマに数えられるようになり、横浜市は、「老人医療費無料化」、「介護券による介護人派遣事業」、「福祉の風土づくり推進事業」、「ねたきり老人訪問看護活動」等の事業を全国に先駆けて行うことになっていく。

深刻化の様相を強める高齢者問題に、横浜市が求めた対応は、住民自ら組織し、相互扶助の理念に基づいて活動する市民団体との協働であった。すなわち〈市民団体との協働〉によって在宅サービス事業を実施しようという発想である。横浜市の場合、こうした試みに先立って市民活動を援助する補助金制度が開始されていたこともあり、横浜市ホームヘルプ協会のような型での在宅福祉サービスが展開される素地を有していた。在宅福祉の「横浜方式」とも呼ぶことができる「横浜市ホームヘルプ協会」を介在させた在宅福祉政策は、それが他の自治体にも波及していったことを思うとき、ひとつの歴史的実験であったと言えよう。

●註
1) 飛鳥田市長は、市民と一緒に考え力を合わせて政治的困難を解決していくために「一万人の市民集会」を提案し、直接民主主義こそ市政運営の基本になるべきとした。この精神は後に「区民会議」という形で受け継がれた。
2) ちなみに、高齢者問題に関する最初の世界会議は、1963（昭和38）年に開催された（「世界老人会議」）。日本からこの会議に男性7名、女性1名の高齢者が参加した。
3) 飛鳥田市長は、その革新市長会出席に先立って、「福祉政策全体の見直し」を提唱したい旨を周囲に漏らしていた（朝日新聞「〝背伸び福祉〟反省しよう」1973.7.8）。しかし、市長会当日、参加者からその真意を厳しく問う声が相次いだため、自身の発言の意図は、「低成長時代だからこそ新たな福祉の提案をすべきであり、市民の立場に立った福祉政策を推進すべきである」旨にあると弁明している（朝日新聞「低成長下の福祉充実では一致」1973.7.15）。
4) 長洲知事は朝日新聞の論壇の中で、低成長期における福祉社会を実現するため、人間にとって福祉とは何かという「福祉の哲学」と、それを実現するための方法論、すなわち「福祉の科学」を確立することが必要であると主張した（朝日新聞「福祉の哲学と科学を」1975.7.26）。
5) 1976（昭和51）年に長洲知事が提唱した福祉推進運動であり、行政の施策や県民の心を「点から線に結びあわせ、そしてコミュニティという面で各々の責任と役割を担うことによって、新しい福祉をつくりあげよう」とする県民への呼びかけであった。
6) 横浜市では、全国に先立ち1970（昭和45）年に介護券を用いた独自の介護人派遣事業を開始している。

7）当時の保健師による訪問指導活動を通じて、在宅療養高齢者が抱える問題の深刻さが明らかとなった。その意味では、訪問指導活動の取り組みが、後の保健所と福祉との連携による地域ケアサービスの開始を促す原動力のひとつとなったといえる（横浜市衛生局：1986）。
8）「ゆめはま2010プラン」では、施策分野（「ふれあいのまち」「はつらつのまち」「ときめきのまち」）に対し、11項目の基本的先導的事業（活気あふれる地域育成プラン、特色ある都市拠点強化プラン、アートシティ横浜プラン等）を掲げ、実行に移した。
9）なお、1983（昭和58）年度に老人福祉費割合が激減しているのは、同年の老人保健法施行によって、高齢者に対する医療給付が一般会計から特別会計に組み換えられたためである。
10）2004年12月『「痴呆」に替わる用語に関する検討会報告書』により「痴呆」という用語は「認知症」に替わったが、当時の調査データの表現を尊重した。
11）1996（平成8）年、それまでの高齢化社会対策室は、少子・高齢化社会対策室として名称変更のうえ存続する。
12）京都市で開催された第一回「福祉を語る革新市長と婦人の集い」は、「新しい福祉社会の形成―市民と自治体による福祉の風土づくり」というテーマで開催された。横浜市ではそこで採択されたアピールを受け、福祉行政は物的給付に終始するのではなく、地域住民の支えあいをつくりだすものでなければならないとして、「住民の福祉意識」向上を目標に「福祉の風土づくり推進事業」を開始した（福富：1976、朝日新聞「『福祉の風土づくり』は二年目」1975.7.25）。

第5章

調布市の福祉行政と調布ゆうあい福祉公社
——横浜市ホームヘルプ協会を念頭において——

　これまでの章においては、横浜市ホームヘルプ協会の歴史的位置と構造的・機能的特性について考察をすすめてきた。横浜市ホームヘルプ協会は極めて独自色の強いものであったが、それと目的を同じくするような試みが横浜市以外の自治体になかったわけではない。そうしたいくつかの自治体の試みのうち、協会と類似の事業展開を行った福祉公社の代表例である、調布市の調布ゆうあい福祉公社の考察を本章で行い、横浜市ホームヘルプ協会の特性と歴史的位置を理解する一助としたい。

1　高齢化と行政の対応——調布市総合計画——

　我が国の戦後の復興とそれに続く高度経済成長が大都市への人口集中とそれに伴う深刻な都市問題をもたらしたこと、1973（昭和48）年に発生したオイルショックを契機とする福祉の見直しが革新自治体の施策にも大きな影響を与えたことについては、既に論じたところである。本章では、横浜市と同じような推移を経て福祉公社の設立に至った調布市に注目し、調布市における福祉公社設立の歴史・社会的背景——その時期は、本多市政（1962年～1978年）、金子市政（1978年～1986年）、吉尾市政（1986年～2002年）の時期である——を探ることとしたい（巻末資料-4）。

　調布という地名は、古代の税制「租庸調」のうち、武蔵野地区の特産であった布を納めていたところに派生する。その後、江戸期には甲州街道沿いの宿場町と

【図5-1】調布市の出生・死亡数と転入・転出数の推移

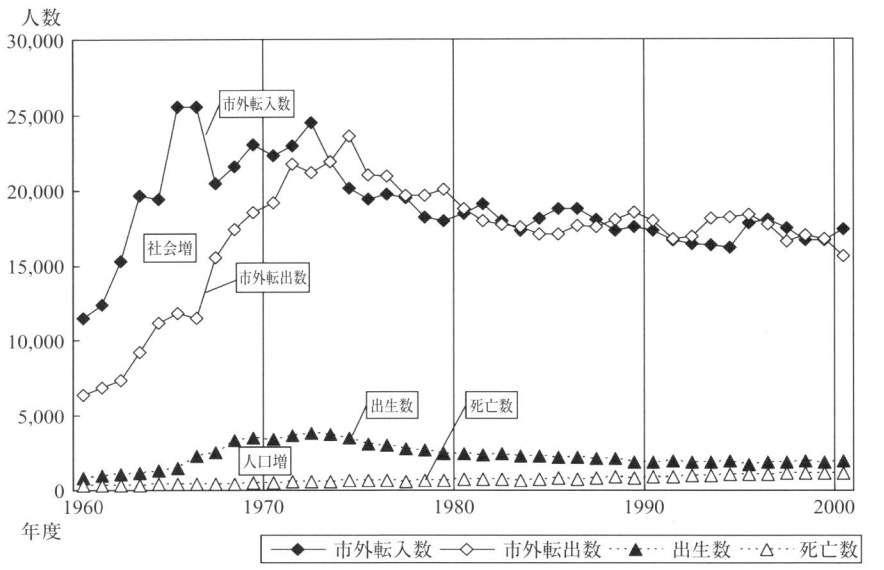

出典：『調布市統計概要』1960-2005より作成

して栄えていた布田五宿（国領、下布田、上布田、下石原、上石原の宿場）が一緒になり、1889（明治22）年に調布町となった。東京郊外の一農村にすぎなかった調布町も、大正期以降、別荘・郊外住宅地として注目され、また昭和期には軍需産業や帝都防空のための飛行場が建設されている。終戦後の1955（昭和30）年、神代町と調布町の合併により調布市が誕生する。1964（昭和39）年の東京オリンピック開催と前後して、甲州街道の整備や大規模団地建設が進み、東京のベッドタウンとしての機能を持つようになった。このような経緯は、1960年代から70年代初頭にかけて顕在化した流入人口、社会増にも表れている（図5-1）。

こうしたなかで1962（昭和37）年、本多嘉一郎が東京都における初の革新市長となり、後の飛鳥田横浜市長実現の先駆けといわれた。本多は、市政にあたってまず広報・広聴の重視をあげ、PR映画の作成、市民相談室の開設、「婦人と市政を語る会」等、市民の声を聞き、市政への市民の理解を深める取り組みを重要な仕事と位置づけ実行した。これは後に1977（昭和52）年の「調布市まちづく

【表 5-1】調布市基本構想の推移

	1972（昭和 47）年	1981（昭和 56）年	1989（平成元）年
まちづくりの目標	あたたかい心のきずなと緑の風かおる都市環境の整った、新しい「ふるさと調布」	快適で緑豊かな都市環境とあたたかい心のきずなで結ばれるみんなのまち調布	すてきにくらしたい・愛と美のまち調布
まちづくりの基本方針	1. 健康な家庭のだんらんのある市民生活	1. 快適な生活をささえる都市基盤の整ったまち	1. ゆたかな文化と人を誇れるまちづくり
	2. まちかどに人の輪があるコミュニティ	2. 恵まれた環境で生活できるまち	2. 心がかよう幸せあふれるまちづくり
	3. わこうどの未来を育てる文化	3. 心がかよいあい安心して生活できるまち	3. くらしよく活気に満ちたまちづくり
	4. 緑の中につつみこまれるまちなみ	4. 豊かな文化と躍動するスポーツのまち	4. うるおいとくつろぎのあるまちづくり
	5. 快適な住宅都市にふさわしい都市施設	5. 活気に満ちた魅力あるまち	5. 美しく調和のとれたまちづくり
		6. 市民の創意と連帯感あふれるまち	6. ふれあいの輪がひろがるまちづくり
市長	本多嘉一郎	金子佐一郎	吉尾勝征

出典：『調布市基本構想』1973、1981、1989、2000 より作成

り市民会議」に結実する[1]。

　1969（昭和 44）年には長期総合計画策定方針が定められ、「コミュニティ施設の整備」、「市民文化施設」等の注目すべきプランが示された。さらに 1971（昭和 46）年には、「調布市都市づくり市民会議」が設置され、報告書『都市づくり市民会議の提言等について』が出されている。この報告書は、後に、「調布市基本構想」と「調布市長期総合計画」に活用されている。なお、「調布市まちづくり市民会議」はその後条例化され、今日に至るまで総合計画作成に参画し続けている。

　1972（昭和 47）年に調布市で初めて制定された「調布市基本構想」では、調布市がめざすべき都市像が五つの柱として示された。五つの柱の第一に挙げられたのが、「健康な家庭のだんらんのある市民生活」である（表 5-1）。

　総合計画ではこの第一の柱を実現するために、「子どもたちの世界を育てる」、「老人に希望と生きがいを」、「恵まれない人たちに自立の力と希望を」、「婦人の社会的な活動と家庭生活を守る」等の施策目標が立てられている。他の柱と比較

【図5-2】調布市人口割合推移

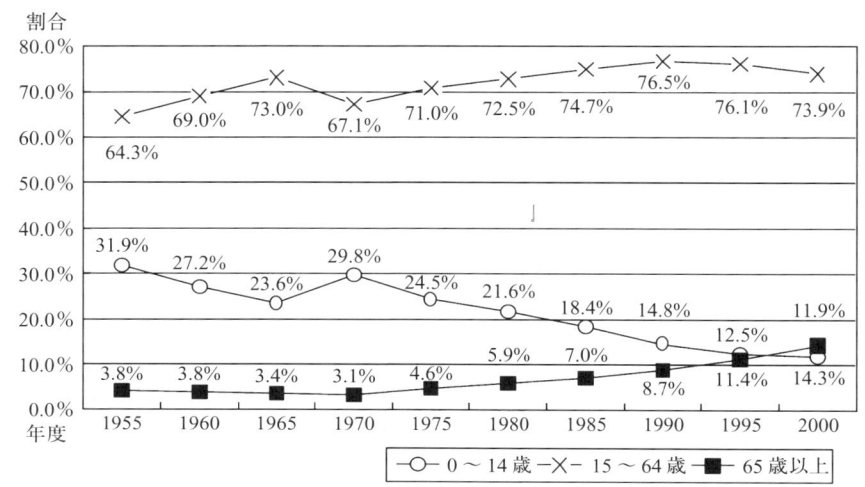

年度	1955	1960	1965	1970	1975	1980	1985	1990	1995	2000
0～14歳	31.9%	27.2%	23.6%	29.8%	24.5%	21.6%	18.4%	14.8%	12.5%	11.9%
15～64歳	64.3%	69.0%	73.0%	67.1%	71.0%	72.5%	74.7%	76.5%	76.1%	73.9%
65歳以上	3.8%	3.8%	3.4%	3.1%	4.6%	5.9%	7.0%	8.7%	11.4%	14.3%

出典：『調布市事務報告書』1955-2000より作成

して第一の柱の具体的施策目標数は際立って多く、「健康な家庭づくり」が当時の市政において特に重要視されていたことを窺うことができる[2]。

　そして、これらの施策目標のうち特に本多が力を入れたのが、全国初の「敬老手当支給制度」の導入や、「老人憩いの家」建設に代表される高齢者対策であった。その背景として、1970（昭和45）年以降、一貫して年少人口比の減少と高齢者比の増加傾向が見られるという調布市の人口趨勢上の特徴を見逃すことはできない（図5-2）。こうした本多市政の基本方針は、その後の、金子市政、吉尾市政にも部分的に受け継がれることとなる。

　金子佐一郎が市政を継いだ1978（昭和53）年、我が国は低成長期の只中にあり、景気の停滞や人口増の鈍化に伴う新しい対応が自治体に求められるようになっていた。こうした状況下、金子は都市の再開発に力点を置いた市政へと方針転換した。その変化は、1981（昭和56）年に改正された基本構想の内容からもある程度読み取ることができる。

　「新基本構想」のまちづくり目標は「快適で緑豊かな都市環境とあたたかい心のきずなで結ばれるみんなのまち調布」であり、その先頭に都市環境整備が挙げられている。さらに、基本方針の第一と第二に都市基盤や生活環境の整備が挙げ

られる。そこには、福祉の改善やコミュニティの確立を課題の中心に据えた本多市政との際立った違いをみることができる。

　吉尾勝征が市長に当選したのは、1986（昭和 61）年である。吉尾はまちづくりの目標を「すてきにくらしたい・愛と美のまち調布」と定め、文化に重点をおいた方針を提示することで金子市政と一線を画している。基本構想における六つの基本方針で第一に掲げられたのは「ゆたかな文化と人を誇れるまちづくり」であり、まちの文化遺産の伝承や芸術面の向上、生涯学習を通じた地域文化の醸成が目標に掲げられている。また第二の基本方針には、「心がかよう幸せあふれるまちづくり」のもと、福祉・医療の充実が掲げられた。第一の基本方針のなかに生涯学習が含まれていたことと重ね合わせると、高齢者施策を重点化する方向への部分的回帰とみることもできよう。こうした特徴を持つ基本構想に従って、吉尾市政の基本計画の目玉となったのが、〈香り高い地域文化をはぐくむ〉ための拠点となる「（仮称）調布市市民文化プラザ」の建設である。その他、社会福祉面においても、福祉の拠点づくりとしての「シルバー総合センター」、「特別養護老人ホーム」の建設が進められ、福祉の充実が図られている。

2　調布市の高齢者福祉対策の変遷

(1) 民生費・高齢者福祉対策費の動向

　調布市の福祉行政の推移を概観するため、まず市の全予算に占める民生費割合の推移についてみていくこととする。民生費割合の年次推移を示したものが図 5-3 である。本多市政が始まって 3 年目の 1964（昭和 39）年には、すでに全予算の 16.7% にあたる 2 億 2 千万円余が民生費に割かれていた。その後 1976（昭和 51）年には 32.0% となり、その後しばらくの間、全予算の 3 割を民生費が占める状況が続いた。1988（昭和 63）年から 1994（平成 6）年までの一時期、民生費割合が 30% を切り低落傾向にあったが、1995（平成 7）年以降ふたたび民生費割合が 30% 台を回復し、現在に至っている。ちなみに 1977（昭和 52）年の民生費割合が 40.0% と突出しているのは、当時着工していた市民福祉会館の建設費計上に拠るものである。

【図 5-3】調布市予算民生費割合

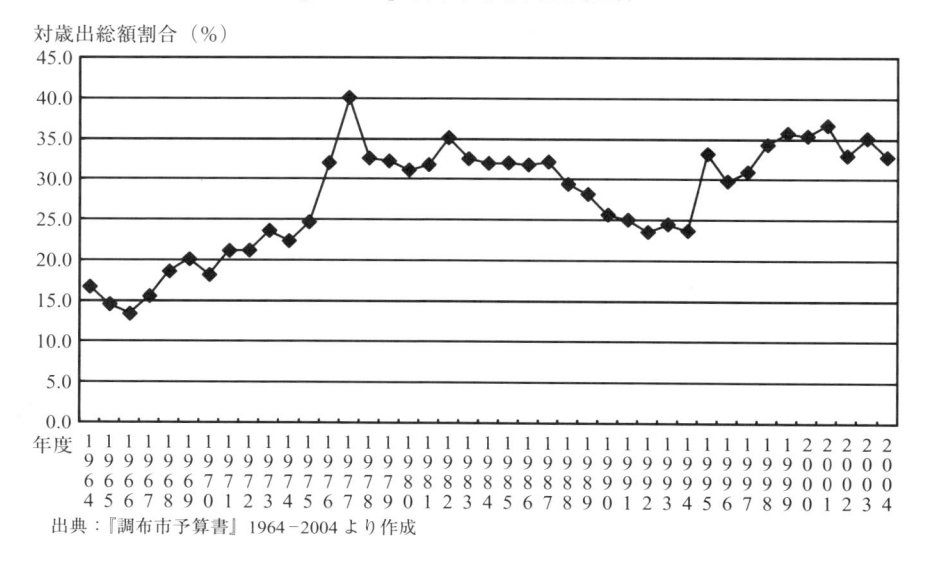

出典:『調布市予算書』1964-2004 より作成

　次に、民生費に占める老人福祉費割合の変遷についてみてみよう。民生費の構成内容の推移をまとめたものが図 5-4 である。1964（昭和 39）年以後しばらくの間、老人福祉費の割合は 3% 程度にとどまっていたが、各種の高齢者対策事業が始まる 1974（昭和 49）年に 9.7% と急増して以降、10% 前後の構成比を維持する。さらに 1986（昭和 61）年以降、老人ホーム関連の予算増に伴い老人福祉費の構成比はさらに上昇し、高齢者保健福祉推進十か年戦略開始年の 1990（平成 2）年から介護保険制度が施行される 2000（平成 12）年まで、老人福祉費は 20% 弱の構成比を維持することとなった。ちなみに 1995（平成 7）年の老人福祉費が突出しているのは、この年に市営特別養護老人ホーム建設費が計上されたためである。

　ここで他の福祉費の構成比に目を転じると、全期間を通じて児童福祉費の割合がほぼ 30% 台の高い構成比を維持していることが大きな特徴である。その一方、生活保護費は 1964（昭和 39）の 51.8% から 1976（昭和 51）年に 20.6% に至るまで急減しており、その後しばらくの安定期を経て、1995（平成 7）年には 10.4% まで下落する。このように、生活保護費の構成比推移は、老人福祉費及び児童福

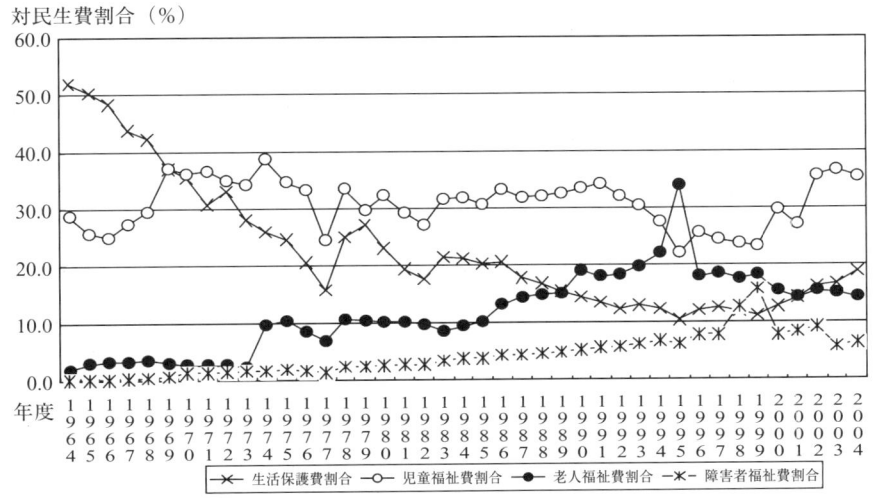

【図5-4】調布市民生費構成の推移

対民生費割合（％）

凡例：生活保護費割合／児童福祉費割合／老人福祉費割合／障害者福祉費割合

出典：『調布市予算書』1964-2004 より作成

祉費のそれとは対照的な傾向を示している。

(2) 高齢者福祉事業の概要

調布市における老人福祉費の構成比推移をみると、①老人福祉法が施行されて以降、老人福祉費の対民生費割合が3％台を推移する1973（昭和48）年まで、②老人福祉費の構成比が10％台に突入し、この値を維持し続ける1974（昭和49）年から1985（昭和60）年まで、③老人福祉費の構成比が上昇期に入り、ついに民生費全体の20％近くに達する1990（平成2）年までという三つの時期区分が可能である。それは、昭和40年代（1965年〜1974年）、昭和50年代（1975年〜1984年）、昭和60年代及び平成初期（1985年〜1990年）の三つの時期と理解してもよい。以下、それぞれの時期に実施された主な高齢者福祉事業を概観する。

1）昭和40年代（1965年〜1974年）

老人福祉法が開始されて間もない1965（昭和40）年、主な高齢者福祉対策は、

敬老会の開催、敬老金の支給、老人憩いの家の運営、老人クラブ等にとどまり、健康な一般老人を想定した福祉対策に限定されていた。こうした一般の高齢者向けの施策は年々充実し、1967（昭和42）年には、老人福祉週間における諸行事（無料マッサージ、公衆浴場無料サービス、老人と婦人との懇話会）、老人職業相談事業等が開始されている。また、1972（昭和47）年には社会福祉会館、1973（昭和48）年には調布市初の地域センターが開設され、福祉施設の充実も徐々に図られていった。

2）昭和50年代（1975年～1984年）

1974（昭和49）年以降、高齢者福祉施策はにわかに活気を帯びることになる。前々年の1972（昭和47）年には老人福祉手当の支給、1973（昭和48）年には、国と東京都による老人医療費の助成や「豊かな老後のための市民会議」の開催など、高齢者対策が本流に乗り始めた時期であった。これらを受けて、以後の調布市では毎年のように新しい高齢者対策事業の導入が図られることとなる。

まず一般高齢者向け事業として、敬老乗車証給付及び福祉共同農園運営開始（1975年）、無料マッサージ・老人福祉就労支援・老人居室資金貸付（1976年）と様々な事業が開始されたが、その一方で、この時期に大きく展開を見せたものが、ねたきり高齢者及びひとり暮らし高齢者対策事業である。ねたきり高齢者対策としては、早くも1974（昭和49）年にはおむつ貸与事業が始まり、その後、寝具乾燥事業（1976年）、巡回入浴サービス事業（1977年）等の各事業が始められた。また、調布市に老人福祉課が設置された1981（昭和56）年には訪問看護事業が開始され、1982（昭和57）年には居宅ねたきり老人見舞品支給が始められている。

一方、調布市のひとり暮らし高齢者対策の本格的な展開は、1977（昭和52）年の給食サービス事業に始まる。その後、福祉電話設置助成事業（1981年）、友愛訪問活動・緊急通報システム事業（1983年）がそれぞれ開始され、高齢者の社会的孤立を防ぐための取り組みが徐々に事業化された。

さらにこの昭和50年代は、高齢者施設対策についても大きく展開を見せ始めた時期でもある。この時期の老人ホーム関連事業をみると、老人ホーム入所者一日日帰り（1976年）や、老人ホーム見学会（1978年）がそれぞれ開始されている。その背景には老人ホームに対する需要の急増がある。図5-5は福祉事務所

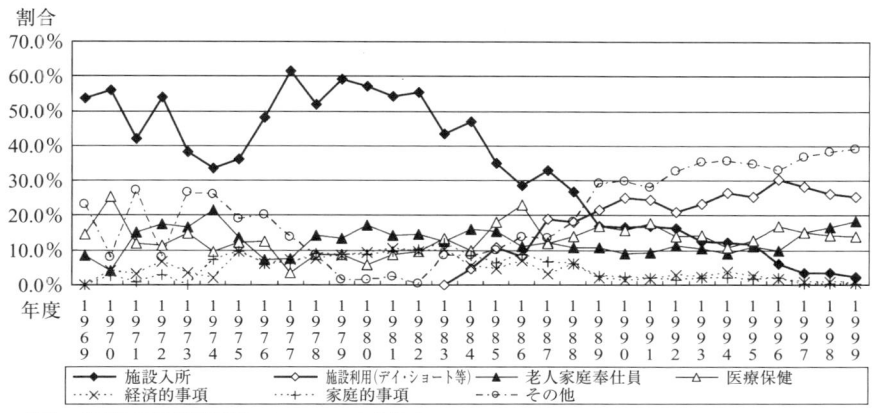

【図5-5】老人福祉相談内容の内訳

出典:『調布市事務報告書』1969-1999より作成

に寄せられる老人福祉相談の内訳の推移をまとめたものであるが、1974（昭和49）年には全体の30％台であった施設入所相談が、1977（昭和52）年度には全相談件数の約6割に急増し、相談内容の大半を占めることとなる。この傾向は昭和50年代を通じて一貫して見られる特徴であった。施設入所をめぐる問題が、当時の高齢者たちにとって、いかに主要な関心事であったかが窺える数字である。

当時の施設入所状況をより詳しく把握するため、調布市における老人ホームの措置人数及び待機者人数の推移をまとめたものが、図5-6である。老人ホーム入所待機者数が調布市の事務報告書に公式統計として掲載される1981（昭和56）年以降の推移をみると、特別養護老人ホームの措置人数が順調に伸びているにも拘らず、特別養護老人ホームの入所待機者数も1986（昭和61）年まで増加の一途をたどり、ニーズの急増ぶりが伺える。こうした背景が、昭和60年代以降の高齢者施設関連の予算増につながってゆくこととなる。

3）昭和60年代及び平成初期（1985年〜1990年）

調布市における老人福祉相談内容の推移（図5-5）からわかるように、昭和50年代には相談内容の過半数を占めていた施設入所相談が、昭和60年代に入り徐々に減少し、代わりにデイサービスやショートステイ等の施設利用、及び医療保健相談の件数が増加する。1985（昭和60）年以降のこのような変化は、調布

【図 5-6】老人ホームの措置人数・入所待機者数の推移

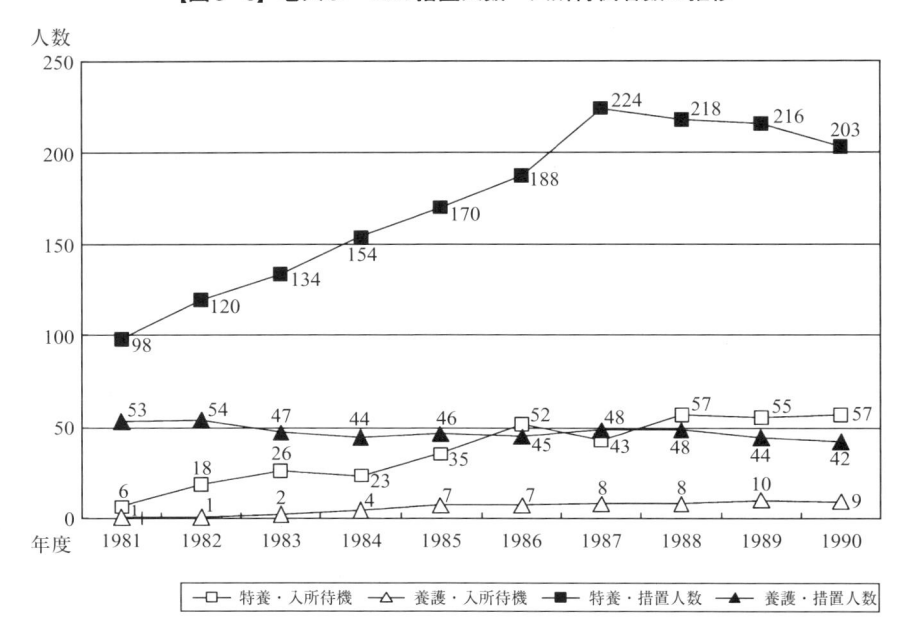

年度	1981	1982	1983	1984	1985	1986	1987	1988	1989	1990
特養・措置人数	98	120	134	154	170	188	224	218	216	203
養護・措置人数	53	54	47	44	46	45	48	48	44	42
特養・入所待機	6	18	26	23	35	52	43	57	55	57
養護・入所待機	1	1	2	4	7	7	8	8	10	9

出典:『調布市事務報告書』1981-1990 より作成

市の高齢者対策における施設志向から在宅志向への転換として読み取ることができる。

　調布市では、1979（昭和54）年に開始されたショートステイ事業を皮切りに、1989（平成元）年には在宅高齢者サービス事業が開始され、1990（平成2）年には高齢者サービス調整会議の開始や在宅高齢者介護休養手当の支給開始等、高齢者の在宅介護を前提にした施策が相次いで進められた。一方で、それと時を同じくして住宅対策の強化も図られた。1989（平成元）年に、高齢者のための住宅斡旋開始や一時中断していた老人居室資金貸付が再開されたことに始まり、1990（平成2）年には住宅改造費の給付、さらに1991（平成3）年には地域高齢者住宅計画の策定に基づく高齢者住宅の確保事業が開始されている。これら一連の施策の展開をみると、調布市は高齢者施設の建設を進める一方、施設に過度に依存しないための対策も同時進行させてきたことがわかる。老人福祉相談における内訳の推移はその一つの現れであり、1984（昭和59）年に新しくカテゴリーに加

わった「施設利用（デイサービス・ショートステイ）」は年々その構成比が増加し、1989（平成元）年以降は施設入所相談を超え、相談内容の中で最も多くを占めるに至っている。

(3) 組織の変遷

先述したような高齢者対策の変遷は、調布市の行政機構の推移にも反映されている。1963（昭和38）年、老人福祉法制定に伴う機構改革で、三つの課と福祉事務所体制で始まった民生部機構は、その後、福祉事務所の編入（1968年）や社会福祉部への名称変更（1971年）を経て、老人福祉法制定から18年後の1981（昭和56）年に、ようやく老人福祉課の新設に至る。さらに、高齢者福祉における重点施策が施設福祉から在宅福祉へ転換したことに伴って、1989（平成元）年、老人福祉課の下に生きがい対策係、老人医療係、在宅サービス係が設けられ、現在に至っている（図5-7）。

3　調布市の福祉行政と調布ゆうあい福祉公社

(1) 福祉公社出現の歴史的経緯

1980年代以降の我が国において福祉公社が登場してきた背景には、在宅福祉サービスが重視され始めたことに加え、多様なニーズに対応するためサービス供給の多元化が求められてきたという事情がある。

〈サービス供給の多元化〉は、措置型の福祉を主体としたこれまでの福祉体制の限界を一方では意味している。国、自治体の責任による公共的福祉供給システムは、自治体直営の場合であれ、社会福祉法人への委託の場合であれ、サービスが硬直化しやすいことが問題点に挙げられるからである。当然、各自治体の福祉行政には、「現在の限られた資源を、直接的なサービスと住民相互のケア活動に、いかに適切な比率で配分するかを決定し、また、それを計画的に遂行していく力量が求められているのである」（野口、2002：227）。そして、「そのためには、地域社会に潜在している社会資源の発掘や既存の施設・設備の活用、行政サービスの肥大化の抑制、縦割り行政の無駄の排除、そして新しい行政サービスの運営シ

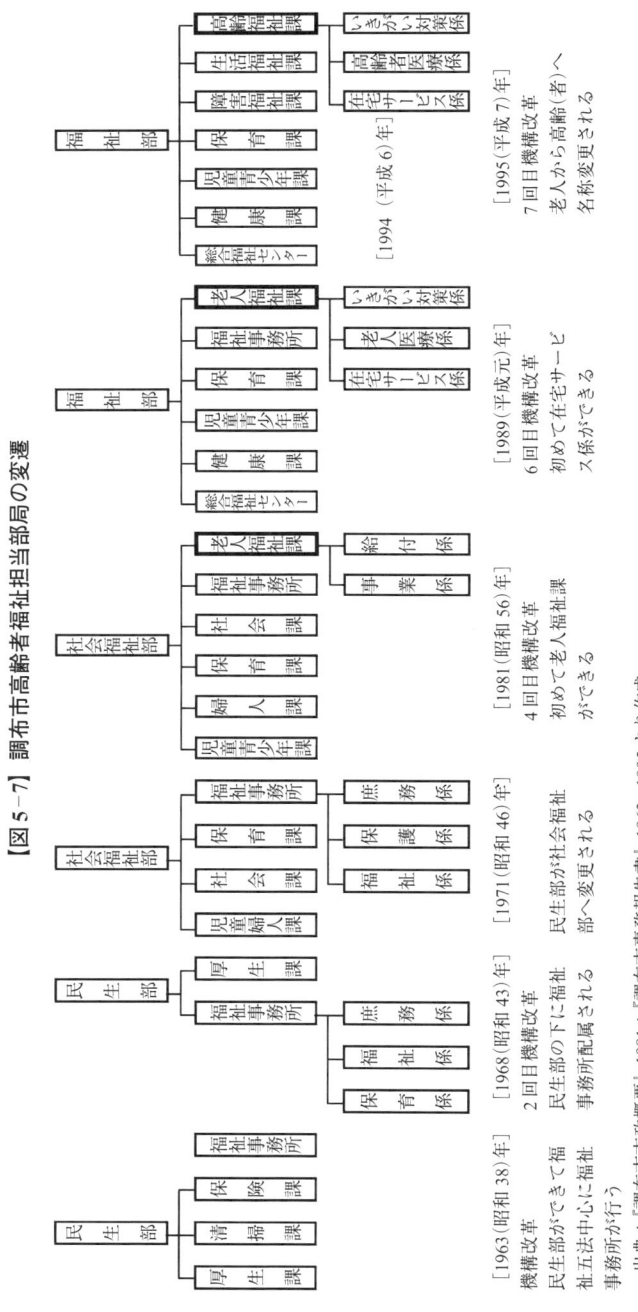

【図5-7】調布市高齢者福祉担当部局の変遷

[1963 (昭和38) 年]
機構改革
民生部ができて福祉五法中心に福祉事務所が行う

[1968 (昭和43) 年]
2回目機構改革
民生部の下に福祉事務所配属される

[1971 (昭和46) 年]
民生部が社会福祉部へ変更される

[1981 (昭和56) 年]
4回目機構改革
初めて老人福祉課ができる

[1989 (平成元) 年]
6回目機構改革
初めて在宅サービス係ができる

[1994 (平成6) 年]

[1995 (平成7) 年]
7回目機構改革
老人から高齢 (者) へ名称が変更される

出典：『調布市市政概要』1981；『調布市事務報告書』1963-1995 より作成

ステムの開発などは必須の努力事項である。その努力のうえにたって多元的な供給システムを導入することが、地域的な多様性を反映し、実験的試みを行いやすくし、創造的かつ実効性を保有することができ、住民の主体的な社会参加を可能にする契機をもつことになるのである」（野口、2002：227-228）。

　供給システムの一つとして有望視されたのが、この時期から都市圏を中心に設立されはじめた福祉公社、すなわち「有料在宅サービス等を実施させるために地方自治体がその組織外に設立した団体で、行政の出資と関与を受けつつも、別個の法人格をもつかまたはもとうとし、また行政の出資による基本財源以外にも基金など独自の財源をめざしている『行政関与型組織』」（河合・小川、1989：427）であり、「行政の支援による地域住民の参加による在宅福祉サービス供給組織」（野口、2002：229）であった。

　このように期待の大きかった福祉公社であるが、実際にはどうだったのであろうか。野口（2002：233）は、「福祉公社事業の有する『福祉行政の減量化』『福祉サービスの普遍化』『福祉サービスの新たな開発』『福祉サービスの柔軟性と即応性』『公私共同事業』『福祉サービスへの住民参加』といったキーワードはコインの裏表の性格をもち、事業化のさまざまな段階で問題を生み出していたり、行き詰まりの悩みを抱いている」と、福祉公社の抱える課題を指摘する[3]。

　また、小林（1994：319）も別の側面から福祉公社の問題点に注目する。「調布ゆうあい福祉公社」の実態を調査した小林は、「福祉サービスの柔軟性と即応性」を発揮するため、「調布ゆうあい福祉公社」が利用者のニーズの多様化や介護の重度化に対処してきた結果、必然的に高度な専門的技術を要するケースへの対応が不可欠になったと言う。そして、これによって福祉公社に課される責任が増大することで、福祉公社が前提とする「相互扶助」「互酬的」活動が崩れていく危険性を指摘する。多くの自治体が福祉関連領域に十分な予算を組む余裕のない状況のまま推移すれば、要介護高齢者の抱える専門的サービスへの期待を、専ら住民参加型在宅福祉サービス団体が背負わざるを得ない状況が生じることは容易に推測できる。このような指摘を念頭におけば、地域住民による互酬的関係を土台として成立してきた福祉公社に今後どのような役割を期待すべきか――福祉公社の位置づけをめぐる問題――が、大きな課題となるといえる。

(2) 調布ゆうあい福祉公社の設立経緯

　そこであらためて福祉公社の位置づけについて考察を進めてみることにしよう。一口に福祉公社といっても、設立された自治体の地域特性や設立経緯によってその特質は様々である。これまで取り上げてきた横浜市ホームヘルプ協会が、委託事業中心、パート雇用、かつ大規模な福祉公社の代表例だとすれば、調布ゆうあい福祉公社は、自主事業中心、会員制、小規模の福祉公社の代表例である。そこで、調布ゆうあい福祉公社の設立・変遷の過程を振り返り、横浜市ホームヘルプ協会との異同に注目しつつ、福祉公社が当該地域の在宅福祉に果たした役割について検討したい。

　調布ゆうあい福祉公社が設立されたきっかけは、高齢者問題に強い関心を持つ調布市の主婦グループの私的会合にあった。メンバーの一人が調布市の民生委員であったこともあり、自分たちがまず動き始めなければならないと思い至った彼女たちは、有償で介護・家事サービスを提供する「調布ホームヘルプ協会」を設立した。1985（昭和60）年4月のことである[4]。

　その後数年を経て、サービス利用希望者の急増や利用者の介護の重度化によって、人手不足や資金不足が深刻化したため、調布ホームヘルプ協会は、1986（昭和61）年8月、調布市に財政援助の要望書を出すことにした。この時期、1987（昭和62）年には市内に特別養護老人ホームが落成する一方、市の福祉事務所から調布ホームヘルプ協会へ利用者の紹介が相次ぐなど、調布市における高齢者福祉サービスのニーズは施設・在宅の両面において著しく伸張していたのである。そこで、1988（昭和63）年3月には「調布市高齢化社会対策検討準備会」からの呼びかけで、「有償福祉」問題について市当局と市民との話し合いが持たれることになった。

　こうした状況をふまえ、あらためて協会理事会においても今後の協会のあり方について話し合いがもたれた。増大する一方の在宅福祉サービスニーズに対応するには〈民間の活力と安定した行政パワーの協働〉が必要という結論に達した協会理事会は、市との合併を決議する。かくして調布ホームヘルプ協会は1988（昭和63）年9月に活動を終了し、10月に「調布市在宅福祉事業団」と合併することとなった（表5-2）。

【表5-2】調布ゆうあい福祉公社の沿革

年	月	摘要
1987年	5月	社会福祉部内に市長特命によるプロジェクト「調布市高齢化社会対策検討準備会」を設置
	10月	「ホームヘルプサービスを実践する団体の形態についての試案」提言
1988年	4月	「調布市在宅福祉事業団開設準備委員会」設立
	5月	一人暮らし・寝たきりの高齢者を対象に有料在宅福祉に関する調査実施
		協力会員研修会開催(月1回)
	8月	「調布市在宅福祉事業団のあり方について(報告)」提言
		調布市在宅福祉事業団設立
	10月	有償在宅福祉サービス事業(ホームヘルプサービス)開始
		「食事サービスのあり方について専門委員会」設置
1989年	1月	送迎サービス事業開始
		時間外、休日の割増料金を定める
	6月	第一回基礎研修開催
	9月	機関紙「ほっとらいん」発行
		「地域に根ざした食事サービスのあり方」提言
1990年	2月	利用会員・協力会員に関する調査実施
	5月	第一回福祉講演会開催
	6月	ホームヘルパー3級講座開講(東京都指定3級 1992年6月)
	7月	調布市民在宅福祉意識調査実施
	8月	「資産活用制度検討のための専門委員会」設置
	10月	生きがい講座開催
		調布市在宅福祉事業団解散
	11月	財団法人調布ゆうあい福祉公社設立
1991年	1月	協力会員交流会開催
	2月	食事サービス事業試行開始
	3月	福祉サービス管理システム開発
	4月	食事サービス事業開始
		「食事サービス運営委員会」設置
	10月	生きがい講座自主サークル誕生
1992年	1月	「事業のあり方専門委員会」設置
	10月	資産活用サービス事業開始
	12月	痴呆症高齢者を地域で支えていくための集い開催
1993年	5月	「高齢社会に対応した住民参加による福祉サービスの展開」提言
	6月	「サービス事業の実施作業委員会」設置
1994年	4月	財産保全サービス事業開始
	7月	嘱託ヘルパー制度開始(受託事業)
1995年	1月	「国領在宅サービスセンター」事業のための専門委員会設置
1997年	6月	調布市立国領在宅サービスセンター・調布市立国領在宅介護支援センター事業開始(受託事業)
		通年(365日)事業運営開始
1998年	4月	夜間ホームヘルプサービス事業開始(受託事業)
		公社住民参加ホームヘルプサービス家事・介護サービス料金を一本化
1999年	4月	精神障害者ホームヘルプサービスモデル事業実施
2000年	4月	介護保険事業開始(居住介護支援・訪問介護・市からの受託による通所介護)
		精神障害者ホームヘルプサービス事業開始(受託事業)
2001年	4月	ホームヘルパー2級講座開始(受託事業)
2003年	3月	支援費制度における訪問介護事業所を開始
	8月	精神障害者ホームヘルパー養成講座開始(受託事業)
2004年	6月	「公社のあり方検討」のための専門委員会を設置
		「生活支援コーディネート検討事業」に関する調査研究委員会の設置

出典:『共に生きがいを 10th』1998;『5周年記念 共に生きがいを』1993;『ゆうあいサービスのご案内』2003 より作成

一方、調布市の側から合併への経緯をみる際に見逃すことができない点は、当時、市が高齢者対策と同時進行ですすめていた男女共同参画施策の展開である。1986（昭和61）年、吉尾が新市長に当選したのを受け、市では新しい「調布市婦人行動計画」を策定した。策定にあたって、市から「調布市婦人問題懇話会」へ諮問があり、懇話会から最終報告書が提出されたのが翌1987（昭和62）年3月のことである。この報告書では、来るべき高齢社会設計に向けて「高齢社会に的確に対応する総合的福祉サービスの展開」、「新たな地域福祉の推進」という基本方針が提示された。さらに、そのための具体的施策の一つとして、行政と民間がそれぞれ福祉サービスを有償で提供する機関を設置すべきことが提言され、この提言を受ける形で同年5月に福祉部内に市長プロジェクト「調布市高齢化社会対策検討準備会」が設置された[5]。

　この準備会は、同年10月に「ホームヘルプサービスを実践する団体の形態についての試案」（中間報告）を提言した。この「試案」において、在宅福祉サービスの課題を解決するための供給組織、調布市在宅福祉事業団を市が早々に創設すべきであると提言され、それを受けて事業団設立の準備が急ピッチで進められた。調布ホームヘルプ協会との合併を前提に、1988（昭和63）年8月、調布市在宅福祉事業団が設立され、同年10月に合併。その後法人格を所得し、1990（平成2）年11月「財団法人調布ゆうあい福祉公社」となった。

　当初、調布ゆうあい福祉公社の事業は、ホームヘルプサービス及び送迎サービスに限られていたが、その後事業の拡大をはかり、食事サービス、資産活用サービス、財産保全サービス等の新事業が次々と展開された。1994（平成6）年7月には、市のホームヘルプサービス事業（嘱託ヘルパー制度）の受託を開始し、また1997（平成9）年6月、調布市立国領在宅サービスセンター・調布市立国領在宅介護支援センター事業（受託事業）を開始している。さらに2000（平成12）年の介護保険施行時には、介護保険事業（居宅介護支援・訪問介護・市からの受託による通所介護）、精神障害者ホームヘルプサービス事業を開始した。

　このようにして2006（平成18）年11月現在、調布ゆうあい福祉公社は、住民参加型サービス（会員サービス：ホームヘルプサービス・食事サービス・送迎サービス・日常生活相談サービス・一般相談、生活支援コーディネート事業、福祉講演会・生きがい講座等）、居宅介護支援事業・介護予防支援事業、訪問介護事

業・居宅介護事業・重度訪問介護事業、調布市地域包括支援センター、調布市国領高齢者在宅サービスセンター等、多様な事業を展開する活動体に成長し、現在に至っている。

4　調布ゆうあい福祉公社の特徴

(1) 調布市における食事サービス事業

　調布ゆうあい福祉公社のもつ大きな特徴の一つとして、ホームヘルプサービスのみならず、食事サービスに代表される総合的な在宅福祉サービスをいち早く提供できたことが挙げられる[6]。公社がこのような試みを成功させた背景を考察するため、まず調布市における食事サービス事業の推移について述べたい。

　1970年代の調布市では、当時実施されたひとり暮らし老人実態調査を通じて、ひとり暮らし老人が食事の準備に不自由する現状が問題視され始めていた。やがて、このような状況を憂慮した民生委員有志の会合がきっかけとなり、彼女らによる「集合方式」での会食が1977（昭和52）年にスタートする。この試みは、その後1979（昭和54）年に「調布市老人給食運営協議会」設立へと発展し、地域福祉センター（10ヶ所）において地域のボランティアによって調理された食事を、高齢者とボランティアが週1回会食するという老人給食事業（現高齢者会食サービス）へと結実したのである[7]。

　その後、様々な運営主体によって類似事業が展開された。1983（昭和58）年開始の在宅高齢者サービスセンター事業では、ボランティアを主体とする「調布市いきいきクラブ調理運営協議会」が給食サービスを受託実施する。さらに1996（平成8）年には、小学校の空き教室を活用しデイサービスにてボランティアが給食を提供する「ふれあい給食事業」も始められた。

　これらの事業はそれぞれ一定の成果を収めたものの、一方で課題も生じていた。最初に紹介した老人給食事業は、利用者の地域交流を促す点で大きな意味があったが、常時10余名の待機者が生じた状況を解消できなかったし、週2日以上のサービスを希望する声に応えることもできなかった。また、同時期に調布市が市内のデイサービスセンターに委託して実施した「配食サービス」に関しては、配

達ボランティアの不足や、作る側と利用する側とのコミュニケーション不足の問題が当時から指摘されていた[8]。このように、調布市の食事サービス事業が質量共に不安を残していたことが、後に調布ゆうあい福祉公社が食事サービス事業を展開するひとつの背景にあったのである。

(2) 調布ゆうあい福祉公社による食事サービスの展開

　調布ゆうあい福祉公社の設立に際し、開設準備委員会では公社の運営方針について様々な検討がおこなわれたが、その中でも特に注目されたのが、ひとり暮らし高齢者の食事サービスニーズへの対応であった。ニーズへの対応に早急に対処することを決定した公社では、公社設立の1989（平成元）年にさっそく食事サービス専門委員会を設置し、2年後の1991（平成3）年に食事サービス事業を開始した[9]。

　ただし、設立当初の調布ゆうあい福祉公社は調理を行う自前の設備を持っていなかった。こうした事情があった一方で、住民意識を喚起しようという狙いもあり、実際の運営は、外部団体の「おなかまランナー運営協議会」[10]の受託事業として展開されることとなった。具体的には、調理、配達ならびに食生活に関する調査研究の三事業について、同協議会が公社からの委託を受ける形で事業を開始したのである。協議会は事業受託にあたって次の二点を基本方針に据えた。すなわち、①高齢者や障害者のみならず高齢社会を迎えるすべての人々に必要とされる役割として食事サービスを請け負うこと、②自らの地域における新しい形態の仕事＝「コミュニティジョブ」[11]として食事サービス事業を位置づけること、である。

　これらの基本方針に従って、協議会は次のような取り組みを行った。まず、仕入れから調理、配達、組織運営に至る全てのプロセスに市民が直接携わる方式を採用した。また、協力会員獲得のために、協力会員の少ない市内西部地区の自治会に対する勧誘活動も行なった。さらに、地域住民へのサービス浸透のため、当時の関係者達は、配達専用車に周知のためのステッカーを貼ったり、協力会員の団体名称（おなかまランナー）を公募したりする等、様々な工夫に取り組んだと言う。

　このような地道な取り組みが功を奏し、食事サービス事業はその後順調な発展

を示した。さらに、1997（平成9）年には国領在宅サービスセンター内に専用調理場が完成したことを受けて365日配食サービスを開始したほか、レストランが併設されデイサービス利用者や近隣住民への食事の提供も行う等、事業内容は多角化した。その結果、事業が開始した1991（平成3）年度に688人に留まっていた年間利用者数は、2002（平成14）年には2,644人という実績を挙げ、2006（平成18）年現在も2,299人が利用している。

(3) 食事サービス事業展開・継続の背景

　これまで、調布ゆうあい福祉公社の住民参加型サービスの代表例として、自主事業の「食事サービス」を取り上げた。これをふまえ、次になぜこのような事業展開・継続が可能であったのかについて考えたい。

　食事サービス事業が成功した要因として、当時の関係者が口をそろえて指摘するのが、地域住民を巻き込むことに成功したという点である。当時公社設立に携わった開設準備委員会メンバーの一人は、「（食事サービス事業の実施にあたって）ホームヘルプサービスへの参加者層とはまた異なる層の市民が、協力を申し出て定着していった」と証言する[12]。

　多様な層の市民の協力を仰ぐことができた背景には何があるのだろうか。食事サービスという活動が協力会員にとって様々な点で参加しやすかったことが要因の一つに挙げられよう。食事サービスが気軽に参加しやすい活動であることに加え、食事は利用者の生活の基礎をなす不可欠の要素であるため[13]、利用会員の生活を支えているという強い使命感を抱きやすいこと、さらに利用会員の様子が目に見え実感しやすく、利用会員からの声が協力会員に届きやすいこと等が、協力会員のモチベーションの維持につながったのではないかと想像できる。時には、車椅子で車を運転する利用会員からの申し出で、その方に食事配達業務に参加してもらった事例も報告されており、食事サービスを通じた地域住民同士の支えあい意識が、地域住民に深く浸透していたことが窺われる。

5　福祉公社設立の歴史・社会的背景

　それまでの無償・無料のボランティア活動とは一線を画し、地域住民間の相互

扶助や連帯を基盤として有料で在宅福祉サービスを提供する非営利組織、すなわち「住民参加型在宅福祉サービス団体」が出現したのは、1970年代後半のことである。

住民参加型在宅福祉サービス団体の特徴として、住民参加により住民主体で運営される点、会員制により平等なメンバーシップが確保されている点、有料・有償のサービスである点、非営利である点等が挙げられる。さらに活動の意義ないし固有の理念として、有償でありつつボランティア精神が維持されていること、住民相互の助け合いのシステム、社会や地域に対する活動利益の還元等の要件を持つとされている（全国社会福祉協議会、1987：8）。

住民参加型在宅福祉サービス団体は、その運営主体によって何種類かに分類が可能である。当初全国社会福祉協議会では、市民団体、公社・事業団第三セクター、市町村社協、消費生活協同組合・農業協同組合、という四つに分類していたが（全国社会福祉協議会、1987：15）、その2年後に全国社会福祉協議会が示した新しい類型枠組では、住民のグループが運営する「住民互助型」、行政が関与し福祉公社を設立する「行政関与型」、社会福祉協議会が自主事業もしくは行政の委託・補助を受けておこなう「社協運営型」、消費生活協同組合・ワーカーズコレクティブ・農業協同組合が相互扶助的観点から行う「協同組合型」、施設の専門的な資源を活用して行う「施設運営型」、及びその他の六つに再分類されている（全国社会福祉協議会、1989：70-71）。本章が取り上げた横浜市ホームヘルプ協会および調布ゆうあい福祉公社は、これらのうち「行政関与型」に相当する。

全国社会福祉協議会が1987（昭和62）年度に初めて実施した実態把握調査では、住民参加型在宅福祉サービス団体の総数は121団体（行政関与型：6団体）であったが、10年後の1997（平成9）年度調査では1,183団体（行政関与型：51団体）を数える。総団体数が10倍へと飛躍的増加を示す中で、「行政関与型」団体が4～5％の全体比を維持し続けていることに、ここでは注目したい。これを、在宅福祉サービスを重視する自治体の多さのひとつの表れとして理解してもおそらく間違いではあるまい。そうであれば、在宅福祉サービスの担い手確保を含め、福祉公社によるサービスの展開に自治体がどのように関与すべきかが、検討されなければならないであろう。

先述のように、我が国で在宅福祉サービス重視の方向が打ち出され始めたのは1975（昭和50）年前後のことであるが、「行政関与型」である福祉公社が全国的に展開する一つのきっかけとなったのが、1989（平成元）年の福祉関係三審議会合同企画分科会の最終意見具申である。この最終具申では、各種の社会福祉改革を国レベルで実施していくための基本構想が、「今後の社会福祉のあり方について」として取りまとめられている。具体的には、①市町村の役割の重視、②社会福祉事業の範囲の見直し、③多様な福祉サービス供給主体の育成、④福祉、保健、医療の有機的連携を可能とするサービス提供体制の整備等が指摘されている。いずれも、地域において質の高い社会サービスの安定的供給を図るために求められる条件である。

　これを受け、同年の「高齢者保健福祉推進十か年戦略」では、ヘルパーを10万人体制にすること、「ねたきり老人ゼロ作戦」の展開、特別養護老人ホームや過疎地域における高齢者生活福祉センターの整備などが掲げられた。さらに1990（平成2）年には、社会福祉関係八法（老人福祉法、身体障害者福祉法、精神薄弱者福祉法、児童福祉法、母子及び寡婦福祉法、社会福祉事業法、老人保健法、社会福祉・医療事業団法）の改正を骨子とする「老人福祉法等の一部を改正する法律」が成立した。これによって、施設入所の措置権限が市町村に委譲され、施設福祉と在宅福祉の市町村レベルによる一元化と老人保健福祉計画の策定が都道府県、市町村に義務づけられ、高齢者保健福祉推進十か年戦略を見直す契機となった。また同年には、保健医療・福祉マンパワー対策本部が開設され、1991（平成3）年に示された「保健医療・福祉マンパワー対策大綱」では、社会福祉労働の従事者に対する処遇改善、資質向上、専門資格者の活用、就業促進が掲げられた。

　その後、1994（平成6）年の大蔵・厚生・自治三大臣合意による「高齢者保健福祉推進十か年戦略の見直しについて」では、ヘルパーを17万人、ショートステイを6万人分、デイサービス・デイケアセンターを1.7万ヶ所とする等の目標が示された。またこのプランは、ヘルパーの大幅な増員やデイサービスセンターなど社会福祉施設の充実を含む数値目標と並んで、24時間対応ヘルパーの普及を図る等の質的改善にも言及している。

　在宅福祉重視の方向は「高齢者保健福祉推進十か年戦略の見直しについて」で

はさらに明確にされたが、ここで注目すべき点は、これらの整備目標に加え、在宅福祉サービスに関する基本枠組が示された点にある。すなわち、介護サービスニーズの多様化、及び介護の重度化の対策のために、利用者によるサービス選択を可能とし、また競争を通じて効率的かつ質のよい介護サービスの供給を促進することが求められる。そのため、公的サービスに加え民間サービスの積極的活用をすすめる具体策として、介護サービスの実施主体に関する規制緩和や民間事業者への事業委託を推進すべきことが示されたのである。

1990年代に全国的に福祉公社が拡がり定着していった背景には、在宅福祉の重要性を認識し、先述のような福祉政策の転換を打ち出した国の姿勢と方針があった。そうした国の姿勢と方針は、地域レベルにおける計画的な在宅福祉サービス事業の展開を求め、各自治体はその実行を課題とするに至ったと理解される[14]。

調布市の場合、1992（平成4）年の「ホームヘルプ事業運営の手引き」[15]により事業委託先が公社等に拡大されたことを契機に、調布市地域福祉計画（1993年）においてサービス地区の設定が行われた。また調布ゆうあい福祉公社は、1994（平成6）年から、市の委託事業として嘱託ヘルパーによるホームヘルプサービスを開始した[16]。さらに、ホームヘルプサービス以外にも市からの委託事業を受け、また介護保険指定事業者団体としての事業も加わり、調布ゆうあい福祉公社の理念である「市民相互の助け合いと自立支援のための質の高いサービス提供を通じてあたたかい地域づくり」を目指した住民参加型サービスの諸事業は、今も継続展開されている。

6　小　括

冒頭で述べたように、本章の目的は、調布ゆうあい福祉公社の設立背景を若干の資料に基づいて考察することにあった。横浜市と調布市の場合に限定してみると、横浜市ホームヘルプ協会が横浜市の委託事業に拠る財政基盤のもと、主婦層のパート労働力を背景に在宅福祉サービスを大規模に展開したのに対し、調布ゆうあい福祉公社は、地域住民の連帯意識を基盤として、小規模でありながら全国に先駆けてひとり暮らし高齢者に対する食事サービス事業を実施したという点に

その特色がある。

　横浜市ホームヘルプ協会の場合、横浜市という広範囲な地域をカバーしなければならないという使命があり、常に人手不足に悩まされ続けた。さらに、在宅福祉サービス事業を安価に済ませようとする行政サイドの思惑と、パートタイマーとして生活費を稼ごうとするヘルパーの意識が複雑に絡み合い、ヘルパーに対する不断の待遇改善によって人手の確保に努めざるを得ないという事情があった。そして、このような限界が、「行政の役割遂行に対する不信からくる自己限定の姿勢」（野口、1991：73）を導くことになった。

　それに対し、調布ゆうあい福祉公社は、横浜市ホームヘルプ協会が横浜市の委託事業に大幅に依存したのとは異なり、住民参加型サービスを残しつつ、介護保険事業者、市からの委託事業と、複数の柱を軸に財団法人による運営を継続した。そのために調布市の場合には、横浜市ホームヘルプ協会が自治体の強い影響下に置かれ「住民参加」の理念を徐々に希薄化させていったことと比較すると、その運営に「住民参加」の理念を一定程度保持し続けたと言える。

　調布ゆうあい福祉公社が、その運営に際して「住民参加」の理念を生かし続けられたのはなぜであろうか。理由はいくつか挙げられようが、特に注目したいのは、「食事サービス」という活動が地域住民間の連帯を育てる上で一定の役割を果たしたという点である。食事サービスが参加者の意欲の維持を図りやすい活動であるという点は先に述べたが、食事サービスの持つ意味はそれにとどまらない。食事の配達を通じて、サービス利用者の安否を確認したり、体調不良等の変化をいち早く察知できる等、地域の高齢者のニーズを的確に把握するという大きなはたらきも有しているのである（全国社会福祉協議会、1983：26）。

　このように、社会参加を求める住民の気持ちが地域で困窮する高齢者の理解へ結びつくところに、真の意味での「地域住民の連帯の土壌」が培われる。高野（1993：162）は、住民参加型在宅福祉サービス団体の存在意義を「自主事業を中心として地域住民の相互扶助関係を補強しあるいは再構成する」ところに見出した。調布ゆうあい福祉公社の場合、協力会員自ら運営していく「食事サービス」事業において相互扶助関係の再構成が展開されたのであり、これこそが公社の「要」であったといえるのではないだろうか。「事業体としての性格をより強くしていく場合は、移動による大量の離脱者が存在しても同時に新規の参加者を採用

し得る可能性が前提とされなければならない」(高野、1993：163) と考える横浜市ホームヘルプ協会が、委託事業による大規模な在宅福祉ニーズに対処するため、大規模なパート雇用を強いられたのとは対照的である。

　ただし、調布ゆうあい福祉公社に運営上の問題が全くないというわけではない。公社において現在特に問題視されているのが協力会員の高齢化であり、おなかまランナー運営協議会では事業を継続していくために必要な次世代の育成に苦慮していると言う。このような事情をふまえると、調布市における潜在的な在宅福祉ニーズに対して、今後調布ゆうあい福祉公社が十分対応していけるかどうか、不安が残ることは事実である。だが見方を変えれば、公社が現在抱えるこのような課題は、「住民参加」の理念を生かす型の組織においては、不断の人材確保・人材育成が必要とされることをあらためて示しているようにも思われる。運営方法の工夫や行政との協力関係等、時代に即した運営形態の見直しが調布ゆうあい福祉公社の今後の課題としてあげられよう。

●註
1)「調布市まちづくり市民会議」は、飛鳥田横浜市長が「市民参加」を唱えて「一万人集会」を開催したのと同じく、市長が直接市民の声を聞く機会を持ちたいという思いに基づいた企画である。開催当初は「調布市都市づくり市民会議」との名称であったが、条例化を機に「調布市まちづくり市民会議」と改称した。
2)ちなみに、第一の柱では 27、第二の柱では 6、第三の柱では 4、第四の柱では 6、第五の柱では 11 の具体的施策目標が立てられた。
3)野口 (2002：229-231) が指摘する福祉公社の諸特徴のうち、「福祉行政の減量化」すなわち「実質的な公的福祉の縮小」について、西尾 (1979：52) が興味深い指摘を行っている。有償ボランティア活動が「安上がり福祉」に道を拓くものであるという批判に対し、西尾は、民間活動を公共的営為と私的営為とに分けた上で「ボランタリズムという言葉は、市民が公共的な目的のために自主的自発的に行なう公共的活動のみを指す言葉」であるとし、その活動が行政の「先導」であるか、「肩代わり」であるかの区別は、何をもってミニマムとするかを決定した上でないと判断できないと言う。このような西尾の指摘を踏まえつつ、野口は問題の所在について、「新しい社会福祉サービスの必要性が自覚され、要援護者などの当事者を中心とした住民自身による対応が進行している地域社会の状況と同時進行して、政策主体の有料在宅福祉サービスの内在化、実質的な公的福祉の縮小が進行している

ことである」と結論づけている（野口、1991：73）。

4）「調布ホームヘルプ協会」は、ひとり暮らしで家族の協力が得られない高齢者、または家族介護者のみでは十分な高齢者介護ができない世帯を対象に、地域の協力を得て家事援助等を行い、すみよい地域社会をつくることを目的に掲げて設立された。協会の構成員は、正会員（利用者）、協力会員（ヘルパー）、賛助会員によって構成される。サービス時間は2時間から6時間の範囲とし、そうじ・洗濯・食事の世話・買物・身の周りの世話・話し相手・各種相談等の活動が展開された。発足時の1985（昭和60）年4月には正会員（利用者）12名、協力会員20名であったが、1988（昭和63）年度には正会員（利用者）46名、協力会員34名と増加した。しかし、協力会員の活動費を捻出するために、運営費（人件費：事務処理・訪問・相談、部屋代、電話代）等の経費切り詰めのため時間外・残業は無償で行う体制であり、赤字解消と協力会員の確保に困難を極めていたという。

5）その際の吉尾市長のメモが資料として残っているが、このメモには「生涯福祉の確立のために、在宅福祉、地域福祉を向上させたい。そのためのシステム調布方式の福祉施策を体系づけておく。有償福祉を制度化、財産担保による福祉を保障する制度、食事サービス。社協と理解を深めながらも事業団方式でやる」等の指示が残されている。当時の関係者3名に対するインタビューでも、吉尾市長の役割が大きかったという点では、3名の意見が一致していた。

6）他に、調布ゆうあい福祉公社はホームヘルプサービス事業においても独自の取り組みを行っている。例えば、公社の10周年記念座談会では、全国に先駆けてアセスメントシートに「見守り項目」が設けられたというエピソードが、小林良二によって紹介されている。サービスの内容だけでなく地域の社会関係の中で利用者の面倒を見ようという公社の姿勢を良く表すエピソードといえよう（調布ゆうあい福祉公社、1998：11）。

7）ちなみにこの老人給食事業は、1984（昭和59）年に調布市社会福祉協議会に引き継がれて現在に至っている。

8）市の配食サービスが作る側と利用する側のコミュニケーション不足を招いた理由には、同事業が調布八雲苑デイサービスセンターへの委託事業として実施されたことが大きく関連している。事業実施に当たっては、調理及びサービスセンターから各地域拠点への配達をデイサービスセンターが、各地域拠点から各利用者宅への配達をボランティアが担当する方式を取ったため、利用者の声が調理側まで届きにくい状況が生じていた（調布市在宅福祉事業団専門委員会、1989：6）。

9）調布市在宅福祉事業団開設準備委員会報告（1988：6）では、ホームヘルプサービス、相談事業等のスタートとならんで、食事サービス（1日2食、365日）の検

討・討議、実現を最重点項目の一つにあげている。その後設置された食事サービス専門委員会では、「食事は、基本的な欲求を満たすだけでなく『健やかに老いる』ための基本条件であると考え、食事サービスもそれに相応しい質と量を確保し、高齢社会を支える基本的な仕組みの１つとする必要がある」と位置づけ、かつ運営方式については「運営方式を福祉公社の直営とする場合、調理方法・配食方法などについて協力会員を中心とする積極的な運営方法が望まれる」と地域住民に密着した方法を提言した（調布市在宅事業団専門委員会報告、1989：1-2）。

10)「おなかまランナー」という名前は、多くの仲間（公社の会員）が"同じ釜の飯"を食べることの「おなかま」と、協力会員が利用会員にランチとディナーを車で走って速やかに届ける「ランナー」を合わせ、仲間の意識を高めようという思いに由来するものである（調布ゆうあい福祉公社、2001）。

11)「コミュニティジョブ」という言葉の紹介者は、元日本経済新聞記者の藤原房子である。食事サービス専門委員会の委員の一人であった藤原は、必要経費程度の低額の報酬を得て行う地域活動のことを、アメリカでは職業ともボランティアとも区別して「コミュニティジョブ」と呼んでいることを紹介。その考え方に賛同した委員会メンバーによって、報告書でもこの用語が用いられることとなった（調布市在宅福祉事業団、1989：30-35、調布ゆうあい福祉公社、1998：10）。

12) 当時（2008.1）調布市市民部長であった齊藤順子は、公社設立当時、開設準備委員会のメンバーの一人であり、その後調布ゆうあい福祉公社に出向して公社での実務に参与した（1995年3月まで）。本文で引用した証言は、同氏へのインタビューに基づいたものである。また、当時（2008.1）調布ゆうあい福祉公社訪問事業課課長の土屋典子も、「公社の仕組み（専門委員会設置）と職員、会員、地域住民等の人の存在が大きかった」と同様の発言をしている。

13) 食事サービスのあり方を検討するに先立ち、調布市在宅福祉事業団専門委員会（1989：2）では、食事サービスの意義を次のように定めている。すなわち、単に人間の基本的欲求を満たすためという理由にとどまらない、①質が高くバランスのとれた食事を提供した利用者の「健やかな老後生活」の支援、②利用者家族による食事準備の支援、③利用者自身による総合的な健康管理への援助、④利用者の社会交流の促進や安全確認、⑤市民相互の連帯感の醸成、等の意義である。ここからも、食事サービス事業が単なるサービス提供にとどまらず、様々な面から地域の福祉力を高めるという重要な位置づけが与えられていたことがわかる。

14) なお、1992（平成4）年2月現在で31団体あった福祉公社（武智、1993：350）のうち、17団体はその後解体や社会福祉協議会等との合併の道を歩んだが、2008（平成20）年6月現在でなお14団体が活動を継続している。ここから、自治体に

よっては今なお福祉公社が大きな役割を果たしていることがわかる。
15)「ホームヘルプ事業運営の手引き」では、サービスの多様化・多元化について包括的な検討を行っている。ホームヘルプサービス実施主体の多元化、派遣対象の拡大、派遣決定に伴うケアマネジメント体制の確立、派遣回数の柔軟化、他のサービスとの有機的連携の必要性、効率的運用すなわち「チーム運営方式」推進の必要性、早朝・夜間・休日等事業拡大の必要性等に触れ、広範な課題の存在が提起されている。
16) 以前調布市では、市ヘルパー、嘱託ヘルパー（1992年から開始）、調布ゆうあい福祉公社、家政婦紹介所の4種類のヘルパーで、市民の在宅ケアニーズに対応していた。1994（平成6）年、委託事業として嘱託ヘルパーは公社の所属となり、介護サービスは実績のあった調布ゆうあい福祉公社への委託に至った。その後1996（平成8）年7月に医療法人への委託、同年10月に社会福祉法人への委託が開始された（長寿社会開発センター、1997：16-19)。この結果、調布市のホームヘルプサービスは介護サービスに関して地区ごとに分割された。調布ゆうあい福祉公社では嘱託ヘルパー導入の際、ボランティア参加型の活動を重視する公社のコーディネーターから、全て嘱託ヘルパーに移行するのではないかという危機感から多くの反対意見が出された。しかし実際には、嘱託に移行する会員ヘルパーもいた一方、そのまま会員ヘルパーにとどまる層も多くみられた。事業を受託した結果、調布ゆうあい福祉公社の財政は安定化し、嘱託ヘルパーに時給800円から1730円支払うことが可能になり、介護サービスの専門職のヘルパーを雇用することができた等、公社には多くの恩恵がもたらされた。以上の経緯は、横浜と同様、調布においてもボランティア層とパート労働者層の二つの層が存在したことを伺わせるエピソードである。

終章

住民参加型在宅福祉サービス団体の歴史的意義と限界
―――自治体・コミュニティ・地域福祉―――

1　住民参加型在宅福祉サービス団体と地域福祉

　1973（昭和48）年のオイルショックを契機として、施設を中心とする従来の社会福祉のあり方が見直され、地域・コミュニティを基盤とする新しい社会福祉が追求されるようになる。本研究がとりあげた住民参加型在宅福祉サービス団体（以下住民参加型団体と略）は、地域福祉の揺籃期といえる時期に姿を現している。当時、地域福祉の概念にも一様な理解を欠いていて、地域福祉に対する注目も一部にとどまっていたけれども、我が国において地域福祉が展開される発芽のあった時期であった。後の介護保険制度導入や社会福祉基礎構造改革への架橋的役割を果たした点においてこの時代は注目されるのである。

　終章では、重複を厭わずこれまでの各章での検討を振り返り、住民参加型団体が介護保険制度導入・社会福祉基礎構造改革に対して果たした先駆的役割について考察を加えたい。

　まず始めに、我が国の社会福祉が基礎構造改革を必要とするようになった歴史的背景を記述し、次に、そこにおける住民参加型団体の位置と、住民参加型団体の設立に貢献をした三浦・京極両氏の理論的作業についても考察を行いたい。第三に、横浜市ホームヘルプ協会及び調布ゆうあい福祉公社が、それぞれ設立後に直面した課題にふれつつ、それぞれの団体がとった対応・対策とその成果について、行政施策と関連させて解明する（巻末資料－5）。最後に、研究が取り上げた

二つの住民参加型団体の歴史的意義（存在意義）と限界を明らかにし、合わせて、地域福祉において極めて重要な位置を占める自治体とコミュニティのあり方についても言及したい。

2　社会福祉基礎構造改革に至る歴史的背景

　社会福祉基礎構造改革は、従来の社会福祉の根幹を成した措置方式を契約方式に変更し、高齢者・障害者・母子福祉サービス等において効果的にサービスを提供するための一連の法律群の改正を意味している。このような改革の背景にはグローバライゼーションや経済社会の変化に加え、少子・高齢化という人口構造の変化があり、それらと連動した家族の変容がある。

　戦後混乱期の喫緊の貧困者対策として制定された個別の福祉関係法と、戦前の体制翼賛的制度を解体するためGHQが示した公私の責任分離の方針とが錯綜するなか、社会福祉事業の体系を整備するため制定された法律が、1951（昭和26）年の社会福祉事業法である。この法律において、政府の監督のもとに公的責任の範囲内で社会福祉を民間事業者に委ねる「措置委託制度」と、民法上の公益法人より公益性の高い法人を定め、行政の措置した福祉サービスの提供を独占的に受託する民間社会福祉事業者を位置付ける「社会福祉法人制度」が定められた。この法律が、貧窮者への支援制度の整備だけでなく、高齢者・障害者・母子福祉等の領域別社会福祉を発展させるうえで大きな役割を果たしたことは明らかである。

　しかし社会福祉を取り巻く社会情勢の変化、すなわち①貧窮者対策を中心とする社会福祉から保育及び高齢者福祉を中心とする社会福祉への変化という「普遍主義的社会福祉」への移行（星野、2000：271）、②1973（昭和48）年のオイルショック後、我が国が低成長期を迎えたことに伴う「福祉抑制政策」の希求、③施設福祉から在宅福祉への移行によって、社会福祉施策は新たな局面を迎えることになった。緊縮予算のなかで質量共に膨張する福祉ニーズにどう対処するか、領域別・縦割型の非効率的な措置行政に代えて、サービス利用者の生活を総合的に支援する仕組みをいかに作り出すか、という問題に直面したのである。こうした事情から、社会福祉諸制度の見直しがその後徐々に進められた。

　「福祉見直し論」が唱えられた1970年代当時、社会福祉の担い手として大きな

期待を集めたのは「家族」である。1979（昭和54）年に閣議決定された「新経済社会7カ年計画」で提起された「日本型福祉社会論」は、家族や近隣、職場等における連帯と相互扶助の伝統を生かすことを主張した。特に、日本社会の「含み資産」である家族に対しては社会福祉の主たる担い手として期待が寄せられていたのである。しかし、この日本型福祉社会論は、家族及び企業の福祉機能を過大評価し、福祉国家政策の機能的代替物に見立てるという錯覚の上に成り立つものであった（富永、1988：82）。このような錯覚の上ですすめられた福祉見直しは、高齢化福祉への本格的対策を遅らせたばかりか、介護を苦にした心中事件までも引き起こすに至った。こうした中で、地域で介護ニーズを抱える住民たちがいわば自衛的に作りあげた福祉の相互扶助システムが、住民参加型団体だったのであった。

3　住民参加型在宅福祉サービス団体に対する期待と課題

(1) 住民参加型在宅福祉サービス団体の抱える課題

　在宅高齢者の生活ニーズに対応するマンパワーが欠乏していた1980年代の我が国において、住民参加型団体は地域福祉の有力な担い手として、大いに期待されながら登場した。大都市圏においてこの種の団体が誕生したということは、住民同士のつながりが薄い都市圏においても、住民間の相互扶助システムの創造が可能であることを示した点で、大きな意義を有するものであった。

　しかし、素人の住民が高齢者介護の相互扶助システムを作り・動かすということに伴う課題も少なくない。識者が指摘する問題点＝課題は、簡単に、以下の三点にまとめることができる。

1. 「有償」のボランティアの問題

　住民参加型団体において、サービスを提供する会員に支払われる謝礼は、家政婦等の相場よりも安価な額である。この種の活動に参加する人々は、当時、「有償ボランティア」と呼ばれたが、ボランティアであるにもかかわらず謝礼を受け取るのは矛盾している、またこの種の謝礼の支払いは労働基準法に違反する等の

批判があり、彼女らの立場の曖昧さが問題となった。
2. 時間預託システムの問題

一部の住民参加型団体では、サービス提供者が活動の見返りとして時間を預託する、「時間預託システム」を導入することで、上記の問題点（「有償」と「ボランティア」の矛盾）の解決を図ろうとした。しかしこれに対しては、現行の運営方法では将来的にサービスの利用権が保障できないのではないかという指摘がなされ、このシステムの永続性に対する不安が問題視された。

3. サービスの担い手の素人性の問題

住民参加型団体の会員の多くは介護技術について素人であり、より複雑なニーズを有する利用者に対して効果的な援助を行うことが困難である。それゆえに在宅福祉サービスの担い手として「有償ボランティア」は不適であり、むしろ常勤のホームヘルパーを増員することで在宅福祉ニーズの解決に当たるべきではないかという批判が生じた。

これらの問題をまとめると、以下のように課題を整理することができる。すなわち行政サービスの整備がままならず、一方で代替する安価な民間サービスも不在のなかで、高齢者の求める在宅介護サービスを確保するためには、継続的かつ専門性の高いサービス提供主体を地域から産み出すことが1980年代以降の日本の高齢者福祉の大きな課題となったのである。しかしそれに対して、社会学や社会福祉学の先行研究では、表面的な把握や批判にとどまり、解決のための具体的手がかりを示すまでには至らなかった。ここにこそ、本研究がとりあげるべき課題がある。

(2) 横浜市ホームヘルプ協会設立経緯における議論

以上のような問題点が指摘される中、横浜市では増大する在宅高齢者の生活ニーズに対応するため、市が関与する形での住民主体のサービス提供組織の設立が企画された。そこには、三浦文夫、京極高宣両氏をはじめ、著名な社会福祉の研究者が検討委員会のメンバーとして参加した。これら研究者による検討はこの種の委員会にしては長期に亘り、その成果物である「五つの報告書」は、横浜市を越えて、我が国の在宅福祉サービスの理論的根拠を構築することとなった。以下、

終章　住民参加型在宅福祉サービス団体の歴史的意義と限界

はじめに、①「五つの報告書」が在宅福祉サービスの理論的根拠の構築に果たした意義について記述し、次に、②横浜市ホームヘルプ協会の設立過程を通じてはっきりした形をとるようになった三浦・京極両氏の理論について、その概要を記したい。

1)「五つの報告書」が在宅福祉サービスの理論的根拠構築に果たした意義

　横浜市ホームヘルプ協会は、その設立に際して自治体が積極的に関与し、パート職ヘルパーを大量に採用したということから、様々な住民参加型団体のなかでも、「行政関与型」の代表例とみられている。しかしながら、その横浜市ホームヘルプ協会も、横浜市老人問題研究会[1]がサービスの担い手について最初に議論した時は、家政婦、パート職（介護人）、有志市民ボランティアの三者を在宅福祉サービス供給システムの対等な構成要素と位置づけ、パート職を必ずしも主力として想定していなかったのである。それにもかかわらず、その後、パート職ヘルパーに多くを依存する体制へと転換したのはなぜだろうか。

　在宅福祉サービスの担い手に関する委員会の議論の推移を読み解く上で大きなポイントとなるのが、組織運営の効率性への配慮である。横浜市老人問題研究会では、横浜市ホームヘルプ協会が提供するサービスの内容を、（a）ホームヘルプ事業（家事援助・身辺介助）、（b）雑務的事業（家屋修理・掃除）、（c）定型化されたサービス（給食・入浴サービス等）の三種類とした。その上で、ある程度専門性を必要とする（a）ホームヘルプ事業は、老人家庭奉仕員・介護人・家政婦等で対応する一方、（b）の雑務的作業や（c）の定型化されたサービスはボランティアによる対応が妥当であるという見解を示した。

　しかし、この議論を引き継いだ横浜市福祉サービス供給組織研究委員会[2]は、組織運営の非効率化を防ぐ理由から、これまでの議論を次のように推移させた。すなわち、（a）や（b）のような人的派遣サービスと、（c）のような定型化されたサービスでは提供方式やサービス範囲等に相違があり、両者を共に提供することは、組織運営を非効率にするという理由で、（c）定型化されたサービスを対象から外し、（a）と（b）を合せた「人的派遣サービス」のみを横浜市ホームヘルプ協会の事業としたのである。そのために、定型化されたサービスの提供に適すると考えられていたボランティアの存在意義は弱まる結果となった。それに加え、

委員会で「有償ボランティア」の導入に伴う多くの課題が指摘されたため、結果として、ボランティアの活用はさらに後退することとなった。さらに、在宅福祉サービスには短時間で細切れのニーズが多いことから、これらに常勤のホームヘルパーを充てることを疑問視する意見も挙げられた。そうした経緯を経て、委員会が出した結論は、常勤職とボランティアとの二者択一でなく、両者の中間的存在であるパート職ヘルパーを大幅に導入することであった。

在宅福祉サービスにボランティアのパワーを活用するという発想自体は間違っていない。しかしながら、横浜市老人問題研究会・横浜市福祉サービス供給組織研究委員会の議論の推移からわかることは、横浜市という大都市が膨大な在宅福祉ニーズに対処する場合には、効率的な組織運営を強く意識せざるを得ないということである。このような制約は、一方で在宅福祉サービスの「総合デパート方式」を目指していた委員会に多角的事業経営を断念させることになったし、ボランティアという形での住民参加を阻むこととなった。このようなジレンマを通して、住民を主役とする地域福祉を確立する上での課題を明示した点に、「五つの報告書」の存在意義があったといえる。

2）横浜市ホームヘルプ協会と三浦・京極論争

横浜市ホームヘルプ協会は、設立の段階で、三浦・京極両氏の理論的活動に支えられる点が大であった。その一方、三浦・京極両氏は、横浜市老人福祉問題研究会及び横浜市福祉サービス供給組織研究委員会における論争を通じ、両氏独自の理論を形成する重要な示唆を得ていたように思われる。ここであらためて、二人の理論構築の経緯を記述したい。

三浦は、戦後の我が国の社会福祉の優先課題が貧困対策から育児・介護問題へ移り変わる過程を、「貨幣的ニーズ」から「非貨幣的ニーズ」への移行としてとらえる。そして、要支援者の持つニーズが現金から現物・サービスへと徐々に変化することに伴い、社会福祉の供給は、公共的福祉供給システムのみならず多様な供給システムによって担われる必要があると指摘した。そこに三浦の優れた着眼点を見ることができる。さらに彼は、「非貨幣的ニーズ」を、①解決に専門性を要する「即時的ニーズ」と、②専門性を有さない担い手による対応が可能な「代替・補完的サービス」に分類し、ボランティアを「代替・補完的サービス」

終章　住民参加型在宅福祉サービス団体の歴史的意義と限界

の担い手とするという構想を示した。ボランティアを在宅福祉サービスに活用しようとする三浦は、横浜市福祉サービス供給組織研究委員会において、上記の構想に沿って一部有償ボランティアに準じる「登録ボランティア」制度の導入を訴えている。

それに対し、京極は、①有償ボランティア制度が純粋無償なボランティアの育成を阻害する危険性がある、②有償化することに伴う促進効果に限界がある等の理由で当初から有償ボランティアの導入には反対の考えであった。このボランティアの活用に関しては、委員会での議論の結果、①既存のボランティア団体に協力を仰ぐこととする、②費用支弁の手段は、個人への金銭報酬に限定せず当人の所属団体の活動資金に充てたり、奉仕時間貯蓄制度を導入する等の多様な方法を考慮する、という「協力ボランティアのしくみ」としてまとめられた。地域住民の抱えるニーズを有償の市民活動で解決する考え方がまだ成熟していなかった当時の我が国においては、マンパワー確保のためにある程度の謝礼を保証する一方、無償ボランティアの余地も残す、という中途半端な位置づけで妥協せざるを得なかったのである。

1980年代の我が国では、在宅介護ニーズの受け皿が充分整備されないまま、高齢者介護ニーズが飛躍的に増大したため、重介護ケースが、専門性の高い常勤、公務員ヘルパーでなく、サービス利用条件が厳しくない住民参加型団体に持ち込まれるという問題が多発した。介護ニーズの難易度に合わせてふさわしい担い手が対処すればよい、という三浦の構想はこうして現実の壁に直面したのである。

では、こうならないためにはどうあるべきだったのだろうか。必要なことは、単なる「適材適所」ではなく、公共的福祉供給システムと非公共的福祉供給システムのバランスのとれた発展を実現することである。さらに言えば、高い専門性を要するニーズに対応できるよう各地域に潜在するマンパワーをどのように優れたサービスの担い手として育て上げるかという方法論を構築することである。

京極は、彼独自の福祉需給モデルを構築するに際し、福祉ニーズと対応する社会資源のみに注目するティトマスモデル、社会福祉サービスの需要と供給のみに注目するフリードマンモデルのどちらにも与せず、ニーズと需要、及び供給と社会資源の関係を強調することで、利用者のニーズに応じた総合的サービスの構築、並びに潜在的社会資源を顕在化させる取り組みの重要性を示した。横浜市福祉サ

ービス供給組織研究委員会が在宅福祉サービスの「総合デパート方式」を断念した経緯や、専門性が低い住民参加型団体に困難ケースが持ち込まれるという矛盾をふまえると、三浦の理論的限界に対し需給モデルという形で解を示した京極の業績は大いに評価できる。

4　横浜市ホームヘルプ協会・調布ゆうあい福祉公社と自治体福祉行政

　住民参加型団体は、設立当初は都市において福祉を支える相互扶助システムとして期待を集めた。しかし、地域に潜在する社会資源を在宅福祉サービス事業にどのように活用するかという点が、設立当初から大きな課題とされてきた。設立・事業開始後の住民参加型団体は、その課題をどのように解決しようとしたのか。横浜市ホームヘルプ協会、及び調布ゆうあい福祉公社のそれぞれについて記すことにしよう。

(1)　横浜市ホームヘルプ協会の設立・変遷と横浜市の福祉行政

　当初、「誰にでも」、「何でも」、「いつでも」、「どこでも」を理念として、充実した在宅福祉サービスを提供しようと努めた横浜市ホームヘルプ協会も、1990（平成2）年以降大きな困難に直面した。というのも、この時期にサービス利用者が飛躍的に増加した一方、ヘルパーの離職が後を絶たず、人材の確保がままならなくなったからである。特に、横浜市ホームヘルプ協会はパート職ヘルパーを主力としたため、絶えず多数のヘルパーを確保することは当時の横浜市ホームヘルプ協会にとって死活問題であった。当時横浜市ホームヘルプ協会で離職率が高かった主な理由として、以下の三点を挙げることができる。

1. 家事・介護の仕事は、①家事の無償性、②他律性、③達成度の曖昧さ、という特徴を持つため、仕事に対する社会的評価が得られにくく、動機づけの低下につながりやすい（矢澤、1993：167）。
2. 介護の仕事よりも待遇のよい他のパート職求人が現れ始め、人材が流出した（川合、1991：57）。
3. 横浜市ホームヘルプ協会が雇用するパートヘルパーの多くは主婦層であり、

配偶者特別控除の範囲内での労働を希望したため、サービスニーズの増大に合わせて各ヘルパーの担当時間を増やすという対応がとり難かった。

　ヘルパーの離職に歯止めをかけるという課題に対し、横浜市ホームヘルプ協会は、単に賃金体系を整備するだけでなく、「グループ研修活動への助成制度」、「理事長に対する提案制度」、「横浜市との共催によるヘルパー感謝祭の実施」等、ヘルパー同士の交流を促し、ヘルパーの社会的評価を向上させるための様々な取り組みを行った。

　矢澤澄子も指摘するように、ホームヘルパーが行う家事・介護業務は、周囲からの評価が得られ難く、細分化された時間の中で行われる孤独な作業である。それゆえ本人にとって福祉サービスの担い手としての充実感や達成感は実感されにくい。こうした労働環境は、単に本人の動機づけ＝意欲を低下させるのみならず、介護を通じて相互扶助に喜びを見出す価値体系、言い換えれば「福祉文化」[3]を地域に根づかせる上でも大きな障壁となる。こうした問題意識に立った場合、横浜市ホームヘルプ協会が上記のような取り組みを行ったことは注目に値する。

　これらの取り組みは単にパート就労者の動機づけ＝就労意欲を向上させるにとどまらず、自分たちが社会に貢献しているという意識を植え付け、さらにパート職ヘルパー同士が自主的に行うグループでの研修や交流を通じて、自分たちが新しい福祉を生み出す担い手であるという意識を醸成する。横浜市ホームヘルプ協会の対応は在宅福祉活動を通じた新しい「福祉文化」創造の実践例として大いに注目されてよい。

　横浜市ホームヘルプ協会における実践は横浜市の福祉行政とどのようにかかわるのであろうか。横浜市ホームヘルプ協会の前身であるユー・アイ協会が設立された1970年代の横浜市は、急激な都市化の波に洗われるなか、中央集権的・画一的な行政の限界に直面していた。住民との直接対話路線をとり、時には国との対決姿勢を示すことで独自の市政を貫こうとした「横浜方式」[4]は、硬直した国―自治体関係のなかで横浜市が採用した苦渋の策であった。おりしも我が国では低成長期を迎え福祉財政緊縮が要求される中、従来のように潤沢な予算に裏打ちされた新規事業の立ち上げは絶望的であり、ましてや地域に潜在する多様な住民ニーズを発見し対処するという余力はほとんど残されていなかった。そうした状

況下における横浜市ホームヘルプ協会の実践は、単に在宅福祉サービスの担い手を創造・提供しただけではない。地域に蓄積する多大な在宅福祉ニーズにしっかり応えたという点でも高く評価されるであろう[5]。

(2) 調布ゆうあい福祉公社の設立・変遷と調布市の福祉行政

調布市は横浜市と比較して自治体の規模も小さく、在宅高齢者の生活ニーズの増加も比較的緩やかであった。それでも1980年代以降、老人ホームの入所待機者数はにわかに増加し、1985（昭和60）年以降は毎年多くの待機者が出て、積極的な在宅高齢者対策が求められるようになった。

市からの委託事業を受けてパート職ヘルパーで対応する横浜市ホームヘルプ協会の場合とは異なり、調布ゆうあい福祉公社の場合は、同じ行政関与型の住民参加型団体でありながら、会員の相互扶助に基づく自主事業（会員制サービス）を中核に組織・運営され、今日に至るまで一定の成功を収めている。

調布ゆうあい福祉公社が組織運営を軌道に乗せることができた大きな要因として、①長年にわたる活動・ネットワーク構築の実績があったこと、②在宅福祉サービス業務を「コミュニティジョブ」として位置づけ、継続的な事業運営の確立を目指したこと、の二点を挙げることができる。調布ゆうあい福祉公社の前身となる調布ホームヘルプ協会は1985（昭和60）年から活動を開始しているが、公社の主事業のひとつである食事サービス事業の歴史を見ると、その源流は1970年代にまで辿ることができる。当時実施された「ひとり暮らし老人調査」で、地域に居住する多くのひとり暮らし高齢者が食事の準備に不自由していることが明らかとなり、そこに注目した民生委員有志によって、ひとり暮らし高齢者の会食会や食事配達サービスが実施されることとなった。この食事サービス事業は、食事の配達を通じて、参加者が利用会員の生活を支えるという使命感を生み、利用会員の日々の生活を見守り、地域の高齢者のニーズを的確に把握する上でも大きな存在となった。調布ゆうあい福祉公社の活動は、このようにして住民同士の支えあい意識を醸成することに貢献したと言えよう。

また、調布ゆうあい福祉公社は、設立当初自前の調理施設がなかったことに加え、市民参加を促そうという狙いがあったため、食事配達の事業を別組織である「おなかまランナー運営委員会」に委託して実施するという方法で始めた。委託

終章　住民参加型在宅福祉サービス団体の歴史的意義と限界

　先の運営委員会では、受託業務を単なる食事サービス業務としてとらえず、食事サービスを必要とする全ての地域住民に貢献する「コミュニティジョブ」と位置づけ、仕入れから調理、配達、組織運営に至る全プロセスにメンバーが直接携わる運営方式を採用した。このような市民主体の組織運営が、その後の順調な発展へとつながったということは十分記憶されなければならない。

　地域福祉の基本線は、住民一人ひとりが「気づく主体」から「築く主体」へと成長するところにあると越智（1980：128）は言う。調布ゆうあい福祉公社が食事サービス事業を展開する中で、地域高齢者のニーズに「気づく」機会を生み出し、さらには「コミュニティジョブ」というモデルのもと、新たな福祉のシステムを「築く」に至ったその過程は、越智の言う「地域福祉」の基本線とまさに符合するものである。また内藤（2000：63）は、福祉社会を形成するための構成要素として、ノーマライゼーションとボランタリー・アクションに加え、コミュニティを機能的存在とするための具体的方法としてのネットワーキングが必要であると指摘する。長年にわたるネットワーキングの構築に加え、ひとり暮らし高齢者のニーズ解決に向けた試行錯誤のなかで、「コミュニティジョブ」という新しい方法論を示した調布ゆうあい福祉公社の道のりは、まさにネットワーキングの優れた実践例として記憶されよう。

　調布ゆうあい福祉公社は、横浜市ホームヘルプ協会と同様に、1990年代以降、在宅高齢者の生活ニーズへの対処に忙殺されたにもかかわらず、自主事業（会員制サービス）中心の運営方針を堅持し、今日に至るまで堅実な組織運営を続けている。それを可能とした大きな要因として、福祉社会の構築に不可欠なネットワーキングの実践があったことをここでの結論としたい。

5　住民参加型在宅福祉サービス団体の歴史的意義と限界
——自治体・コミュニティ・地域福祉——

　これまでの記述をふまえつつ、最後に本研究が取り上げた二つの住民参加型団体の歴史的意義（存在意義）と限界を明らかにし、合わせて、地域福祉において極めて重要な位置を占める自治体・コミュニティのあり方と地域福祉の可能性について若干の指摘を行い結論としたい。

(1) 戦後日本におけるコミュニティ論の展開と地域福祉

1960年代から1970年代にかけて、我が国は高度経済成長を経験し、未曾有の経済発展を実現した一方、急激な工業化や都市化の進行は深刻な社会問題、とりわけ、住宅や公害など、地域に集約的表現を見る問題を発生させた。特にそれらの問題は大都市において顕著であった。大都市周辺では、革新自治体が誕生し、住民の生活を守るための福祉施策が打ち出されることになった。

これら革新自治体による福祉施策の理論的支柱となったのが、松下圭一による「シビル・ミニマム」概念であり、思想である。松下は、都市の大きな人口に見合った社会資本の供給が遅れることで生じる様々な生活機能不全を、「都市問題」の根本的要因と考えた。そこで、生活機能の円滑な遂行のため、社会保障・社会資本・社会保健の三部門それぞれに最低生活水準を設定し、計画的にその整備を図ることが重要であると主張した。ここでいうところの「都市生活基準」が、いわゆるシビル・ミニマムである（松下、1971：272-276）。

シビル・ミニマムの考え方は広く支持を得る一方、それを実現する財政的裏打ちが欠けているという批判（宮本、1980：60-61）や、市民生活の最低基準をもっぱら物財の充足という面からのみとらえているという批判（金子、1982：79）もなされた。これらの指摘は、後に革新自治体における一連の福祉施策への批判（「ばらまき型福祉」）にはじまる、福祉見直し論の基盤となっている。

我が国は、1973（昭和48）年のオイルショックを引き金に低成長期に突入した。自治体もその影響を免れることはなかった。冬の時代を迎えた自治体は、成長や開発、物質的豊かさの追求よりも、安定や人間的な価値に重きをおく政策を求められることになった。同時に、分権化・多元化を促す新しい社会の仕組みが求められ、改めて、コミュニティに関心が寄せられた。

コミュニティは、学問的には、マッキーヴァー（MacIver, 1917＝1975）の紹介などを通じて、以前から活用されていた概念であるが、我が国の場合、コミュニティの形成＝コミュニティの必要性が政策的課題として初めて取り上げられたのは、1969（昭和44）年、国民生活審議会調査部会コミュニティ問題小委員会の報告書「コミュニティ――生活の場における人間性の回復――」以降のことであろう。ここでは、コミュニティを、「生活の場において、市民としての自主性と

終章　住民参加型在宅福祉サービス団体の歴史的意義と限界

責任を自覚した個人および家庭を構成主体として、地域性と各種の共通目標をもった、開放的でしかも構成員相互に信頼感のある集団」と定義する（国民生活審議会調査部会、1969：2）。この報告書が認識するように、そうした定義の背景には、「伝統的住民層」によって形成されてきた地域共同体が衰弱し、流入市民を迎えて「無関心型住民層」が急増するという地域の姿があった。地域社会において、人と人とのつながりが弱まり、地域的拘束性が薄れた結果、個人化が顕著に進行した。権利の主張が強まる一方、協働・共同の絆は著しく弱まった。「私生活主義」（田中、1971：125）という言葉が流行し、〈私化〉する生活構造がとりあげられた（高橋、1973：195-196）。地域社会には、個人の力や、従来の住民組織では処理できない様々な問題が生起していたから、そうした地域問題をどのようにして克服・解決していくかということが住民・自治体の課題とされた。この時期、言語論に関心が集まり、言語を扱う狭義の専門科学、言語学を越えて、社会学、心理学などからの発言が見られたのも、この時代が、あるいはこの時代の地域が、「協働と共同」に欠けた状態に苦しんでいたことの反映である（内藤、1982：150-153）。

そうした状況の中で、コミュニティは社会福祉においても注目するところとなった[6]。そしてその後、我が国でもノーマライゼーションの理念のもとで施設福祉から在宅福祉への転換が唱えられ、それをかなえる支援体制をつくることが必要であるという認識が確立した。この時期から施設の社会化や在宅福祉の必要が論じられ、岡村重夫や杉岡直人という先駆者によって、地域福祉も論じられている。しかし、この時期の地域福祉論は、後に岡村が、地域福祉は、「最初は入所施設の福祉活動に対する用語として、地域社会の住民を対象とする福祉活動を意味したり、また在宅者福祉と同意語として使われていた」（岡村、1990：3）と言い、杉岡が、地域福祉には「定説としての定義はなく、地域福祉学なる学問的体系も存在しない」（杉岡、2001：30）と言うように、概念としても明確でなく、その意味では本格的な内容のものではなかったといってよい[7]。

住民参加型団体についていえば、地域福祉の概念が定まらず、地域福祉が体系を持たない時代に誕生し、地域福祉が本格的に展開される先駆けとなったという点については十分な認識が必要である。それまでの老人家庭奉仕員による高齢者在宅福祉事業が、限られた予算の中で、ごく少数のニーズに、しかも硬直したサ

145

ービスしか提供できなかったことを念頭におけば、その歴史的役割は決して小さくない。限られた社会資源を最大限に活用しつつ、積極的に在宅高齢者の生活ニーズの発掘に努め、コミュニティを主体とした在宅高齢者介護システムに向けて大きく道を開いたという歴史的意義は十分強調されてよい。歴史的意義に関連していえば、町内会のような伝統的住民組織が地域を管理していた横浜市にあって、横浜市ホームヘルプ協会の設立が、横浜市に新しい形の地域的生活共同＝コミュニティ形成の芽を創り、発達させる契機を与えたことも記憶されるべきであろう。

(2) 住民参加型団体の限界と自治体・コミュニティ
―― 地域福祉の展開のために ――

周知のように、社会福祉基礎構造改革以降、地域福祉は、我が国の福祉に確固たる位置を得て、地域福祉の時代が到来したことを告げている。しかし、それは方針として、あるいは制度の理念として示されたものであって、地域福祉の時代を内実のあるものにすることができるかどうかは今後の努力に俟たなければならない。「地域福祉の時代」を内容の伴ったものにするためには相当の努力が必要である。とりわけ、地域福祉が展開される拠点に位置付けられた自治体にあっては、おそらく、これまで以上の努力が求められるであろう。

もとより自治体が目指す努力は国家を抜きにしたものではないけれども、これまで支配的であった国家と自治体との関係、自治体の国家依存体質には変革が必要である。自治体は、団体自治にとどまらず、住民自治において一層の充実を図らなければならない[8]。国家依存の体質を脱し、住民自治の充実を目指す自治体の力量を向上させるためには、「新しい文化的目標の設定」（Merton, 1949＝1961：124）が必要である。文化的目標の設定については複数の考えがあるが、「公共的市民文化の形成」（内藤、2001a：93）もその一つである。内藤辰美は、公共的市民文化の形成にとって「イメージの公共化」が不可欠であると主張し、「イメージの公共化」を実現する具体的な空間＝場所としてコミュニティをあげ、それは、公共的市民文化を形成する実験室である[9]とする。このような見方は、コミュニティを、住民が主体的・意図的に築く連帯の形成とみる阿部志郎の見方、すなわち「コミュニティとは、単に快適な生活をエンジョイする場ではなく、人間が人間を相互に守る場と認識するところから始まる。つまり、住民の利害差を

隠蔽する自生的、自然発生的共同体としてではなく、意図的、主体的に利害差を明確にしたうえで、連帯を〝形成〟する場と理解するのである」(阿部、1986：59) という見方と一致する。

「公共的市民文化の形成」は、自治体が名目的存在を超えて真の政策主体となるよう要請する。政策主体としての自治体は、国家との従属関係から解放されなければならないだけでなく、企業、NGO、NPOなど、さまざまな主体との間に新しい関係を構築しなければならない。それは、単に理念の問題ではなく、現実の反映なのである。すなわち、アントニオ・ネグリ (Negri, A.) のいうマルチチュード、「単一の同一性には決して縮減できない無数の内的差異、……異なる文化・人種・民族性・ジェンダー・性的指向性・異なる労働形態・異なる生活様式・異なる世界観・異なる欲望など多岐にわたる……特異な差異から成る多数多様性」(Negri, 2004＝2005：19-20) は、いまや、「公共的市民文化の形成」を意識する自治体、政策主体を自覚する自治体が射程におかなければならない現実なのである。吉原直樹は、植木豊の「都市を、様々な社会勢力・組織の戦略・利害が対立・交錯し、妥協・合意が成立する場 (site) と解するなら、地方政府は、都市経営のプレーヤーの一つにすぎない。地方政府とならんで、企業・業界団体・非営利組織、さらには、消費者・納税者・『市民』等々が、都市の戦略状況を構成するのである。……かくして成立する制度機構を、さしあたり、ローカル・ガヴァナンス (local governance) と呼ぶ」(植木、2000：283) という指摘を引きながら、「つまり、ガヴァナンスとは、地方政府、企業、NGO、NPOなどがさまざまな戦略をめぐって織りなす多様な組合せの総体——対立、妥協、連携からなる重層的な制度編成——のことである」(吉原、2001：27) と要約する。

ガヴァナンスが、地方政府、企業、NGO、NPOなどがさまざまな戦略をめぐって織りなす多様な組合せの総体——対立、妥協、連帯からなる重層的な制度編成——であるとして、地域福祉はどのように位置づけられるであろうか。もちろん、その意味におけるローカル・ガヴァナンスは、地域福祉の実践と密接なかかわりを持つ。地域福祉は、ガヴァナンスという制度編成を通じて地域における福祉の実現を追求する。

地域福祉を「福祉コミュニティの形成」と規定する立場がある (鈴木、1997：5)。地域福祉を福祉コミュニティの形成と言い換えただけでは問題の解決にはな

らないが、仮に地域福祉が福祉コミュニティの形成であるとすれば、その場合の地域福祉は、マルチチュードやガヴァナンスを射程に入れたものにならなければならない。そう考えた場合、横浜市ホームヘルプ協会と調布ゆうあい福祉公社という住民参加型団体は歴史的な貢献が確認される一方、限界も露呈する。

　これまで述べてきたところと重複を厭わず繰返すならば、横浜市ホームヘルプ協会は、横浜市における膨大な在宅福祉サービスニーズに応えなければならないという課題のもとで、多くのマンパワーを確保しつつ、且つ質の向上も図らなければならないというジレンマに直面することとなった。このジレンマの解決に際し、協会は単なるパート職ヘルパーの賃金水準向上にとどまらず、自主勉強会の支援を通し、ヘルパー間の自己研鑽・連帯意識を促し、経営参画の機会を提供し、さらに感謝祭を通じてヘルパーの社会的評価を向上させることに努め、一定の成功を収めた。パート職ヘルパーによる在宅福祉サービスの提供は、ボランティアによる福祉を高く評価する価値観からすれば、経済システムの発露であるという批判も成り立ちうる。しかし、横浜市ホームヘルプ協会によるパート職ヘルパーの活用は、それが有償であることによって、もっぱら経済システムの発露と理解されてはならない。3章で横浜市ホームヘルプ協会の運営過程について検討した際、ヘルパーの離職に悩んでいた協会が、給料増額のみならず、ヘルパー間の自己研鑽・連帯意識の向上の機会を提供することで、はじめて改善を図ることができたことを想起されたい。地域福祉システムを確立する上での重要な焦点のひとつは、地域福祉を尊重する価値・意識の体系を成員間で確立することにある。そしてそれは「福祉文化」の確立によってはじめて可能となる。横浜市ホームヘルプ協会の実践は、単にパート職ヘルパーによる在宅福祉サービス事業のモデルを提示したことにとどまらず、「福祉文化」の要素が地域福祉システムの確立に求められることを示した点において評価されてよい。

　一方、調布ゆうあい福祉公社は、横浜市ホームヘルプ協会が効率的経営のために提供を見送ることとした「定型化されたサービス」のひとつ、食事サービスに注目し、それを起点として在宅福祉の新たなモデルを提示した。調布ゆうあい福祉公社の場合、パート職ヘルパーで対応する横浜市ホームヘルプ協会の場合とは異なり、同じ行政関与型の住民参加型団体でありながら、会員の相互扶助に基づく自主事業（会員制サービス）を中核に組織・運営され、今日に至るまで一定の

終章　住民参加型在宅福祉サービス団体の歴史的意義と限界

成功を収めている。調布ゆうあい福祉公社が組織運営を軌道に乗せることができた大きな要因としては、①長年にわたる活動・ネットワーク構築の実績があったこと、②在宅福祉サービス業務を「コミュニティジョブ」として位置づけたことが挙げられ、これらによって、調布ゆうあい福祉公社は、ネットワーキングによる地域福祉システム確立のひとつのモデルを示した。横浜市と調布市という都市形成と都市規模が違う都市を単純に比較することには慎重でなければならないが、調布市の試みは、横浜市のような大都市における地域福祉においても、十分参考にされてよい。コミュニティ重視の考え方は都市の規模を超えて、今後も受容されなければならないであろう。

介護保険制度の成立という画期的出来事があって以降、住民参加型団体の存在感には翳りもあるが、我が国の高齢者問題が介護保険制度のみで解決されるものでないことは明らかである。そもそも在宅高齢者介護において高度な専門性が必要とされるという「契機」を作り出したのは住民参加型団体であり、その先駆的役割を果たしたのが横浜市ホームヘルプ協会である。

しかし、これら住民参加型団体の活動は、在宅福祉が地域福祉であるという今日から見れば極めて部分的な地域福祉理解を拭いきれない時代の所産であった。それがもつ歴史的意義は、そのまま、限界を示している。地域福祉の新たな展開に伴って、今後、横浜市ホームヘルプ協会と調布ゆうあい福祉公社は、新しいシステムの中に吸収されていくと予想することもできるだろう。歴史的に生起したものが歴史の中で形を変えることは自然なことである。〈限界〉は決して〈無意味であること〉や〈無価値であること〉を意味していない。

横浜市ホームヘルプ協会と調布ゆうあい福祉公社は、様々な歴史的制約の中で、それぞれの実践を通じて、「福祉文化」やネットワーキングに基づく地域福祉システムの形成にひとつのあり方を提示した。横浜市と調布市が、今後、市民自治を基盤に、ガヴァナンス（new public management）を射程において、地域福祉を自治体が目指す一つの文化的目標として設定する場合、必ずやこの二つの住民参加型団体の歴史的意義として認められるにちがいない。

●註
1）横浜市が高齢化社会への今後の方策を探るために1980（昭和55）年に設立した。
2）横浜市老人問題研究会の後を引き継ぎ、新しい福祉サービスのあり方を詳細に検討するため1982（昭和57）年に設立された。
3）福祉文化について、高田眞治は次のように述べている。「『社会福祉基礎構造改革について（中間のまとめ）』（1998）で示された七つの改革の基本的方向の一つとして『住民の積極的な参加による福祉の文化の創造』があげられている。……国民の生活にとって社会福祉を基盤とする文化の構築、社会福祉の文化化という意味で重要な認識である」（高田、2007：15）。
4）「横浜方式」という行政スタイルの具体例として、1964（昭和39）年に締結された「公害条例」、1968（昭和43）年に定められた「宅地開発規制要綱」がある。
5）（財）長寿社会開発センターが1997（平成9）年に作成した老人保健福祉マップでは、横浜市のホームヘルパー利用状況が全国一となった。特に、1989（平成元）年度からの伸び率を自治体間で比較すると、横浜市は全国平均の2倍以上を数える。横浜市ホームヘルプ協会が地域の在宅福祉ニーズ解決のために果たした役割の大きさを、この数字からも読み取ることができよう。
6）その代表に挙げられるのが、「東京都におけるコミュニティ・ケアの進展について」（東京都社会福祉審議会、1969）である。
7）阿部志郎もまた、地域福祉について定説がないことを主張するひとりである。「地域住民の福祉を実現する政策目標を指す広義の解釈から、地域社会における社会福祉活動にいたるまでの諸説があり、定説は確立していない」（阿部、1982：329）。しかし、定説がないといわれる地域福祉も、今日、「社会福祉サービスを必要とする個人・家族の自立を、地域社会の場において図ることを目的とし、それを可能とする地域社会の統合化・基盤形成をはかるうえに必要な環境改善サービスと対人福祉サービス体系の創設・改善・確保・運用およびこれらの実現のための組織化活動の総体をいう」（全国社会福祉協議会、1984：23）という共通理解を得ているように思われる。なお、念のため、辞典にみられる地域福祉の定義を以下に記しておくことにしよう。

「地域社会において人々の生活を成り立たせるために公私協力により必要で多様な福祉ニーズを満たす市民参加型施策と諸活動を総称している」（京極、2000：109）、「高齢者、障害者、児童、母子および寡婦、低所得者などと対象者ごとにとらえられている社会福祉について、地域社会を基盤に、住民参加による公私協働にもとづいて福祉コミュニティを構築し、住民一人ひとりの生活保障を実現していく理論と実践方法」（河村匡由編、2001：136）、「広義に政策目標として地域住民の福

祉増進を意味する例もあるが、一般に実体概念とする例が多い。しかしその意味内容は多様で、ある場合は社会福祉の施設内サービスに対する居宅サービス、子ども会・老人クラブなどの育成、生活環境改善運動の促進その他を総称するもの、あるいは地域福祉組織化活動（community work）を指すもの、更に人口の過密・過疎化に伴う生活問題・公害問題、へき地離島の生活問題など地域社会に顕在化する諸問題対策を指すものなどがある」（仲村優一編、1974：249）、「ある一定の地域社会において望ましいとされる快適水準に住民もしくは地域社会の生活が達していないとき、その生活の改善・向上を生活者主体、住民主体の視点に立脚しながら国・地方自治体、住民組織、民間団体が協働して、在宅福祉サービスを含む社会福祉サービスの拡充を図ろうとする個別的、組織的、総合的な地域施策と地域活動の総称ということができる」（牧里、1999：693）、「地域社会という人々の生活の場を基盤に発生する地域福祉問題を解決するための国の政策・制度体系」（濱野、2002：366）。

8）地方自治には、住民自治と団体自治の二つの要素がある。地方の事務処理を中央政府の指揮監督によるものではなく、当該地域の住民の意思と責任のもとに実施する原則を指すのが住民自治であり、国家の中に国家から独立した団体が存在し、この団体がその事務を自己の意思と責任において処理することを指すのが、団体自治である。1999（平成11）年の地方分権一括法によって、さまざまな問題を抱えていた団体委任事務（自治体が国の委任に基づいて行う事務）は廃止され、自治事務と法定受託事務という区分に改められた。

9）協同と責任という原則に立って公共の問題を管理ないし運営する行動様式やそこに形成される価値・合意を「公共的市民文化」とよぶ。新しい都市と市民生活の在り方を目標にした場合、形成が期待される都市住民＝市民の行動様式・価値・合意として内藤辰美（2000：48）が定義した。

資　料　篇

【巻資-1】戦後昭和期における社会福祉のあゆみ（社会政策／高齢者福祉関係）
【巻資-2】横浜市ホームヘルプ協会の歴史年表
【巻資-3】横浜市の福祉施策の動向
【巻資-4】調布市の福祉施策の動向
【巻資-5】横浜市・調布市福祉年表

【巻資-1】 戦後昭和期における社会福祉

年	福祉関連法令	国	横浜市
1946（昭和21）	(旧) 生活保護法制定		
1947（昭和22）	児童福祉法制定		
1948（昭和23）	民生委員法制定		
1949（昭和24）	身体障害者福祉法制定	厚生省、中央社会事業審議会（後に中央社会福祉審議会）設置	
1950（昭和25）	生活保護法制定 精神衛生法（後に精神保健及び精神障害者福祉に関する法律）制定		
1951（昭和26）	社会福祉事業法（後に社会福祉法）制定		
1952（昭和27）			
1953（昭和28）			
1954（昭和29）		老齢年金給付開始	
1955（昭和30）			
1956（昭和31）			
1957（昭和32）		厚生省、国民皆保険推進本部設置	
1958（昭和33）	国民健康保険法制定		
1959（昭和34）	国民年金法制定		老人福祉年金 老人クラブ助成事業
1960（昭和35）	精神薄弱者福祉法（後に知的障害者福祉法）制定	福祉年金支払開始	公害対策委員会設置
1961（昭和36）		「心配ごと相談所運営要綱及び同要請」通知	
1962（昭和37）		厚生省老人福祉センター整備費、老人家庭奉仕事業実施	家庭奉仕員制度
1963（昭和38）	老人福祉法制定		
1964（昭和39）	母子福祉法（後に母子及び寡婦福祉法）制定	「老人世帯向け公営住宅の建設等について」通知 厚生省、老人福祉課設置	公害係新設
1965（昭和40）	母子保健法制定		
1966（昭和41）		「養護老人ホーム・特別養護老人ホームの設備および運営に関する基準」制定	

資料篇

のあゆみ（社会政策／高齢者福祉関係）

各種審議会	基本計画	白書	研究関係文献
		経済白書（初）	
	経済復興計画第1次試案		
	経済復興計画案		
社会保障制度審議会「社会保障制度に関する勧告」			
中央社会福祉協議会（後に全国社会福祉協議会）設置			
	経済自立5ヵ年計画		
		厚生白書（初）「国民の生活と健康はいかに守られているか」国民生活白書（初）	中村優一「公的扶助とケースワーク」
	新長期経済計画	厚生白書「貧困と疾病の追放」	岸勇「公的扶助とケースワーク」
		厚生白書「国民生活と社会保障」	
		厚生白書「福祉計画と人間の福祉のための投資」	竹内愛二「専門社会事業研究」
	国民所得倍増計画	厚生白書「福祉国家への途」	吉田久一「日本社会事業の歴史」
	厚生行政長期計画基本構想試案	厚生白書「変動する社会と厚生行政」	
社会福祉審議会「老人福祉施策の推進に関する意見具申」	全国総合開発計画	厚生白書「人口革命」	孝橋正一「全訂社会事業の基本問題」
		厚生白書「健康と福祉」	
中央社会福祉審議会老人福祉専門分科会「老人福祉対策の推進に関する意見」中間報告、第1次臨時行政調査会「行政改革に関する意見答申」	社会福祉行政長期展望	厚生白書「社会開発の推進」	一番ヶ瀬康子「社会福祉事業概論」
	中期経済計画		
中央社会福祉審議会「養護老人ホーム・特別養護老人ホームの設備及び運営の基準に関する意見具申」		厚生白書「生活に密着した行政」	牧賢一「コミュニティ・オーガニゼーション概論」

年	福祉関連法令	国	横浜市
1967（昭和42）	公害対策基本法		
1968（昭和43）		老人社会活動促進事業開始	企画調査室、市民局新設
1969（昭和44）		「老人家庭奉仕員事業運営要綱」通知 老人日常生活用具給付事業開始	保護課に老人福祉係設置 高齢者生活実態調査
1970（昭和45）	心身障害者対策基本法（後に障害者基本法）制定 過疎地域対策緊急措置法		介護券による介護人派遣事業 西区老人福祉総合調査実施
1971（昭和46）		「社会福祉事業団等の設立及び運営の基準について」通知	老人医療費無料化 老人福祉課新設
1972（昭和47）	老人福祉法改正（老人医療費支給制度法制化）	「在宅老人福祉対策事業の実施について」通知 「ひとり暮らし高齢者への給食事業と老後の生きがい対策構想」 厚生省、老人保健課設置	ひとり暮らし老人生活実態調査
1973（昭和48）		65歳以上の寝たきり老人に対する老人医療費支給制度実施 「老人ホームにおける食事サービス事業の実施について」通知	消防局ねたきり、ひとり暮らし老人の実態調査
1974（昭和49）		「有料老人ホームの設置運営指導指針について」通知	
1975（昭和50）		総理府、老人対策本部設置（首相の私的諮問機関：老人問題懇談会）	消防局ねたきり、ひとり暮らし老人の実態調査
1976（昭和51）		「在宅老人福祉対策事業の実施および推進について」通知	

資料篇

各種審議会	基本計画	白書	研究関係文献
	経済社会発展計画	経済白書「能率と福祉の向上」	
国民生活審議会「深刻化するこれからの老人問題中間報告」			一番ヶ瀬康子・真田是「社会福祉論」 全社協「居宅ねたきり老人実態調査」
国民生活審議会調査部会コミュニティ問題小委員会「コミュニティ―生活の場における人間性の回復―」	新全国総合開発計画	公害白書（初） 経済白書「豊かさへの挑戦」 国民生活白書「国民生活優先への展開」	東京都社会福祉審議会「東京都におけるコミュニティ・ケアの進展について」
中央社会福祉審議会「社会福祉施設の緊急整備について・老人問題に関する総合的諸施策について」答申	社会福祉施設整備緊急5か年計画 新経済社会発展計画	厚生白書「老齢者問題」 国民生活白書「豊かな人間環境の創造」	岡村重夫「地域福祉研究」
中央社会福祉審議会「コミュニティ形成と社会福祉」答申		国民生活白書「豊かな社会への構図」	
中央社会福祉審議会老人福祉専門分科会「老人ホームのあり方に関する中間意見」		厚生白書「近づく年金時代」 経済白書「新しい福祉社会の建設」 国民生活白書「日本人とその社会」	
中央社会福祉審議会「医療社会福祉事業のあり方について」答申、社会保障制度審議会「当面する社会保障の危機回避のために」建議	経済社会基本計画	厚生白書「転機に立つ社会保障」 経済白書「インフレなき福祉をめざして」 国民生活白書「日本人の暮らしとその質」	全社協「地域活動論」
社会保障長期計画懇談会「社会福祉施設整備計画の改定について」意見書、社会保障制度審議会「当面の社会保障施策について」意見書、中央社会福祉審議会老人福祉専門分科会「有料老人ホームのあり方に関する意見」		厚生白書「人口変動と社会保障」 国民生活白書「不安の時代の克服のために」	岡村重夫「地域福祉論」
地方制度調査会「地方財政答申」、社会保障長期計画懇談会「今後の社会保障のあり方について」、社会保障制度審議会「今後の老齢化社会に対応すべき社会保障のあり方について」建議		厚生白書「これからの社会保障」 国民生活白書「変わる生活・変わる世代」	
財政制度審議会建議（受益者負担の原則）	昭和50年代前期経済計画	国民生活白書「暮らしのなかの新しい底流」	全社協「これからの社会福祉―低成長下におけるそのあり方―」「社会変動に対する地域福祉のあり方」

年	福祉関連法令	国	横浜市
1977（昭和52）		「都市型特別養護老人ホーム構想」発表	
1978（昭和53）		寝たきり老人の短期保護事業（ショートステイ）開始 「老人福祉法による養護老人ホームにおける介助員及び病弱者介護加算制度について」通知	ねたきり老人世帯実態調査
1979（昭和54）			横浜市中高年齢者意識調査「働くことへの意識と実態」
1980（昭和55）		養護老人ホーム・特別養護老人ホームの費用徴収制度改正 厚生省、老人保健医療対策本部設置及び有料老人ホーム問題懇談会設置	横浜市高齢者事業団（仮称）調査
1981（昭和56）		第2次臨時行政調査会発足 デイサービス事業開始	中高年齢者の老後に対する意識等総合実態調査「高齢化社会への対応を求めて」 横浜市老人問題研究会中間報告
1982（昭和57）	老人保健法制定	「有料家庭奉仕事業実施要綱」「軽費老人ホーム設置及び運営について」通知	老人福祉部新設 高齢化社会をめぐる総合実態調査 横浜市高齢者の生活時間調査 横浜市老人問題研究会報告
1983（昭和58）	社会福祉事業法（市町村特別区の社会福祉協議会に関する規定）改正	臨時行政改革推進審議会発足 「老人介護者教室について」通知	高齢化社会対策研究調査「痴呆等老人対策と新しい在宅福祉の方向」 在宅老人健康実態調査 横浜市福祉サービス供給組織研究委員会中間報告・第二次中間報告

各種審議会	基本計画	白書	研究関係文献
老人保健医療問題懇親会「今後の老人保健医療のあり方について意見書」、中央社会福祉審議会老人福祉専門分科会「今後の老人ホームのあり方について」、社会経済国民会議「高齢化社会の年金制度」	第3次全国総合開発計画	厚生白書「高齢者社会の入口に立つ社会保障」国民生活白書「暮らしを見直し、新しい豊かさを求めて」	在宅福祉サービス研究委員会（全社協）「在宅福祉サービスに関する提言」、全社協「自治体の社会福祉施策」、経済企画庁総合政策基本問題研究会「総合社会政策を求めて報告書」
社会経済国民会議「総合的福祉政策の理念と方向」		厚生白書「健康な老後を考える」国民生活白書「新しい暮らしと地域のなかの連帯」	全社協「社会教育と地域福祉」
経済審議会「新経済社会7か年計画」答申、財政制度審議会要望書（老人医療費無料制度の一部有料化）、中央社会福祉審議会「養護老人ホーム及び特別養護老人ホームに係る費用徴収基準の当面の改善について」答申	新経済社会7か年計画	国民生活白書「生活基盤の充実と機会の拡大」	在宅福祉サービスのあり方に関する研究委員会（全社協）「在宅福祉サービスの戦略」
社会経済国民会議「社会福祉政策の新理念―福祉の日常生活化をめざして」、社会保障制度審議会中間答申（高齢者保健医療対策について）、財政制度審議会建議（高齢者医療費の有料化）		厚生白書「高齢化社会への軟着陸をめざして」国民生活白書「変わる社会と暮らしの対応」	全社協「婦人ボランティア―地域をささえる活動」三浦文夫「社会福祉経営論序説―政策の形成と運営」
中央社会福祉審議会「当面の在宅老人福祉対策のあり方について」意見具申	行財政改革に関する当面の基本方針	国民生活白書「生活の質的充実とその課題」	全社協「人から人への福祉活動」
社会保障長期展望懇談会「社会保障の将来展望について」提言、第2次臨時行政調査会「活力ある福祉社会の建設」提案		厚生白書「高齢化社会を支える社会保障をめざして」国民生活白書「安定成長下の家計と変貌する地域の生活」	
政府税制調査会答申（間接税など増税路線の提示）、第2次臨時行政調査会答申（増税なき財政再建）	1980年代経済社会の展望と指針	厚生白書「新しい時代の潮流と社会保障」国民生活白書「ゆとりある家計と新しい家族像を求めて」	

年	福祉関連法令	国	横浜市
1984（昭和59）		「老人ホームの入所判定について」通知	横浜市ホームヘルプ協会設立 横浜市福祉サービス供給組織研究委員会報告 在宅福祉サービスに関する調査、市政モニター調査「老いを考える」、在宅福祉サービスに関する調査
1985（昭和60）	国民年金法改正（基礎年金導入） 補助金削減一括法	「主任家庭奉仕員設置事業について」通知 内閣、長寿社会対策関係閣僚会議を設置（老人対策本部を廃止） 厚生省、高齢者対策企画推進本部、シルバーサービス振興指導室を設置	企画財政局に高齢化社会対策室新設 福祉・保健医療情報システム研究調査
1986（昭和61）	老人保健法改正（老人保健施設の創設、患者負担額引き上げ） 行政改革一括法	福祉関係3審議会合同企画分科会発足 厚生省、痴呆性老人対策推進本部設置	
1987（昭和62）	社会福祉士及び介護福祉士法制定	家庭奉仕員講習会推進事業創設 都道府県高齢者サービス総合調整推進会議、市町村高齢者サービス調整チームを設置	
1988（昭和63）		「在宅老人福祉対策事業の実施及び推進について」「在宅老人デイサービス事業の実施について」「民間事業者による在宅介護サービス及び在宅入浴サービスのガイドラインについて」「有料老人ホーム設置運営指導指針の改正について」通知	

各種審議会	基本計画	白書	研究関係文献
中央社会福祉審議会老人福祉専門分科会「養護老人ホーム及び特別養護老人ホームに関わる費用徴収基準の当面の改定方針について」意見具申		厚生白書「人生80年時代の生活と健康を考える」	全社協「地域福祉活動の新しい展開」「地域福祉計画—理論と方法」 京極高宣「市民参加の福祉計画」
社会保障制度審議会「老人福祉のあり方について」建議、老人保健審議会「老人保健制度の見直しに関する中間意見」、行政改革審議会「民間活力の発揮推進のための行政改革のあり方」、厚生省中間施設に関する懇談会「要介護老人対策の基本的考え方といわゆる中間施設のあり方について」、中央社会福祉審議会老人福祉専門分科会「養護老人ホーム及び特別養護老人ホームに係る費用徴収基準の当面の改定方針について」意見具申		厚生白書「長寿社会に向かって選択する」 経済白書「新しい成長とその課題」 国民生活白書「戦後40年:成熟の時代に向けて」	全社協「老人の入浴ケア」「在宅福祉と社協活動」「在宅福祉供給システムの研究」 三浦文夫「社会福祉政策研究—社会福祉経営論ノート—」
地方制度調査会「国の機関委任事務について」答申、中央社会福祉審議会「社会福祉施設への入所措置事務等の団体委任事務化について」答申、社会福祉基本構想懇談会「社会福祉改革の基本構想」、高齢者の福祉と住宅に関する研究会中間報告（シルバーハウジングの構想）、高齢化社会に対応した新しい民間活力の進行に関する研究会提言（シルバー産業振興策）	長寿社会対策大綱	厚生白書「未知への挑戦—明るい長寿社会をめざして」 経済白書「国際的調和をめざす日本経済」 国民生活白書「世界に開かれた豊かな生活を求めて」	全社協「老人のデイケア」「豊かな福祉教育実践を目指して」
社会福祉関係3審議会合同企画分科会「社会福祉関係者の資格制度について」「社会福祉施設（入所施設）における費用徴収基準の当面のあり方について」「今後のシルバーサービスのあり方について」意見具申	第4次全国総合開発計画	厚生白書「社会保障を担う人々—社会サービスはこう展開する」 経済白書「進む構造転換と今後の課題」 国民生活白書「円高の活用と豊かな資産の創造」	堀勝洋「福祉改革の戦略的課題」 民間有料（非営利）在宅サービスのあり方に関する研究委員会（全社協）「住民参加型在宅福祉サービスの展望と課題」
地方税制調査会「地方公共団体への国の権限委譲等について」答申、年金審議会「国民年金・厚生年金保険制度改正に関する意見」	厚生省・労働省「長寿福祉社会を実現するための施策の基本的考え方と目標について（福祉ビジョン）」 経済運営5か年計画	厚生白書「新たな高齢者像と活力ある長寿・福祉社会をめざして」 国民生活白書「多様化する生活と国民意識」	全社協「社会的ケアシステム—高齢者福祉の計画と実践」

年	福祉関連法令	国	横浜市
1988（昭和63）		厚生省、老人保健福祉部、長寿社会対策推進本部設置	
1989（平成元）	国民年金法改正（基礎年金改正）	「民間事業者による老後の保健及び福祉のための総合的施設の促進に関する法律」制定 地域生活援助事業グループホーム制度化 厚生省、介護対策検討会設置	地域福祉システム研究調査
1990（平成2）	社会福祉関係八法改正	在宅介護支援センターの設置基準決定 老人保健福祉計画のガイドライン通達 厚生省、保健医療・福祉マンパワー対策本部設置	
1991（平成3）	老人保健法改正（老人訪問看護制度の創設）	要介護老人の日常生活自立度判定基準提示、「ホームヘルパー養成研修事業について」通知 厚生省「寝たきりゼロへの10か条」提示 厚生省、老人保健福祉部に老人福祉計画課、老人福祉振興課を創設	地域ケアシステム基本指針
1992（平成4）	福祉人材確保法制定	「ホームヘルプサービスチーム運営方式推進事業の実施について」「ホームヘルプ事業運営の手引き」「老人保健福祉計画について」「老人福祉施設機能強化モデル事業の実施について」「介護専用型有料老人ホームの設置運営指導指針について」通知	高齢者生活実態調査
1993（平成5）			
1994（平成6）		行政改革委員会発足 「地域福祉総合推進事業の実施について」通知 「軽費老人ホームの設備及び運営方法に関する基準」制定 厚生省、介護対策本部設置	福祉局健康長寿部に変更 市民参加型福祉活動のあり方調査

資 料 篇

各種審議会	基本計画	白書	研究関係文献
中央社会福祉審議会老人福祉専門分科会「当面の老人ホーム等のあり方について」意見具申、福祉関係3審議会合同企画分科会「今後の社会福祉のあり方について」意見具申、老人保健審議会「老人保健制度の見直しに関する中間意見」、介護対策検討会「介護対策検討会報告書」、経済企画庁「民間活力活用に関する研究会中間報告」	高齢者保健福祉推進10か年戦略	厚生白書「長寿社会における子ども・家庭・地域」 経済白書「内需主導型の日本経済成長」 国民生活白書「人生70万時間 ゆたかさの創造」	厚生省社会局生活課「共同による地域福祉のニューパワー」 正村公宏「福祉社会論」
中央社会福祉審議会地域福祉専門分科会「地域における民間活動の推進について」中間報告、老人保健制度研究会「老人保健制度研究会報告書」		国民生活白書「人にやさしい豊かな社会」	全社協「改訂デイサービスのすすめ―開設・実践の手引き」 京極高宣「現代福祉学の構図」
老人保健審議会「老人保健施設の在り方について」意見具申、社会保障制度審議会「老人保健法、児童手当法改正について」答申、国民生活審議会「個人生活優先を目指して」	保健医療・福祉マンパワー対策大綱	厚生白書「広がりゆく福祉の担い手たち―活発化する民間サービスと社会参加活動」 国民生活白書「東京と地方 ゆたかさへの多様な選択」	全社協「ホームヘルプサービスの課題とすすめ方」
国民生活審議会「ゆとり・安心・多様性のある国民生活を実現するために」答申	生活大国5か年計画	厚生白書「皆が参加する『ぬくもりのある福祉社会』の創造」 国民生活白書「少子社会の到来、その影響と対応」	厚生省老人保健福祉局「福祉移送サービス」 古川孝順「社会福祉供給システムのパラダイム転換」
中央社会福祉審議会地域福祉専門分科会「ボランティア活動の中長期的な振興方策について」意見具申、中央社会福祉審議会老人福祉専門分科会「老人福祉施策において当面講ずるべき措置について」意見具申、臨時行政改革審議会最終答申（今後の行政改革の推進体制）		経済白書「バブルの教訓と新たな発展へ」 国民生活白書「豊かな交流―人と人のふれあいの再発見」	全社協「地域福祉史序説―地域福祉の形成と展開」 厚生省社会・援護局「参加型社会福祉をめざして―ボランティア活動振興の新たな展開」 右田紀久恵「自治型地域福祉の展開」
高齢社会福祉ビジョン懇談会「21世紀福祉ビジョン」、国民生活審議会総合政策部会「個の実現を支える新たな絆を求めて」、高齢者介護・自立支援システム研究会「新たな高齢者介護のシステム構築を目指して」	高齢者保健福祉10か年戦略の見直しについて 税制改革大綱	経済白書「厳しい調整を越えて新たなフロンティアへ」 国民生活白書「実りある長寿社会に向けて」	厚生省大臣官房総務課「どう支える超高齢社会」 行政管理研究センター「高齢者サービスの地域ネットワークに向けて」 古川孝順「社会福祉学序説」

年	福祉関連法令	国	横浜市
1995（平成7）	高齢社会対策基本法（総務庁長官官房老人対策室）制定	「ホームヘルパー養成研修事業の実施について」「老人ホームヘルプサービス事業における24時間対応ヘルパー（巡回型）事業について」「福祉活動への参加の推進について（改正）」通知	
1996（平成8）		行政改革会議設置「高齢者ケアサービス体制整備支援事業の実施について」「社会保障の構造改革について」通知	高齢化対策室から少子・高齢化社会対策室に変更
1997（平成9）	介護保険法制定		横浜市福祉サービス協会設立
1998（平成10）	特別非営利活動促進法制定		
1999（平成11）	地方分権一括法制定		横浜市高齢者実態調査
2000（平成12）	社会福祉の増進のための社会福祉事業法等の一部を改正する等の法律制定		横浜市高齢者保健福祉計画（新計画）

出典：厚生省社会・援護局監修『社会福祉基礎構造改革の実現に向けて』中央法規出版、1998；『新習双書編集委員会『新版・社会福祉学習双書2007《第1巻》社会福祉概論』全国社会福祉協議会、

各種審議会	基本計画	白書	研究関係文献
老人保健福祉審議会「新たな高齢者介護システムの確立について」中間報告、経済審議会「新経済計画1995～2000年」中間取りまとめ、中央社会福祉審議会地域福祉専門分科会小委員会「地域福祉の展開に向けて」、社会保障制度審議会「社会保障体制の再構築」勧告	構造改革のための経済社会計画	厚生白書「医療―「質」「情報」「選択」そして「納得」」国民生活白書「安全で安心な生活の再設計」	岩田正美「戦後社会福祉の展開と大都市最底辺」全社協「痴呆性老人のグループホームのあり方についての研究」報告
社会保障関連審議会会長会議「社会保障構造改革の方向（まとめ）」、財政制度審議会「財政構造改革特別部会最終報告」、老人保健福祉審議会「介護保険制度案大綱について答申」	高齢社会対策大綱 社会保障の構造改革について	厚生白書「家族と社会保障―家族の社会的支援のために」経済白書「改革が展望を切り開く」高齢社会白書（初）	全社協「地域福祉実践の視点と方法」「在宅福祉供給システムの研究」社会保障研究所「社会福祉における市民参加」
社会福祉事業等のあり方に関する検討委員会「社会福祉の基礎構造改革について（主要な論点）」、経済企画庁「市民活動レポート」		厚生白書「「健康」と「生活の質」の向上をめざして」	全社協「地域福祉実践の課題と展開」
中央社会福祉審議会社会福祉基礎構造改革分科会「社会福祉構造改革について」中間報告、「社会福祉基礎構造改革を進めるにあたって（追加意見）」	21世紀の国土のグランドデザイン	国民生活白書「「中年」―その不安と希望」	
福祉サービスの質に関する検討会「福祉サービスの質の向上に関する基本方針」	今後5か年間の高齢者保健福祉施策の方向 経済社会のあるべき姿と経済新生の政策方針	厚生白書「社会保障と国民生活」国民生活白書「選職社会の実現」	武川正吾「社会政策のなかの現代―福祉国家と福祉社会」
福祉サービスの質に関する検討会「福祉サービスの第三者評価に関する中間まとめ」	行政改革大綱	厚生白書「新しい高齢者像を求めて―21世紀の高齢化社会を迎えるにあたって」経済白書「新しい世の中が始まる」国民生活白書「ボランティアが深める好縁」	全社協「分権改革と地域福祉社会の形成」「住民参加型在宅サービスの展望と課題」

版地域福祉事典』中央法規出版、2006；『社会保障・社会福祉大事典』旬報社、2004；新版・社会福祉学2007；『日本社会福祉綜合年表』法律文化社、2000；『横浜市市政概要』1964－2000 より作成

【巻資-2】横浜市ホーム

年	月	法人	協会沿革・横浜市	新聞記事等	ヘルパーの雇用関連	サービス	在宅支援・通所
1975	5	任意団体	ユー・アイ協会発足	読売新聞（神奈川版）5/8「あなたと私、友情と愛情「ユー・アイ協会」」			
1976	5						
	7			福祉タイムズ7/15「学習の積み重ねが実践に　主婦の地域福祉活動」			
1977	9			神奈川新聞9/11「会員になって助け合おう　ボランティアの「ユー・アイ協会」」			
1978	4		細郷市長就任				
1979	2						
1980（昭和55）	2		21世紀を展望する街づくり（新総合計画策定）				
	3			広報よこはま昭和55年3月No374「老人問題研究会費（新規）300万円予算」			
	7		老人問題研究会初会合：任期2年仲村優一・阿部志郎・三浦文夫他、懇談会・研究会方式				
	11		老人性痴呆対策提言				

資　料　篇

ヘルプ協会の歴史年表

施設	職員・機構	出版物	事務所・支部活動	その他（記念行事等）	国の動き（制度関連）	ヘルパー時給（各年度）	待機保障（各年度）	介護手当時給（各年度）
					月額＋活動費：国・県・市1/3ずつ負担			
					「老人家庭奉仕員派遣事業運営要綱改正」老人介護人派遣事業制度化（日常生活を営むのに支障がある老人対象）			
					「在宅福祉サービスに関する提言（全社協）」			
					「在宅福祉サービスの戦略（全社協）」非専門性、ボランティア化、有料化、パート化			

167

年	月	法人	協会沿革・横浜市	新聞記事等	ヘルパーの雇用関連	サービス	在宅支援・通所
1981（昭和56）	1	任意団体					
	3			毎日新聞（横浜版）3/12「社会保障外のお年寄りに 安いホームヘルパーを」			
	4		ホームヘルプ協会発足	朝日新聞（横浜版）4/28「在宅老人お世話します」			
	5		老人しあわせ交流：老人福祉推進員を設置	福祉タイムズ 5/15「民間で家事援助を ホームヘルプ協会発足す」広報よこはま昭和56年5月 No387「ひとり暮らし老人へのボランティア活動実施予算」			
	11		横浜市老人問題研究会中間報告「よこはま21世紀プラン」に反映				
	12		市総合計画「よこはま21世紀プラン」策定				
1982（昭和57）	1		細郷市長2期目				
	3		横浜市老人問題研究会報告-1982-				
	6			広報よこはま昭和57年6月 No400「ホームヘルプサービス調査1000万円補正予算」			
	9						

資　料　篇

施設	職員・機構	出版物	事務所・支部活動	その他（記念行事等）	国の動き（制度関連）	ヘルパー時給（各年度）	待機保障（各年度）	介護手当時給（各年度）
					「当面の在宅老人福祉対策のあり方について（中央社会福祉審議会）」有料制、申請主義、非常勤			
					「老人家庭奉仕員派遣事業運営要綱改正」介護が行えない状況派遣緩和、有料制、パート制、月額・日額・時間給、採用時70時間研			

169

年	月	法人	協会沿革・横浜市	新聞記事等	ヘルパーの雇用関連	サービス	在宅支援・通所
	9						
	11		横浜市福祉サービス供給組織研究委員会初会合				
1983（昭和58）	3		横浜市福祉サービス供給組織研究委員会中間報告	広報よこはま昭和58年3月No409「福祉サービス供給組織研究事業費1500万円予算」			
	4		横浜市高齢化社会対策研究調査委員会報告書提出、老人健康実態専門調査部会と在宅福祉サービス供給システム研究調査部会の報告の二本立て				
	11	任意団体	横浜市福祉サービス供給組織研究委員会第二次中間報告（在宅福祉サービス供給のあり方）				
1984（昭和59）	2			神奈川新聞2/17「応分負担で対象広げ」			
	3		横浜市福祉サービス供給組織研究委員会報告―横浜市在宅福祉サービス協会（仮称）最終基本構想―	広報よこはま昭和59年3月No421「横浜市在宅福祉サービス協会（仮称）設立・運営助成費2億4600万円予算」			
	4		横浜市在宅福祉サービス協会（仮称）設立				
	9		任意団体設立				
	10		市長発表：ホームヘルプ協会と共同で設立に踏み切る 法人獲得と業務開始の準備開始	毎日新聞（横浜版）10/3「市ホームヘルプ協会12月に発足」 神奈川新聞10/5「ニーズの多様化に対応」			

170

施設	職員・機構	出版物	事務所・支部活動	その他（記念行事等）	国の動き（制度関連）	ヘルパー時給（各年度）	待機保障（各年度）	介護手当時給（各年度）
					修（講義30時間・実技10時間・実習30時間）			

年	月	法人	協会沿革・横浜市	新聞記事等	ヘルパーの雇用関連	サービス	在宅支援・通所
	12		財団法人横浜市ホームヘルプ協会設立、ホームヘルプサービス開始	神奈川新聞12/14「在宅老人 福祉サービス拡充」		ホームヘルプサービス開始	
1985（昭和60）	1	財団法人横浜市ホームヘルプ協会		読売新聞（神奈川版）1/20「足りない介護人 技術習得者に協力呼びかけ」			
	2		第1回全体研修開催	神奈川新聞2/24「福祉を市民参加で」			
	5						
1986（昭和61）	2		横浜センタービルに事務所移転				
	3		協会報「ホームヘルプよこはま」創刊				
	4		第1回ホームヘルパー育成研修開催（60時間）				
	5			神奈川新聞5/1「ホームヘルパー拡充」			
	7			ホームヘルプよこはまNo2「よりよいホームヘルプを目指して」			
	11			神奈川新聞11/14「ホームヘルパー定着 市協会が発足2年 利用者は1.7倍に」 ホームヘルプよこはまNo3「どんなサービスが多かったでしょう」「ヘルパー募集中」			

施設	職員・機構	出版物	事務所・支部活動	その他（記念行事等）	国の動き（制度関連）	ヘルパー時給（各年度）	待機保障（各年度）	介護手当時給（各年度）
						590円	590円	
		ヘルパー手帳作成配布						
				第1回全体研修				
					「主任家庭奉仕員設置事業の実施について」主任家庭奉仕員制度創設（ホームヘルパー20人に主任ヘルパー配置、指導・助言・連絡等）	610円	610円	
			横浜センタービルに事務所移転					
	協会報「ホームヘルプよこはま」創刊							
	第1回ホームヘルパー育成研修開催							
						650円	650円	

173

年	月	法人	協会沿革・横浜市	新聞記事等	ヘルパーの雇用関連	サービス	在宅支援・通所
1987（昭和62）	3	財団法人横浜市ホームヘルプ協会		ホームヘルプよこはまNo4「こんな家庭で利用されました」「ヘルパー募集中」			
	4						
	5						
	7			ホームヘルプよこはまNo5「ヘルパーの一日を追って活動時間記録調査から」			
	11			ホームヘルプよこはまNo6「がんばりました」「ヘルパー募集中」			
1988（昭和63）	3		協会のシンボルマークを公募・決定	ホームヘルプよこはまNo7「シンボルマーク決定」「ヘルパー募集中」			
	8		ヘルパー向け「交流室だより」創刊				
	9		ヘルパー同士・ヘルパーと相談指導員との交流のため「交流室」オープン	神奈川新聞9/14「体験してみませんかホームヘルパー」（広告）			
	10		訪問入浴サービス開始（月2回）土曜サロン（相談員と語る）開催			訪問入浴サービス開始（月2回まで）	

資　料　篇

施設	職員・機構	出版物	事務所・支部活動	その他（記念行事等）	国の動き（制度関連）	ヘルパー時給（各年度）	待機保障（各年度）	介護手当時給（各年度）
					「住民参加型在宅福祉サービスの展望と課題（全社協）」	650円	650円	
					登録家庭奉仕員制度導入：採用時360時間研修（講義180時間・実技100時間・実習80時間）			
					社会福祉士及び介護福祉士法、1650時間（内実習450時間）			
	協会のシンボルマークを公募・決定					670円	670円	
	ヘルパー向け「交流室だより」創刊							
	ヘルパー同士・ヘルパーと相談指導員との交流のため「交流室」オープン				「在宅介護サービス事業ガイドライン」			
	土曜サロン（相談員と語る）開催							

年	月	法人	協会沿革・横浜市	新聞記事等	ヘルパーの雇用関連	サービス	在宅支援・通所
	11			ホームヘルプよこはまNo9「ホームヘルパー研修に集う」「ヘルパー募集中」			
	12						
1989（平成元）	1	財団法人横浜市ホームヘルプ協会			伸び続ける利用状況、がんばってますヘルパーさん（交流室だよりNo6）		
	2						
	3			ホームヘルプよこはまNo10「こんにちは訪問入浴です」「ヘルパー募集中」			
	4				ヘルパーの仕事って何？（交流室だよりNo9）		
	8			ホームヘルプよこはまNo11「ホームヘルプサービスって何」			

施設	職員・機構	出版物	事務所・支部活動	その他（記念行事等）	国の動き（制度関連）	ヘルパー時給（各年度）	待機保障（各年度）	介護手当時給（各年度）
				地区別研修（各区でその後毎年開催）				
	活動着は2年ごと（交流室だよりNo5）							
	広げよう交流の輪「地区別研修」（交流室だよりNo7）					670円	670円	
					「今後の社会福祉のあり方について（福祉関係三審議会合同企画分科会）」市町村の役割重視、在宅福祉の見直し、担い手の養成			
					「老人家庭奉仕員派遣事業運営要綱改正」サービス内容3本立て（家事援助・身体介護・相談）、介護を必要とする場合、委託先拡大、家事型・介護型に別単価、事業委託基準単価新設、国1/2、県・市1/4	720円	720円	

年	月	法人	協会沿革・横浜市	新聞記事等	ヘルパーの雇用関連	サービス	在宅支援・通所
1989（平成元）	9	財団法人横浜市ホームヘルプ協会					
	10			地下鉄駅電光掲示板、町内会掲示版広告	ケアヘルパー（週5日時間拘束制）募集（交流室だよりNo15)		
	11				ヘルパーが足りない!?利用者人数2395人、ヘルパー1565人（H1.9）地区のバランスの悪さ（鶴見、神奈川、西、中、南）（交流室だよりNo16)		
	12		協会設立5周年記念大会開催 協会設立5周年記念誌『ヘルパー奮闘記』出版 ケアヘルパー（嘱託）を導入	毎日新聞（横浜版）12/8「ヘルパー不足深刻 要介護老人が激増」	ケアヘルパー（週5日時間拘束制）募集（交流室だよりNo17)		
1990（平成2）	1		高秀市長就任	ホームヘルプよこはまNo12・13「創立5周年記念大会」	年次有給休暇取得について、一昨年労働基準法改正により（交流室だよりNo18)		
	2				H2年度ケアヘルパー募集にあたって（交流室だよりNo19)		
	6				協力ヘルパーさんにも交通費が支給（交流室だよりNo23)		
	8				ケアヘルパー追加募集（交流室だよりNo25)		
	10		介護手当制度を開始（単価380円）	毎日新聞（横浜版）10/21「老人介護のヘルパー 一律740円を最高1020円に 確保へ時給をアップ 最低あと千人が必要」			
	11		関内JSビルに事務所移転	ホームヘルプよこはまNo14・15「全体研修会開催される」「男も介護」	ケアヘルパー追加募集（交流室だよりNo28)		

施設	職員・機構	出版物	事務所・支部活動	その他（記念行事等）	国の動き（制度関連）	ヘルパー時給（各年度）	待機保障（各年度）	介護手当時給（各年度）
	内容充実地区別研修開始（交流室だより No14）							
	ケアヘルパー（嘱託）を導入	協会設立5周年記念誌『ヘルパー奮闘記』出版		協会設立5周年記念大会（全体研修）、5年表彰開催 ホームヘルプサービス調査	高齢者保健福祉推進10か年戦略（ホームヘルプサービス事業に変更、ホームヘルパー10万人目標）	720円	720円	
					福祉八法改正：老人居宅介護等事業名称変更、ホームヘルパー名称変更			
	全体研修にて活動着配布			全体研修、5年表彰開催		740円	740円	
	介護手当制度を開始			調査にご協力ください（交流室だより No27）				380円
			関内JSビルに事務所移転					

年	月	法人	協会沿革・横浜市	新聞記事等	ヘルパーの雇用関連	サービス	在宅支援・通所
	12				臨時活動を頼まれて（交流室だよりNo29）		
1991（平成3）	1	財団法人横浜市ホームヘルプ協会			利用者3000人突破！ヘルパー1833人、利用者3032人、年次休暇ご存知ですか（交流室だよりNo30）		
	3		横浜市ホームヘルプサービス検討委員会「調査研究事業報告書」	ホームヘルプよこはまNo16「高齢者介護・熟年ヘルパー」「どこまで頼んでいいの」「ヘルパー募集」			
	4				時給大幅アップ（扶養者控除週21時間内100万円）（交流室だよりNo33）		
	5			読売新聞（神奈川版）5/24「求む！ホームヘルパーさん」	思いは徐々に（ヘルパー1903人、利用者3146人）（交流室だよりNo34）		
	6						
	7			ホームヘルプよこはまNo17「ホームヘルプの社会啓発を（アンケート調査よりH2.10〜11）」			
	9		ホームヘルパーのグループ活動に助成を開始				
	10		戸塚事業所開設（支部第一号）、愛称を公募・決定「さんへるぷ」		ガイドヘルプサービスが始まりました（交流室だよりNo39）	ガイドヘルパーサービス開始	

資 料 篇

施設	職員・機構	出版物	事務所・支部活動	その他（記念行事等）	国の動き（制度関連）	ヘルパー時給（各年度）	待機保障（各年度）	介護手当時給（各年度）
						740 円		380 円
		横浜市ホームヘルプサービス検討委員会「調査研究事業報告書」						
							740 円	
					ホームヘルパー養成研修（段階別研修：1級360時間・2級90時間・3級40時間）			
					チーム運営方式推進事業の創設（主任ホームヘルパー：連絡・調整・指導）主任家庭奉仕員制度廃止	870 円		430 円
	ホームヘルパーのグループ活動に助成を開始（年3万円上限）		全体研修、5年表彰開催					
	「理事長への手紙-協会への私の提案」実施、ヘルパーか		戸塚事業所開設（支部第一号）、愛称を公募・決定					

181

年	月	法人	協会沿革・横浜市	新聞記事等	ヘルパーの雇用関連	サービス	在宅支援・通所
1991（平成3）	10	財団法人横浜市ホームヘルプ協会	ガイドヘルプサービス開始「理事長への手紙−協会への私の提案」実施、ヘルパーから意見・提案、ヘルパー活動着デザイン募集				
	11			ホームヘルプよこはまNo18「ガイドヘルプサービススタート」「さんへるぶ開設」			
	12		全国福祉公社等連絡協議会設立、本協会理事長が会長に選出				
1992（平成4）	1		「ヘルパー感謝会」開催（横浜市と共催）	神奈川新聞1/23「がんばる男性ヘルパー 市ホームヘルプ協 第2の人生、福祉にささげ ただ今6人活躍中」			
	2				H4年度ケアヘルパー募集、利用者人数3696人 活動ヘルパー2241人 ケアヘルパー29人（交流室だよりNo43）		
	3		協会設立7周年記念パネルディスカッション	ホームヘルプよこはまNo19「ヘルパー感謝会」「ヘルパー募集中」			
	4			神奈川新聞4/15「明日の在宅福祉考える 7周年記念パネルディスカッション」			

資　料　篇

施設	職員・機構	出版物	事務所・支部活動	その他（記念行事等）	国の動き（制度関連）	ヘルパー時給（各年度）	待機保障（各年度）	介護手当時給（各年度）
	ら意見・提案、ヘルパー活動着デザイン募集		「さんへるぷ」					
				全国福祉公社等連絡協議会設立、本協会理事長が会長に選出		870円		430円
	「ヘルパー感謝会」開催（横浜市と共催）			「ヘルパー感謝祭」開催（横浜市と共催）5年表彰、活動着受賞作発表	「ホームヘルプサービスチーム運営方式推進事業の実施について」		740円	
	協会への私の提案へのお答え			協会設立7周年記念パネルディスカッション	「ホームヘルプ事業運営の手引き」24時間対応ヘルパー（巡回型）事業開始			
				ホームヘルプサービス拡充に関する調査のお願い（交流室だよりNo45）	家事型、介護型の月額単価一本化、65歳未満派遣可能、夜間・休日・短時間派遣	960円		470円

183

年	月	法人	協会沿革・横浜市	新聞記事等	ヘルパーの雇用関連	サービス	在宅支援・通所
1992（平成4）	6	財団法人横浜市ホームヘルプ協会	ヘルパー募集・登録・研修等の業務を担当する「人材開発課」設置		人材開発課設置（募集、登録、研修、交流）、協会一口メモ訪問入浴H4.7より月2から4まで、利用者数811人（交流室だよりNo47）		
	7		訪問入浴サービスの利用回数が月4回までに増加 養成研修（2級該当）変更102時間開始（市の2級養成研修委託事業）	ホームヘルプよこはまNo20「パネルディスカッション」「どこまで頼んでいいの」	ホームヘルパー養成研修と育成研修（72＋30＝102時間）S61年度から協力ヘルパーに育成研修実施、1700人受講（交流室だよりNo48）	訪問入浴サービスの利用回数が月4回までに増加	
	8		「市長と語る会」に本協会から13名のヘルパー参加				
	9				一時入所送迎サービス開始（交流室だよりNo50）		
	10		一時入所送迎サービスを開始		ヘルパーの募集活動と登録状況H3年度925人登録（45％増）9月期197人（最高）広報啓発活動（交流室だよりNo51）	一時入所送迎サービスを開始	
	11		協会設立7周年記念誌『町に生きる―市民がつくるホームヘルプ』出版	ホームヘルプよこはまNo21「市長と語る会」「どこまで頼んでいいの」	ほんとうにヘルパー不足なの、ケアヘルパー募集（交流室だよりNo52）		
	12		「ホームヘルプサービス拡充調査報告書」（利用者調査・ヘルパー調査）		利用者4429人、ヘルパー2760人（ホームヘルパー2029人、協力ヘルパー691人、ケアヘルパー40人）（交流室だよりNo53）		
	1				利用者4488人、ヘルパー2760人（ホームヘルパー2029人、協力ヘル		

施設	職員・機構	出版物	事務所・支部活動	その他（記念行事等）	国の動き（制度関連）	ヘルパー時給（各年度）	待機保障（各年度）	介護手当時給（各年度）
	ヘルパー募集・登録・研修等の業務を担当する「人材開発課」設置							
	養成研修102時間							
		「市長と語る会」に本協会から13名のヘルパー参加						
		新しい活動着いかがですか（交流室だよりNo50）		全体研修開催		960円	740円	470円
		協会設立7周年記念誌『町に生きる—市民がつくるホームヘルプ』出版						
		「ホームヘルプサービス拡充調査報告書」（利用者調査・ヘルパー調査）						

年	月	法人	協会沿革・横浜市	新聞記事等	ヘルパーの雇用関連	サービス	在宅支援・通所
1993（平成5）	1	財団法人横浜市ホームヘルプ協会			パー691人、ケアヘルパー40人（交流室だよりNo54）		
	2						
	3			ホームヘルプよこはまNo22「第2回ヘルパー感謝会」「サービス拡充に向けてアンケート結果」	サービスが拡充されます、利用者4538人、ホームヘルパー2056人、協力ヘルパー750人、ケアヘルパー40人（交流室だよりNo56）	ホームヘルプサービス拡充	
	4				利用者4655人、ホームヘルパー2065人、協力ヘルパー784人、ケアヘルパー40人（交流室だよりNo57）		
	6			神奈川新聞6/19「ヘルパーさん大活躍です　老人介護の利用　横浜1位　川崎6位」	ケアヘルパーの募集（夜間祝祭日年末年始対応）10・1採用（交流室だよりNo59）		
	7			ホームヘルプよこはまNo23「サービスが拡充されます」「横浜市のホームヘルパー利用状況全国一」	ケアヘルパー募集20名募集、介護福祉士って何？（交流室だよりNo60）		
	8		戸塚事務所管内ヘルパー向け「戸塚事務所だより」創刊				
	10		夜間及び祝日・年末年始のホームヘルプサービス開始		夜間祝日のサービスが始まりました（重度の介護等）（交流室だよりNo63）	夜間及び祝日・年末年始のホームヘルプサービス開始	
	12		市総合計画「ゆめはま2010プラン（長期ビジョン）」策定		祝日272人、夜間40人H5.12夜間利用が予測より少なく、廃止等変動多い（交流室だよりNo65）		
	2		ヘルパー感謝会開催				

資 料 篇

施設	職員・機構	出版物	事務所・支部活動	その他（記念行事等）	国の動き（制度関連）	ヘルパー時給（各年度）	待機保障（各年度）	介護手当時給（各年度）
	育成研修人数拡大（交流室だよりNo55）			第2回ヘルパー感謝会		960円		470円
				サービスの拡充へのアンケート調査のお願い（交流室だよりNo56）				
							740円	
	活動着更新のお知らせ（交流室だよりNo61）		戸塚事務所管内ヘルパー向け「戸塚事務所だより」創刊			980円		490円
				全体研修				
				ヘルパー感謝会、5年表彰	「新たな高齢者介護のシステム構築を目指して（自立支援システム研究会）」			

年	月	法人	協会沿革・横浜市	新聞記事等	ヘルパーの雇用関連	サービス	在宅支援・通所
1994（平成6）	3	財団法人横浜市ホームヘルプ協会	土曜サロン終了 横浜市ホームヘルプ協会調査検討委員会「調査検討委員会報告書」	ホームヘルプよこはま No25「第3回ヘルパー感謝会」	ホームヘルプサービス活動中に伴う事故について（交流室だより No68）		
	6		横浜市勤労青少年センターに事務所移転		事務所移転、募集チーフヘルパー9名、ケアヘルパー若干名募集（交流室だより No71）		
	8		チーフヘルパーを導入（9人）シニア・りぶいん巡回相談事業（高齢者住宅巡回相談事業）を開始		チーフヘルパー導入（利用者増加と多様なニーズ対応、相談業務とヘルプ活動を行う）（交流室だより No73）	シニア・りぶいん巡回相談事業（高齢者住宅巡回相談事業）を開始	
	9						
	10		港北事務所（支部第2号）開設				
	12		市総合計画「ゆめはま2010プラン（基本計画）」策定	ホームヘルプよこはま No27・28「ヘルパー座談会10周年を迎えて」			
1995（平成7）	3		10周年記念シンポジウム開催 10周年記念誌『10年目の初心』出版		ケアヘルパー募集5月1日採用20名（交流室だより No80）		
	4						
	6		早期対応ケアヘルパーの導入（ケアヘルパーの早期派遣サービス）		ケアヘルパー早期派遣対応業務（20人）、同行訪問対応、利用者からの贈答品について（交流室だより No83）	早期対応ケアヘルパーの導入（ケアヘルパーの早期派遣サービス）	

資料篇

施設	職員・機構	出版物	事務所・支部活動	その他（記念行事等）	国の動き（制度関連）	ヘルパー時給（各年度）	待機保障（各年度）	介護手当時給（各年度）
		横浜市ホームヘルプ協会調査検討委員会「調査検討委員会報告書」						
			横浜市勤労青少年センターに事務所移転					
	チーフヘルパーを導入、活動着の更新のお知らせ							
				全体研修、5年表彰				
			港北事務所（支部第2号）開設			1,000円		500円
					高齢者保健福祉推進10か年戦略の見直しについて（ホームヘルプ17万人目標）		740円	
		10周年記念誌『10年目の初心』出版		10周年記念シンポジウム開催				
				永年活動ヘルパー（10年）のつどい				
					「老人ホームヘルプサービス事業における24時間対応ヘルパー（巡回型）の実施について」	1,010円		510円

年	月	法人	協会沿革・横浜市	新聞記事等	ヘルパーの雇用関連	サービス	在宅支援・通所
1995（平成7）	7	財団法人横浜市ホームヘルプ協会		ホームヘルプよこはまNo29「ご存知ですか訪問入浴サービス」			
	8		シルバーハウジング巡回相談事業を開始			シルバーハウジング巡回相談事業を開始	
	10		経験加算導入（時給20円加算）		ホームヘルプサービスに伴う事故について（交流室だよりNo87）		
	11			ホームヘルプよこはまNo30「ご存知ですかガイドヘルプサービス」「横浜市ホームヘルパー利用日数全国一」	活動の自己点検のすすめ（交流室だよりNo88）		
	12				H7.10 福祉マップ全国一、協会五大ニュース（交流室だよりNo89）	福祉マップ全国一（ホームヘルプサービス利用日数）	
1996（平成8）	2						
	3		永年活動ヘルパーの集い開催	ホームヘルプよこはまNo31「ご存知ですか一時入所サービス」	H8年度育成研修改正、国50時間（介護10時間）協会61時間（介護21時間）（交流室だよりNo92）		
	4		育成研修（3級該当）61時間開始（3級養成研修事業）				
	6				チーフを増やします（今年度4・5月5人増員）（交流室だよりNo95）		
	7			ホームヘルプよこはまNo32「ご存知ですか高齢者向住宅巡回相談事業」			
	10		矢向地域ケアプラザ受託運営開始				矢向地域ケアプラザ受託運営開始

施設	職員・機構	出版物	事務所・支部活動	その他（記念行事等）	国の動き（制度関連）	ヘルパー時給（各年度）	待機保障（各年度）	介護手当時給（各年度）
					ホームヘルパー養成研修（段階別研修：1級、2級＋100時間・2級130時間・3級50時間）			
	活動着更新のお知らせ							
	経験加算導入							
						1,010 円		
				ヘルパーの活動時間のアンケート調査のお願い			740 円	510 円
				全体研修、5年表彰				
				H7年度永年活動ヘルパーの集い				
	育成研修61時間							
						1,020 円		

年	月	法人	協会沿革・横浜市	新聞記事等	ヘルパーの雇用関連	サービス	在宅支援・通所
1996（平成8）	11	財団法人横浜市ホームヘルプ協会	24時間巡回型ホームヘルプサービス事業を西区で開始			24時間巡回型ホームヘルプサービス事業を西区で開始	
	12			ホームヘルプよこはまNo33「協会が取り組む新しい事業」「新法人の準備状況について」			
1997（平成9）	1	社会福祉法人横浜市福祉サービス協会	社会福祉法人横浜市福祉サービス協会設立		総合的な福祉サービスへの新たな一歩（交流室だよりNo104）	総合的な福祉サービス	
	3		財団法人横浜市ホームヘルプ協会解散 永年活動ヘルパー（10年）の集い	ホームヘルプよこはまNo34「横浜市福祉サービス協会設立にあたって」「横浜市のホームヘルパー利用は全国一」			
	4		養護老人ホーム阿久和ホーム受託運営開始（現新橋ホーム） 派遣調整課・企画研修課へ変更				
	6		藤棚地域ケアプラザ受託運営開始				藤棚地域ケアプラザ受託運営開始
	7		瀬谷事務所（現保土ヶ谷事務所）開設（支部第3号）				
	8		特別養護老人ホーム新橋ホーム運営開始				
	9				活動中に事故が発生したら（交流室だよりNo110）		
	10		難病患者等ホームヘルプサービス事業開始 ホームヘルプサービスの365日派遣開始 24時間巡回型ホームヘルプサ	福祉サービスよこはまNo1「横浜市福祉サービス協会の組織」「新たな受託組織」	サービス拡充のお知らせ：365日実施・難病患者生活支援巡回サービス拡大・南区24時間実施（交流室だよりNo111）	難病患者等ホームヘルプサービス事業、ホームヘルプサービスの365日派遣 24時間巡	藤棚地域ケアプラザで在宅介護支援センター事業開始

施設	職員・機構	出版物	事務所・支部活動	その他（記念行事等）	国の動き（制度関連）	ヘルパー時給（各年度）	待機保障（各年度）	介護手当時給（各年度）
				全体研修、5年表彰		1,020円		
					事業費補助方式新設			
				永年活動ヘルパー（10年）の集い				
養護老人ホーム阿久和ホーム受託運営開始（現新橋ホーム）	「派遣調整課」「企画研修課」へ変更	研修履歴ノート作成配布				740円		510円
			瀬谷事務所（現保土ヶ谷事務所）開設（支部第3号）			1,030円		
特別養護老人ホーム新橋ホーム運営開始								
新橋ホームで在宅介護支援センター事業開始								

年	月	法人	協会沿革・横浜市	新聞記事等	ヘルパーの雇用関連	サービス	在宅支援・通所
1997（平成9）	10		ービス事業を南区で開始 新橋ホーム・藤棚地域ケアプラザで在宅介護支援センター事業開始			回型ホームヘルプサービス事業を南区で開始	
	12						
1998（平成10）	2	社会福祉法人横浜市福祉サービス協会	設立記念講演会 タイムヘルパーの導入		ひとりで悩まず相談を（交流室だよりNo112）		
	3		チーム運営制の導入	神奈川新聞3/28「長続きせぬ介護役 市福祉サービス協派遣のホームヘルパー」 福祉サービスよこはまNo2「サービスご利用マップ」「老人保健福祉マップ」	チーム運営方式の導入について、チーム制、タイム曜日・時間帯固定制（交流室だよりNo116）	老人保健福祉マップ	
	5		ホットほっと福祉シンポジウム				
	8		金沢事務所（支部第4号）開設				
	9		矢向地域ケアプラザで在宅介護支援センター事業開始 福祉サービスアカデミー（協会全スタッフ現任研修システム）開始 地域交流セミナー（地区別研修）も名称変更	神奈川新聞9/15「地域に生きる意欲を支援 市民参加で14年」 福祉サービスよこはまNo3「ご存知ですかヘルパーステーション」			矢向地域ケアプラザで在宅介護支援センター事業開始
	10		ホリデイサービス開始 24時間巡回型ホームヘルプサービス事業実施地域の拡大（6区実施） 知的障害者への			ホリデイサービス 24時間巡回型ホームヘルプサービス事業実施地域の拡大（6区実	

施設	職員・機構	出版物	事務所・支部活動	その他（記念行事等）	国の動き（制度関連）	ヘルパー時給（各年度）	待機保障（各年度）	介護手当時給（各年度）
					介護保険法成立			
	タイムヘルパーの導入			設立記念講演会（全体研修）	人件費補助方式から事業費補助方式に切替	1,030円		
	チーム運営制の導入、活動着のお知らせ、タイムヘルパー、曜日・時間帯固定制		ヘルパーステーション開設（6ヶ所）					
				ホットほっと福祉シンポジウム			740円	510円
			金沢事務所（支部第4号）開設					
						1,040円		
	福祉サービスアカデミー（協会全スタッフ現任研修）開始							

195

年	月	法人	協会沿革・横浜市	新聞記事等	ヘルパーの雇用関連	サービス	在宅支援・通所
1998（平成10）	10		ガイドヘルプサービス開始			施）知的障害者へのガイドヘルプサービス	
	12		ふれあい110番開設 中山地域ケアセンター受託運営開始 新鶴見ホーム建設工事着工		アフターケアについて（10～12月重点月間訪問充実）、ヘルパーの自己点検（交流室だよりNo125）		中山地域ケアセンター受託運営開始
1999（平成11）	2	社会福祉法人横浜市福祉サービス協会			チーム運営方式とヘルパーステーション12区37チーム（交流室だよりNo127）	チーム運営方式とヘルパーステーション	
	3		活動感謝の集い	福祉サービスよこはまNo4「横浜市中山地域ケアセンター」「老人保健福祉マップ横浜市ホームヘルパー7年連続全国一」	ホームヘルパー育成研修終了報告 S61～60時間30回、H4～2級課程102時間：21回、H8～3級課程：61時間24回開催、ひとりで悩まないで「ふれあい110番」からのお知らせ（交流室だよりNo128）		
	5		泥亀地域ケアセンター受託運営開始				泥亀地域ケアセンター受託運営開始
	7		協会設立15周年記念事業『ホームヘルパー応援BOOK』を出版				
	8		指定居宅介護支援事業者の指定を受ける（戸塚事務所、港北事務所、瀬谷事務所、金沢事務所、南事務所、本部）		10月より介護保険の申請受付が始まります、協会職員・嘱託職員（チーフ・介助員）募集（交流室だよりNo133）		指定居宅介護支援事業者の指定を受ける（6ヶ所）
	9		指定居宅介護支援事業者の指定を受ける（矢向	福祉サービスよこはまNo5「介護保険申請間近に迫る」	介護保険説明会のお知らせ、協会職員・嘱託職員（チーフ・ケア）募集		指定居宅介護支援事業者の指定を

資料篇

施設	職員・機構	出版物	事務所・支部活動	その他（記念行事等）	国の動き（制度関連）	ヘルパー時給（各年度）	待機保障（各年度）	介護手当時給（各年度）
新鶴見ホーム建設工事着工	ふれあい110番開設、ホームヘルプサービスのアフターケアの実施							
						1,040円		
		ヘルパー手帳改訂（H1年作成後修正、H11度版作成）（交流室だよりNo128）		活動感謝の集い（永年活動表彰、5年表彰）			740円	510円
			本部にヘルパーステーション設置（計17ヶ所）					
		協会設立15周年記念事業『ホームヘルパー応援BOOK』を出版						
			指定居宅介護支援事業者の指定を受ける（6ヶ所）			1,050円		

年	月	法人	協会沿革・横浜市	新聞記事等	ヘルパーの雇用関連	サービス	在宅支援・通所
1999（平成11）	9	社会福祉法人横浜市福祉サービス協会	地域ケアプラザ、藤棚地域ケアプラザ、中山地域ケアセンター、泥亀地域ケアセンター、新橋ホーム）		（交流室だより No134）		受ける（5施設）
	10		要介護認定申請受付開始		嘱託職員（介助員）募集（交流室だより No135）		
	11				協会職員募集（交流室だより No136）		
	12		指定通所介護事業者の指定を受ける（矢向地域ケアプラザ、藤棚地域ケアプラザ、中山地域ケアセンター、泥亀地域ケアセンター、新橋ホーム）		嘱託職員（チーフ）募集（交流室だより No137）		指定通所介護事業者の指定を受ける（5施設）
2000（平成12）	1		指定訪問介護事業者の指定を受ける（戸塚事務所、港北事務所、瀬谷事務所、金沢事務所、南事務所）、指定短期入所生活介護事業者の指定を受ける（新橋ホーム）				
	2						
	3		新鶴見ホーム完成 活動感謝の集い	福祉サービスよこはま No6「介護保険後協会の実施する福祉サービス」			
	4		介護保険事業開始 南分室を改称し、南事務所開設、神奈川事務所開設		協会職員・嘱託職員募集（交流室だより No141）	介護保険事業開始	

資　料　篇

施設	職員・機構	出版物	事務所・支部活動	その他（記念行事等）	国の動き（制度関連）	ヘルパー時給（各年度）	待機保障（各年度）	介護手当時給（各年度）
			要介護認定申請受付開始					
					今後5か年の高齢者保健福祉施策の方向（ホームヘルパー35万人）	1,050円		510円
指定短期入所生活介護事業者の指定を受ける（1ヶ所）			指定訪問介護事業者の指定を受ける（5ヶ所）				740円	
				グループ活動助成金交付のお知らせ				
新鶴見ホーム完成				活動感謝の集い（永年勤続・5年勤続表彰）				
			南事務所（支部第5号）神奈川事務所（支部第6号）開設		訪問介護：身体介護、家事援助、複合型3区分	1,060円		520円

年	月	法人	協会沿革・横浜市	新聞記事等	ヘルパーの雇用関連	サービス	在宅支援・通所
2000（平成12）	5	社会福祉法人横浜市福祉サービス協会	新鶴見ホーム運営開始　舞岡柏尾地域ケアセンター受託運営開始	舞岡柏尾地域ケアセンター開所のお知らせ（交流室だより No142）			舞岡柏尾地域ケアセンター受託運営開始
	6						
	7			磯子地域ケアセンター開所のお知らせ（交流室だより No144）	デイスタッフ（パート職員）募集（交流室だより No144）		
	8		磯子地域ケアセンター受託運営開始	大豆戸地域ケアセンター開所のお知らせ（交流室だより No145）	嘱託職員募集（交流室だより No145）		磯子地域ケアセンター受託運営開始
	9		大豆戸地域ケアセンター受託運営開始	福祉サービスよこはま No7「ショートステイの一日」			大豆戸地域ケアセンター受託運営開始
	10		本牧原地域ケアセンター受託運営開始　『ホームヘルパー応援BOOK2』を出版	本牧原地域ケアセンター開所のお知らせ（交流室だより No147）	協会職員・嘱託職員募集（交流室だより No147）		本牧原地域ケアセンター受託運営開始
	11				デイスタッフ（パート職員）・嘱託職員募集（交流室だより No148）		
	12			小菅ヶ谷地域ケアセンター開所のお知らせ（交流室だより No149）	デイスタッフ（パート職員）募集（交流室だより No149）		

出典：『十年目の初心』1995；『町に生きる』1992；『福祉のまち「よこはま」から』2003；『事業年報』り』1988-2004；『ホームヘルプよこはま』1986-1997；『組合結成七周年記念　わっしょい』1999 よ

施設	職員・機構	出版物	事務所・支部活動	その他（記念行事等）	国の動き（制度関連）	ヘルパー時給（各年度）	待機保障（各年度）	介護手当時給（各年度）
新鶴見ホーム運営開始								
	訪問介護員養成研修二級課程受講奨励金支給（交流室だよりNo143）							
						1,060円	740円	520円
		『ホームヘルパー応援BOOK2』を出版						
	活動着更新貸与（デザイン変更・男性ヘルパー全員対象）							
			ヘルパーステーション大豆戸交流会開催	全パートスタッフ永年活動表彰（5年以上かつ900日以上、10年以上かつ800日以上へ変更）				

1984-1993、2000：『横浜市ホームヘルプ協会ごあんない』1987、1989、1990、1991、1992：『交流室だより作成

【巻資-3】横浜市

年	国・県の動向	横浜市			
		市長	組織	調査・報告	出来事
1959（昭和34）	国民年金法制定	半井			
1960（昭和35）			公害対策委員会設置		
1961（昭和36）	心配ごと相談所国庫補助事業				
1962（昭和37）	「老人家庭奉仕員制度設置要綱」、全国老人クラブ連合会結成				老人家庭奉仕員派遣事業開始（社協委託）
1963（昭和38）	老人福祉法制定、老人家庭奉仕員派遣事業を規定（老人福祉法12条）、第1回世界老人会議に派遣				横浜市老人クラブ連合会設立
1964（昭和39）		飛鳥田	公害係新設	市民生活白書	「公害防止協定」横浜市老人福祉大会開催（市・市社協・市老連共催）
1965（昭和40）					「横浜国際港都建設総合計画」
1966（昭和41）	「敬老の日」を国民の祝日として施行				
1967（昭和42）					
1968（昭和43）	ねたきり老人実態調査（全社協）		企画調査室、市民局を新設		「宅地開発要綱」
1969（昭和44）	全国老人実態調査、「老人家庭奉仕員事業運営要綱」		保護課に老人福祉係設置	高齢者生活実態調査	老人家庭奉仕員派遣事業開始（市直接設置運営）
1970（昭和45）	社会福祉施設緊急整備5か年計画、豊かな老後のため			西区老人福祉総合調査実施	老人国保の医療費無料化、特別養護老人ホーム「岩井ホーム」開設、介護券による介護人派遣事業開始

202

資料篇

の福祉施策の動向

	横浜市高齢者施策　各事業開始年			衛生局	横浜市社協
生きがい推進施策	地域支援事業	介護保険外サービス	その他の制度		
老人クラブ助成事業			老齢福祉年金		
					心配ごと相談所
			老齢基礎年金	保健師：家庭訪問（看護指導業務）医療社会事業（面接及び訪問）	
敬老月間事業			敬老祝金制定		老人家庭奉仕員派遣事業開始、社会福祉施設従事者実態調査
老人憩いの家		養護老人ホーム			
基本健康診査等				老人健康診査事業開始（老人福祉法11条）「横浜市老人健康診査事務取扱規則」	
					家庭奉仕員研修会
がん検診事業		軽費老人ホーム事務費補助			
長寿のしおり交付事業 ことぶき大学講座事業			ねたきり高齢者等激励慰問品交付事業（県単独）		老人家庭奉仕員派遣事業を市に移管
	老人相談員発足	ねたきり高齢者等日常生活用具給付・貸与事業	老人国保の医療費無料化		

203

年	国・県の動向	横浜市			
		市長	組織	調査・報告	出来事
1970（昭和45）	の国民会議開催				
1971（昭和46）	介護人派遣制度開始		老人福祉課新設		老人医療費無料化
1972（昭和47）	老人福祉法改正（老人医療費支給制度）、老人入院看護料差額助成制度発足、「恍惚の人」ベストセラー、高齢者生活実態調査（県）	飛鳥田		ひとり暮らし老人生活実態調査 横浜市コミュニティ研究会「横浜市コミュニティ研究会中間報告」	老人医療費所得制限緩和
1973（昭和48）				消防局ねたきり、ひとり暮らし老人の実態調査	「横浜市総合計画1985」 老人福祉センター「菊名寿楽荘」開設
1974（昭和49）				横浜市コミュニティ研究会「市民による新しい地域社会の創造」	
1975（昭和50）				消防局ねたきり、ひとり暮らし老人の実態調査	介護人派遣事業開始 ねたきり老人訪問看護活動事業発足
1976（昭和51）	「在宅老人福祉対策事業の実施及び推進について」				「横浜市福祉の都市環境づくり推進指針」制定
1977（昭和52）					
1978（昭和53）	寝たきり老人短期保護事業創設			ねたきり老人世帯実態調査	ねたきり老人一時入所事業発足
1979（昭和54）		細郷		横浜市中高年齢者意識調査「働くことへの意識と実態」	ねたきり老人等施設入浴援護事業発足
1980（昭和55）				横浜市高齢者事業団（仮称）調査	横浜市シルバー人材センター設立
1981（昭和56）	国際障害者年、デイサービス事業開始			老人問題研究会「老人問題研究会中間報告」	「よこはま21世紀プラン」

資　料　篇

横浜市高齢者施策　各事業開始年				衛生局	横浜市社協
生きがい推進施策	地域支援事業	介護保険外サービス	その他の制度		
		老人性白内障手術費支給制度	老人医療費無料化　ひとり暮らし老人インターホン貸与（県）		
			ねたきり高齢者等家庭見舞金支給事業		
老人福祉センター　高齢者生きがい作業事業		高齢者居宅整備資金貸付制度	水道料金・下水道使用量関係　ひとり暮らし高齢者慰問金支給事業	保健指導技術研修会：老人関連実施	
敬老特別乗車証交付事業	福祉の風土づくり推進事業	寝具乾燥事業	看護料差額助成制度	潜在看護職調査	
	訪問指導事業			在宅看護職活動事業開始：ねたきり老人訪問看護「横浜市在宅看護婦活動事業要綱」	
高齢者福祉大学講座事業					
高齢者を囲む地域福祉事業	福祉の都市環境づくり事業				
		防災訪問事業（住宅用火災警報器の設置普及）			福祉バスの運営開始
					高額療養費貸付事業開始
シルバー人材センター事業			ねたきり高齢者等援護金給付事業	看護教室開催	
高齢者スポーツ・体操等振興事業、友愛活動推進員設置事業	老人福祉推進員事業				福祉の風土づくり推進事業一部受託

205

年	国・県の動向	横浜市			
		市長	組織	調査・報告	出来事
1981（昭和56）				中高年齢者の老後に対する意識等総合実態調査「高齢化社会への対応を求めて」	
1982（昭和57）	老人保健法制定、「老人家庭奉仕員派遣事業運営要綱」改正、高齢者問題世界会議「高齢者国際行動計画」		企画調整局を企画財政局に改組、老人福祉部新設	老人問題研究会「老人問題研究会報告」 高齢化社会をめぐる総合実態調査 横浜市高齢者の生活時間調査	在宅老人機能回復訓練事業 在宅老人給食サービス発足 痴呆性老人一時入所事業発足
1983（昭和58）		細郷		福祉サービス供給組織研究委員会「福祉サービス供給組織研究委員会中間報告・第二次報告」 高齢化社会対策研究調査「痴呆等老人対策と新しい在宅福祉の方向」 在宅老人健康実態調査	在宅デイ・サービス事業発足
1984（昭和59）				在宅福祉サービスに関する調査、市政モニター調査「老いを考える」、在宅福祉サービスに関する調査	（財）横浜市ホームヘルプ協会設立 介護人派遣事業廃止 痴呆性老人長期入所事業
1985（昭和60）	「主任家庭奉仕員設置事業の実施について」		企画財政局に高齢化社会対策室新設	福祉・保健医療情報システム研究調査	痴呆性老人デイサービス事業開始
1986（昭和61）	老人保健法改正（老人保健施設）				
1987（昭和62）					
1988（昭和63）					訪問入浴事業開始 ねたきり高齢者等訪問歯科診療事業
1989（平成元）	高齢者保健福祉推進10か年戦略			地域福祉システム研究調査	
1990（平成2）	福祉関係八法改正（在宅福祉サービ				

横浜市高齢者施策　各事業開始年				衛生局	横浜市社協
生きがい推進施策	地域支援事業	介護保険外サービス	その他の制度		
	高齢者緊急相談援護事業 痴呆性老人一時入所事業				
		機能訓練事業、老人保健医療事業、重度障害者医療費援助事業	看護料差額援助事業対象者拡大	老人保健事業開始：健康診査、訪問指導、機能訓練教室	
		痴呆性高齢者保健福祉相談事業			老人福祉センター・地区センター「都筑センター」を受託
シルバー健康ひろば整備事業		あんしん電話設置事業			
高齢者いきいきスポーツ推進事業		住まいの相談カウンター	看護料貸付制度		
		在宅リハビリテーション事業		地域ケアサービスモデル事業開始	
		在宅ねたきり高齢者等訪問歯科診療事業		ねたきり老人等訪問歯科診療事業開始	
	地域ケア拠点施設設備運営事業			地域ケアサービス推進事業	

年	国・県の動向	市長	組織	調査・報告	出来事
1990（平成2）	スの明確化、在宅・施設サービスの市町村での一元実施、老人保健福祉計画の策定）				
1991（平成3）	老人保健法改正（老人訪問看護制度の創設）				「地域ケアシステム基本指針」制定、在宅支援サービスセンター運営開始
1992（平成4）	「ホームヘルプサービスチーム運営方式推進事業の実施について」「ホームヘルプ事業運営の手引き」			高齢者生活実態調査	
1993（平成5）					横浜市高齢者保健福祉計画策定 虚弱高齢者一時入所事業
1994（平成6）	高齢者保健福祉10か年戦略の見直しについて		福祉局健康長寿部に変更 区役所に福祉保健サービス課設置	市民参加型福祉活動のあり方調査	「ゆめはま2010プラン」
1995（平成7）	「老人ホームヘルプサービス事業における24時間対応ヘルパー（巡回型）事業について」	高秀			横浜市福祉調整委員会設置
1996（平成8）	高齢社会白書（初）		少子・高齢化社会対策室に変更		高齢者グループホーム事業開始、ひとり暮らし高齢者等定期訪問事業開始
1997（平成9）	高齢者グループホーム事業開始 介護保険法成立				（福）横浜市福祉サービス協会設立、（財）横浜市ホームヘルプ協会解散 「横浜市福祉のまちづくり条例」制定
1998（平成10）	特定非営利活動促進法成立、年金白書（初）				
1999（平成11）	国際高齢者年、介護保険の要介護認定開始、今後5か年間の高齢者保健福祉施策の方向			横浜市高齢者実態調査	
2000（平成12）	社会福祉の増進のための社会福祉事				横浜市高齢者保健福祉計画（新計画）、介護保険事業計画

資料篇

横浜市高齢者施策　各事業開始年				衛生局	横浜市社協
生きがい推進施策	地域支援事業	介護保険外サービス	その他の制度		
				全区開始	
			高齢者向借上賃貸住宅		二ツ橋在宅支援サービスセンター受託
			高齢者世帯住み替え家賃助成事業 シルバーリフォーム融資	区に福祉保健相談室設置	
			高齢者住環境整備事業		
				区に福祉保健サービス課新設	「地域福祉活動計画」を策定
					各区社協地域福祉活動計画策定
					心配ごと相談所を廃止
					横浜生活あんしんセンター開所
					外出支援サービス開始

年	国・県の動向	横浜市			
		市長	組織	調査・報告	出来事
2000（平成12）	業法等の一部を改正する等の法律、介護保険制度開始				「市民活動推進条例」制定

出典：『横浜市市政概要』1959-2002；『老人福祉事業概要』1974-2002；『民生事業報告』1955、1960、年表1925-2000』日本エディタースクール出版部、2001；『市民生活からみた戦後横浜史年表』1976

横浜市高齢者施策　各事業開始年				衛生局	横浜市社協
生きがい推進施策	地域支援事業	介護保険外サービス	その他の制度		

1962－1984；『横浜市社会福祉協議会事業報告』 1954－1959、1963、1968、1972－2001；『増補高齢者生活より作成

【巻資-4】調布市

年	国・都の動向	調布市			
		市長	組織	調査	出来事
1957（昭和32）	老人クラブ助成事業開始（都）	竹内			
1958（昭和33）	敬老金支給条例制定（都）				
1960（昭和35）					
1961（昭和36）	心配ごと相談所国庫補助事業				
1962（昭和37）	「老人家庭奉仕員制度設置要綱」策定、家庭奉仕員制度発足（都）、老人ホームヘルパー発足、全国老人クラブ連合会結成				
1963（昭和38）	老人福祉法制定、老人家庭奉仕員派遣事業を規定（老人福祉法12条）、第1回世界老人会議に派遣		民生部新設され、社会福祉事務所は福祉五法担当になる		
1964（昭和39）					
1965（昭和40）		本多			
1966（昭和41）	「敬老の日」を国民の祝日として施行				老人家庭奉仕員派遣事業開始
1967（昭和42）					婦人と市政を語る会
1968（昭和43）	ねたきり老人実態調査（全社協）		民生部の下に福祉事務所配属		高齢者職業相談開始
1969（昭和44）	全国老人実態調査、「老人家庭奉仕員事業運営要綱」、老人医療費無料制度発足（都）				
1970（昭和45）	社会福祉施設緊急整備5ヵ年計画			ひとりぐらし老人実態調査	長期総合計画策定に企画委員委嘱

の福祉施策の動向

調布市高齢者施策　各事業開始年				保健課	調布市社協
生きがい推進施策	地域支援事業	介護保険外サービス	その他の制度		
					老人クラブ発足
			敬老金支給制度発足		
					老人クラブへの事業助成
					老人憩いの家運営開始
老人福祉センター					老人憩いの家で老人にマッサージ事業開始
					老人職業相談（東社協委託）
老人憩いの家			緊急援護資金貸付		老人憩いの家、市に移管 老人と青少年の懇談会
					付添看護料助成開始
			75歳以上に敬老手当創設		心配ごと相談所開設

年	国・都の動向	調布市			
		市長	組織	調査	出来事
1970（昭和45）	豊かな老後のための国民会議開催				
1971（昭和46）	介護人派遣制度開始		民生部から社会福祉部に変更	市民意識調査	都市づくり市民会議発足
1972（昭和47）	老人福祉法改正（老人医療費支給制度）、「恍惚の人」ベストセラー、ねたきり老人福祉手当制度発足（都）				「調布市基本構想」
1973（昭和48）	老人医療費支給年齢65歳引下げ（都）、ひとり暮らし老人友愛訪問事業（都）	本多			「調布市基本計画」
1974（昭和49）				調布市老人実態調査	「調布市長期総合計画」
1975（昭和50）					
1976（昭和51）	「在宅老人福祉対策事業の実施及び推進について」		市まちづくり推進本部発足		
1977（昭和52）				母子家庭白書、ねたきり老人介護人実態調査	第1期まちづくり市民会議発足
1978（昭和53）	寝たきり老人の短期保護事業創設			調布市民の意識調査	高齢者事業団発足
1979（昭和54）				調布市民の福祉意識に関する調査	
1980（昭和55）		金子			
1981（昭和56）	国際障害者年デイサービス事業開始、有料ヘルパー制度（都）		老人福祉課新設	社協活動に関する意識調査	国、調布市を障害福祉都市に指定「調布市総合計画（基本構想）」
1982（昭和57）	老人保健法制定、「老人家庭奉仕員派遣事業運営要綱」改正、高齢者			老人福祉に関する市民意識調査	「調布市総合計画（基本計画）」

資料篇

調布市高齢者施策　各事業開始年				保健課	調布市社協
生きがい推進施策	地域支援事業	介護保険外サービス	その他の制度		
市民センター 社会福祉会館			老人福祉手当支給		
地域センター 第1回豊かな老後のための市民会議					高齢者理容美容サービス開始 学習会・福祉講座実施
	友愛訪問員（ボランティア）制度	ねたきり老人貸しおむつ事業	付添看護料助成		付添看護料助成、市に移管
			敬老乗車証給付 福祉共同農園運営		
	寝具乾燥事業	ねたきり老人日常生活用具給付	老人居室資金貸付 老人福祉就労支援		無料マッサージ
市民福祉会館	巡回入浴車ねたきり老人宅巡回	老人給食事業（集合方式）			
		ねたきり老人（65歳以上）短期入院制度			ボランティアコーナー開設
	ショートステイ事業				ねたきり老人おむつカバー交付
地域福祉センター			入院料及び看護料資金貸付制度 居宅ねたきり老人見舞品支給		
			福祉電話設置助成事業	ねたきり老人・心身障害者に訪問看護事業発足	

215

年	国・都の動向	調布市			
		市長	組織	調査	出来事
1982（昭和57）	問題世界会議「高齢者国際行動計画」	金子			
1983（昭和58）				市民意識調査	
1984（昭和59）					
1985（昭和60）	「主任家庭奉仕員設置事業の実施について」				調布ホームヘルプ協会発足
1986（昭和61）	老人保健法改正（老人保健施設）			高齢者ボランティア意識及びニード調査	「調布市基本計画」「調布市婦人行動計画」
1987（昭和62）					調布八雲苑（特養、デイ）事業開始 調布市高齢化社会対策検討準備会
1988（昭和63）				市民意識調査	調布在宅福祉事業団発足
1989（平成元）	高齢者保健福祉推進10か年戦略	吉尾	老人福祉課に在宅サービス係新設	60歳以上夫婦のみ世帯実態調査 調布市が今後推進すべき高齢者福祉施策について	「新調布市基本構想」
1990（平成2）	福祉関係八法改正（在宅福祉サービスの明確化、在宅・施設サービスの市町村での一元実施、老人保健福祉計画の策定）			ひとり暮らし高齢者調査 調布市民在宅福祉意識調査 利用・協力会員に関する調査報告	（財）調布ゆうあい福祉公社に改称
1991（平成3）	老人保健法改正（老人訪問看護制度の創設）				調布ゆうあい福祉公社、おなかまランナー発足
1992（平成4）	「ホームヘルプサービスチーム運営方式推進事業の実			在宅ねたきり高齢者実態調査、市民意識調査	調布ゆうあい福祉公社、資産活用サービス事業開始

調布市高齢者施策　各事業開始年				保健課	調布市社協
生きがい推進施策	地域支援事業	介護保険外サービス	その他の制度		
総合福祉センター 地域福祉センター		給食サービス事業	友愛訪問活動 緊急通報システム事業		給食サービス事業 いきいきクラブ開設
					老人給食サービス事業、電話訪問事業、特殊寝台貸出事業、福祉バス貸出事業、車椅子貸出事業、市より移管
			新年金制度発足		
調布市シルバー総合センター		配食サービス事業			
					福祉講座に助成
	在宅高齢者サービス事業		老人居室資金貸付再開		第1回福祉大会
	高齢者サービス調整会議 住宅改造費給付		在宅高齢者介護休養手当給付		
			高齢者住宅シルバーピア開設		
					ふれあいまちづくり事業の指定

217

年	国・都の動向	調布市			
		市長	組織	調査	出来事
1992 (平成 4)	施について」「ホームヘルプ事業運営の手引き」高齢者ホームヘルプ事業（都）	吉尾			
1993 (平成 5)				高齢社会に対応した住民参加による福祉サービスの展開	「調布市地域福祉計画」
1994 (平成 6)	高齢者保健福祉推進 10 か年戦略の見直しについて			ホームヘルプサービスの新たな展開にむけて	嘱託ヘルパー制度（調布ゆうあい福祉公社受託）
1995 (平成 7)	「老人ホームヘルプサービス事業における 24 時間対応ヘルパー（巡回型）事業について」		高齢福祉課に名称変更	市民意識調査	
1996 (平成 8)	高齢社会白書（初）			公的ホームヘルプサービスを受託してその結果と今後の課題	「新基本計画」策定 ちょうふの里（特養、在支）開設
1997 (平成 9)	高齢者グループホーム事業開始 介護保険法成立			24 時間ホームヘルプサービスのあり方	福祉のまちづくり条例施行 国領在宅サービスセンター開設（調布ゆうあい福祉公社受託）調布ゆうあい福祉公社 365 日配食サービス開始
1998 (平成 10)	特定非営利活動促進法成立、年金白書（初）				夜間ホームヘルプサービス（調布ゆうあい福祉公社受託）
1999 (平成 11)	国際高齢者年、介護保険の要介護認定開始、今後 5 か年間の高齢者保健福祉施策の方向				
2000 (平成 12)	社会福祉の増進のための社会福祉事業法等の一部を改正する等の法律、介護保険制度開始				通所介護事業（調布ゆうあい福祉公社受託）

出典：『事務報告書』1995-2005；『調布市統計概要』1960-2005；『調布市史』1990；『調布市史年表』

資　料　篇

| 調布市高齢者施策　各事業開始年 ||||| 保健課 | 調布市社協 |
生きがい推進施策	地域支援事業	介護保険外サービス	その他の制度			
			おむつ代助成			訪問デイサービス事業
		ふれあい給食事業				ふれあい給食、市より受託
		入浴サービス				

1998：『社協15年の歩み』1986；調布ゆうあい福祉公社『共に生きがいを‥10th』1998より作成

【巻資-5】 横浜市・

年月	福祉関連法令等	国	各種審議会	基本計画
1946（昭和21）	（旧）生活保護法制定			
1947（昭和22）	児童福祉法制定			
1948（昭和23）	民生委員法制定			経済復興計画第1次試案
1949（昭和24）	身体障害者福祉法制定			経済復興計画案
1950（昭和25）	生活保護法制定 精神衛生法（後に精神保健及び精神障害者福祉に関する法律）制定		社会保障制度審議会「社会保障制度に関する勧告」	
1951（昭和26）	社会福祉事業法（後に社会福祉法）制定		中央社会福祉協議会（後に全国社会福祉協議会）設置	
1952（昭和27）				
1953（昭和28）				
1954（昭和29）		老齢年金給付開始		
1955（昭和30）				経済自立5ヵ年計画
1956（昭和31）				
1957（昭和32）		厚生省、国民皆保険推進本部設置		新長期経済計画
1958（昭和33）	国民健康保険法制定			
1959（昭和34）	国民年金法制定			
1960（昭和35）	精神薄弱者福祉法（後に知的障害者福祉法）制定	福祉年金支払開始		国民所得倍増計画
1961（昭和36）	心配ごと相談所国庫補助事業			厚生行政長期計画基本構想試案
1962（昭和37）	「老人家庭奉仕員制度設置要綱」 老人ホームヘルパー発足		社会福祉審議会「老人福祉施策の推進に関する意見具申」	全国総合開発計画
1963（昭和38）	老人福祉法制定 12条に老人家庭奉仕員派遣事業を規定 第1回世界老人会議に派遣			

220

資 料 篇

調布市福祉年表

	横浜市	備考		調布市	備考
石河					
平沼		従来の復興のほかにさらに積極的に進め、市政上に新しい転機を加えた、市民生活安定、施設の充実等の積極的施策に着手	山岡		
			青木		
半井	老齢福祉年金 老人クラブ助成事業		竹内		
	公害対策委員会設置	地域社会の自主性を尊重しながら特にこれが充実発展を期待して青少年対策の強化、不良住宅地帯の都市改造、市と町内会との健全な協力関係の確立、清潔な町づくり等を通じて地域社会の振興に努力することに			
				老人クラブ	
	家庭奉仕員制度 敬老祝金			敬老金支給制度	「健康住宅都市」
飛鳥田	「福祉計画」の追加提案 市長への手紙を出す旬間 市民相談室 老人憩いの家	「市政における横浜方式」「市政への考え方：工業化とともに市民の生活環境の整備を行い、市民に直結する地方自治を実現」 「子どもを大切にする市政」「だれでも住みたくなる都市づくり」常に市民に顔を	本多		

221

年月	福祉関連法令等	国	各種審議会	基本計画
1963（昭和38）				
1964（昭和39）	母子福祉法（後に母子及び寡婦福祉法）制定	厚生省、老人福祉課設置	中央社会福祉審議会老人福祉専門分科会「老人福祉対策の推進に関する意見」中間報告、第1次臨時行政調査会「行政改革に関する意見答申」	社会福祉行政長期展望
1965（昭和40）	母子保健法制定			中期経済計画
1966（昭和41）		「養護・特養の設備および運営に関する基準」制定	中央社会福祉審議会「養護老人ホーム・特別養護老人ホームの設備及び運営の基準に関する意見具申」	
1967（昭和42）	公害対策基本法			経済社会発展計画
1968（昭和43）			国民生活審議会「深刻化するこれからの老人問題中間報告」	
1969（昭和44）		「老人家庭奉仕員事業運営要綱」	国民生活審議会調査部会コミュニティ問題小委員会「コミュニティ―生活の場における人間性の回復―」	新全国総合開発計画
1970（昭和45）	心身障害者対策基本法（後に障害者基本法）制定		中央社会福祉審議会「社会福祉施設の緊急整備について・老人問題に関する総合的諸施策について」答申	社会福祉施設整備緊急5か年計画 新経済社会発展計画
1971（昭和46）	介護人派遣制度開始	「社会福祉事業団等の設立及び運営の基準について」通知	中央社会福祉審議会「コミュニティ形成と社会福祉」答申	

資 料 篇

		横浜市	備考		調布市	備考
飛鳥田			向けた"対面行政"を行うように、市民に対するサービス、市民の立場に立ってものを考える行政組織への方向	本多		
		民生局 公害防止協定 「市民生活白書」発表	市民が交流しあうことによって個人本位の立場から広い視野で市政を考えられるようになり民主主義が定着していくてがかりになる		老人憩いの家	
			市政を市民の手に、他人任せのことではなく、自分自身の問題として市政の中にいきいきと参加すること 「都市づくりの将来計画の構想」（六大事業、都心部強化・金沢地先埋立・港北ニュータウン建設・高速道路網建設・地下鉄建設・ベイブリッヂ建設事業）			
		「ちびっこ広場」完成	市政と市民が疎遠となり地方自治が念願とする民主的能率的行政の確保が困難とならないよう市民と市が一体となった市政		老人家庭奉仕員制度	
		「一万人市民集会」開催 軽費老人ホーム事務費補助	「市政への考え方：市民生活環境の一層の整備」		主婦と市政を語る会	
		企画調査室、市民局設置 「宅地開発要綱」制定 老人福祉センター	経済の高度成長により都市構造は著しく変化しましたが、反面市民の生活環境整備の面につきまして、大きく立ち遅れています		高齢者職業相談開始	
		保護課に老人福祉係設置 健康手帳 高齢者生活実態調査	「市民をあらゆる危険から積極的に防衛するために」「市民生活をより豊かにするために」「市民活動の効率性を高めるために」「横浜の文化性を高めるために」「六大事業の建設を推進するために」「市民のために便利で充実した区行政とするために」			
		西区老人福祉総合調査実施 老人国保の医療費無料化 介護券による介護人派遣事業開始 老人相談員制度	市民をとりまく環境を整備して、市民に人間性ゆたかな生活環境を提供することが、地方自治体の行政目的		敬老手当（75歳以上）	
		老人福祉課新設 老人医療費無料化：70歳に引下げ	「市政への考え方：市民参加による市政の展開、区民会議」 市長が一つの目標を設定する、それが市民の間で討議されて市長に戻ってくる、		都市づくり市民会議発足	

223

年月	福祉関連法令等	国	各種審議会	基本計画
1971（昭和46）				
1972（昭和47）	老人福祉法（老人医療費支給制度）改正 老人入院者看護料差額助成制度発足	「在宅老人福祉対策事業の実施について」通知 厚生省、老人保健課設置	中央社会福祉審議会老人福祉専門分科会「老人ホームのあり方に関する中間意見」	
1973（昭和48）		「65歳以上の寝たきり老人に対する老人医療費支給制度」実施 「老人ホームにおける食事サービス事業の実施について」通知	中央社会福祉審議会「医療社会福祉事業のあり方について」答申、社会保障制度審議会「当面する社会保障の危機回避のために」建議	経済社会基本計画
1974（昭和49）		「有料老人ホームの設置運営指導指針について」通知	社会保障制度審議会「当面の社会保障施策について」意見書、中央社会福祉審議会老人福祉専門分科会「有料老人ホームのあり方に関する意見」	
1975（昭和50）		総理府、老人対策本部設ける（首相の私的諮問機関：老人問題懇談会）	社会保障制度審議会「今後の老齢化社会に対応すべき社会保障のあり方について」建議	
1976（昭和51）		「在宅老人福祉対策事業の実施および推進について」通知	財政制度審議会建議（受益者負担の原則）	昭和50年代前期経済計画

資料篇

	横浜市	備考		調布市	備考
飛鳥田		さらにそれを取り入れて市民に提示するという反復が、何回となく行われ、その結果としてシビルミニマムがつくりだされてこなくてはならない			
	ひとり暮らし老人生活実態調査 老人医療無料化において所得制限緩和	五大戦争宣言：ゴミ、道路交通、環境破壊、水資源、公共用地		老人福祉手当支給	市民の声を聞くためには市政をありのままを知ってもらう意味で広報活動と公聴活動を非常に大切な仕事と考えている
	消防局ねたきり、ひとり暮らし老人の実態調査 区民の集い 一人暮らし老人慰問金 高齢者居宅整備資金貸付制度	国際平和都市、人間環境都市、中核都市、福祉都市、市民都市の5要素をもつ理想的都市像 ひとつの政策を通して市民は考え込む。その市民の歩んだ足どりをもう一度ふまえて次から次へとかんがえなけりゃいけないんだ。弱いのを制度として強める努力は必要です。と同時に個人として強くなる努力が欲しい。			
	区民会議発足 福祉の風土づくり推進事業 看護料差額助成 寝具乾燥事業	市民と行政をつなぐ太いパイプの役割、市の問題の土台を区民会議で	本多	付添看護料助成	生きるよろこびつねに夢を、その健康にみちた姿の豊かさ
	ねたきり老人訪問看護事業発足	「福祉政策総反省論」不況、低成長だからこそ福祉は必要、福祉政策は〝弱者〟を生み出している社会の仕組みにきりこみ、その構造をつくりかえていく。市民の立場から福祉を問い直し、市民こそが福祉政策を担いおしすすめる主体だという関係をはっきりさせること。市民が連帯し行動していく、徹底した実践を通じて福祉政策の質と次元を高めていく（飛鳥田） 「権利と要求の社会」「自治と連帯の社会」：低成長時代の幸福、福祉は何か、そういう社会の権利、要求だけではなく市民的連帯でつながった社会でなければならない（長洲）			
	ともしび運動（県）	福祉の本質は何かをあらためて見直す必要に迫られています。市政の推進の一つは、福祉の実現であると思います。市政の根源は市民の参加、市民の自治により、地域の中から積みあげられた目標の具象化であり、福祉もまた地域社会の中から育まれていくべきで、横浜に本当の意味の福祉を定着させる力は市民の連帯の		「調布まちづくり市民会議条例」 高齢者居宅資金貸付金事業	

225

年月	福祉関連法令等	国	各種審議会	基本計画
1976（昭和51）				
1977（昭和52）		「都市型特別養護老人ホーム構想」発表	中央社会福祉審議会老人福祉専門分科会「今後の老人ホームのあり方について」、社会経済国民会議「高齢化社会の年金制度」	第3次全国総合開発計画
1978（昭和53）		寝たきり老人の短期保護事業（ショートステイ）創設	社会経済国民会議「総合的福祉政策の理念と方向」	
1979（昭和54）			財政制度審議会要望書（老人医療費無料制度の一部有料化）、中央社会福祉審議会「養護老人ホーム及び特別養護老人ホームに係る費用徴収基準の当面の改善について」答申	新経済社会7か年計画
1980（昭和55）		養護・特養ホームの費用徴収制度改正　厚生省、老人保健医療対策本部設置、及び有料老人ホーム問題懇談会設置	社会経済国民会議「社会福祉政策の新理念―福祉の日常生活化をめざして」、社会保障制度審議会中間答申（高齢者保健医療対策について）、財政制度審議会建議（高齢者医療費の有料化）	
1981（昭和56）		第2臨調発足　デイサービス事業開始	中央社会福祉審議会「当面の在宅老人福祉対策のあり方について」意見具申	行財政改革に関する当面の基本方針
1982（昭和57）	老人保健法制定	「有料家庭奉仕事業実施要綱」「軽費老人ホーム設置及び運営について」通知	第2次臨時行政調査会「活力ある福祉社会の建設」提案	

	横浜市	備考		調布市	備考
飛鳥田		中にあると思います（飛鳥田） 「福祉の哲学と科学」「たましいと政策」：生活の場に民主主義が息づき、「市民社会」が形成される。市民みずからの問題として考え、探求し、互いに創り出していく。ひとりの胸にともった小さなともしびも次から次へと点じてゆけば尽きることなく広がって太陽のように明るく暖かく、この神奈川を照らす（長洲）	本多		
	福祉の都市環境づくり事業 老人を囲む地域福祉事業	うるおいといこいのある人間性豊かな都市をつくるため、福祉の見直しを図り従来ともすれば与えられる福祉というものから、地域社会の中から創り出される市民生活と密着した福祉への転換のため、積極的な取り組みを行っています		第1期まちづくり市民会議発足 老人給食事業	
細郷	ねたきり老人一時入所事業発足 ねたきり老人世帯実態調査	「市民とともに歩む市民本位の市政」「情勢の変化に対応する市政」「21世紀を展望した街づくりの市政」「連帯と共生」 横浜の5重苦（関東大震災、昭和恐慌、戦災、米軍接収、人口急増）	金子	高齢者事業団発足	「スポーツと語らい」をモットーとした街づくり 「自主・創造・連帯の輪ですすむ福祉のまちづくり」
	ねたきり老人等施設入浴援護事業 老人ホーム費用徴収制度改定	地方の時代、市町村の時代、住民が快適にして安全な文化生活を営めるような街づくり、地域づくり 高齢化問題に対して温かい思いやりのもとに老人が健康で生きがいを持った生活ができる道の確立			
	横浜市高齢者事業団（仮称）調査 環境アセスメント指導指針				
	健康福祉総合センター 老人福祉推進員事業	地域コミュニティの醸成、地域全体の連帯感の醸成であり、共生という今後の社会目標にも合致する		老人福祉課、婦人課の新設	
	「かながわ福祉プラン」（県） 在宅老人機能回復訓練事業、在宅老人給食サービス発足、痴呆性老人一時入所事業、老人	地域コミュニティというのは要するに市民の心のふれあいから生まれる連帯感の積み重ねだといっていい、市民の皆さんが自分本位に物事を考え他人の無関心を決め込んでいるようではいつまでたっても「市民自治」の確立は望めない		居宅ねたきり老人見舞品支給	

年月	福祉関連法令等	国	各種審議会	基本計画
1982（昭和57）				
1983（昭和58）		臨時行政改革推進審議会発足 「老人介護者教室について」通知	第2次臨時行政調査会答申（増税なき財政再建）	1980年代経済社会の展望と指針
1984（昭和59）		「老人ホームの入所判定について」通知	中央社会福祉審議会老人福祉専門分科会「養護老人ホーム及び特別養護老人ホームに関わる費用徴収基準の当面の改定方針について」意見具申	
1985（昭和60）	国民年金法改正（基礎年金導入） 補助金削減一括法	「主任家庭奉仕員設置事業について」通知 内閣、長寿社会対策関係閣僚会議を設置（老人対策本部を廃止） 厚生省、高齢者対策推進本部設置	社会保障制度審議会「老人福祉のあり方について」建議、老人保健審議会「老人保健制度の見直しに関する中間意見」	
1986（昭和61）	老人保健法改正（老人保健施設の創設、患者負担額引き上げ） 行政改革一括法	福祉関係3審議会合同企画分科会発足 厚生省、痴呆性老人対策推進本部設置	中央社会福祉審議会「社会福祉施設への入所措置事務等の団体委任事務化について」答申	長寿社会対策大綱
1987（昭和62）	社会福祉士及び介護福祉士法制定	「家庭奉仕員講習会推進事業」創設 都道府県高齢者サービス総合調整推進会議 市町村高齢者サービス調整チーム設置	社会福祉関係3審議会合同企画分科会「社会福祉関係者の資格制度について」「社会福祉施設（入所施設）における費用徴収基準の当面のあり方について」「今後のシルバーサービスのあり方について」意見具申	第4次全国総合開発計画
1988（昭和63）		「在宅老人福祉対策事業の実施及び推進について」「在宅老人デイサービス事業の実施について」通知 厚生省、老人保健福祉部、長寿社会対策推進本部設置	年金審議会「国民年金・厚生年金保険制度改正に関する意見」	厚生省・労働省「長寿福祉社会を実現するための施策の基本的考え方と目標について（福祉ビジョン）」 経済運営5か年計画

資　料　篇

	横浜市	備考		調布市	備考
細郷	福祉部新設 老人問題研究会「研究会報告」		金子	友愛訪問活動	
	在宅デイ・サービス事業発足、高齢化社会対策研究調査「痴呆等老人対策と新しい在宅福祉の方向」	様々な立場の人が共に豊かに暮らし、生きがいと思いやりをもって生活できるような「心かようさわやかな社会」を築き上げる努力			
	横浜市福祉サービス供給組織研究委員会「研究委員会報告」 在宅福祉サービスに関する調査 （財）横浜市ホームヘルプ協会設立	バラバラに孤立した個人の集りではなくお互いに心のふれ合いを持って助け合いながら暮らしてゆける街			
	痴呆性老人デイ・サービス事業 あんしん電話設置事業	市民の価値観・ライフスタイルの変化に対応して、"モノより心""質より量"を重視し、安全・快適で潤いと活力に満ちた都市の実現		調布ホームヘルプ協会発足	
	ねたきり老人等家庭援護金給付事業拡充 看護料貸付事業				都市環境の整ったまちを目指し、"手づくりのまち"を推進する、人々は物の豊かさから心の豊かさを求めるようになり、個性ある街づくりをより一層求められる時代
	「かながわ福祉プラン」（県） 高齢者住宅設備資金拡充	市民福祉の向上と地域の活性化を図り、市民の多様なニーズに的確に応える、より身近な地方自治体としての市町村に対する期待と役割が一層増して	吉尾	調布八雲苑（特養、デイ）事業開始	
	訪問入浴事業開始			調布在宅福祉事業団	

229

年月	福祉関連法令等	国	各種審議会	基本計画
1989（平成元）	国民年金法改正（基礎年金改正）		中央社会福祉審議会老人福祉専門分科会「当面の老人ホーム等のあり方について」意見具申、福祉関係3審議会合同企画分科会「今後の社会福祉のあり方について」意見具申、老人保健審議会「老人保健制度の見直しに関する中間意見」、介護対策検討会「介護対策検討会報告書」	高齢者保健福祉推進10か年戦略
1990（平成2）	社会福祉関係八法改正	在宅介護支援センターの設置基準決定 厚生省保健医療・福祉マンパワー対策本部設置 「老人保健福祉計画のガイドライン」通達	中央社会福祉審議会地域福祉専門分科会「地域における民間活動の推進について」中間報告	
1991（平成3）	老人保健法改正（老人訪問看護制度の創設）	要介護老人の日常生活自立度判定基準提示、「ホームヘルパー養成研修事業について」通知 厚生省、老人保健福祉部に老人福祉計画課、老人福祉振興課を創設	老人保健審議会「老人保健施設の在り方について」意見具申、社会保障制度審議会「老人保健法、児童手当法改正について」答申、国民生活審議会「個人生活優先を目指して」	保健医療・福祉マンパワー対策大綱
1992（平成4）	福祉人材確保法	「ホームヘルプサービスチーム運営方式推進事業の実施について」「ホームヘルプ事業運営の手引き」「老人保健福祉計画について」通知	国民生活審議会「ゆとり・安心・多様性のある国民生活を実現するために」答申	生活大国5か年計画
1993（平成5）			中央社会福祉審議会地域福祉専門部会「ボランティア活動の中長期的な振興方策について」意見具申、中央社会福祉審議会老人福祉専門分科会「老人福祉施策において当面講ずるべき措置について」意見具申	

資料篇

	横浜市	備考		調布市	備考
細郷	地域福祉システム研究調査	区役所は生活レベルの仕事をしてもらい、市役所は調整的な仕事をする、区民の意思の掌握手段として区議会を設置構想	吉尾		
高秀	地域ケア拠点施設設備運営事業	「自立都市」「安全」「安心」「安定」の下で送ることができる心豊かなで人間性あふれる都市、主体性のある活力にみちた都市として築きあげていきたい		（財）調布ゆうあい福祉公社に改称　住宅改造費給付	人々の価値観も物質的な豊かさから心の豊かさをを求めるようになり、生活様式も変化し、行政に対する要望も複雑多岐にわたっています。市民と行政が一体となり、共にたゆみない努力を積み重ねていくことが大切
	在宅支援サービス運営開始			調布ゆうあい福祉公社、おなかまランナー発足	
		「市民生活の視点に立った市民本位の市政」		調布ゆうあい福祉公社、資産活用サービス開始	
	虚弱高齢者一時入所事業			訪問デイサービス	

231

年月	福祉関連法令等	国	各種審議会	基本計画
1994（平成6）		行政改革委員会設置「地域福祉総合推進事業の実施について」通知「軽費老人ホームの設備及び運営方法に関する基準」制定厚生省、介護対策本部設置	高齢社会福祉ビジョン懇談会「21世紀福祉ビジョン」、国民生活審議会総合政策部会「個の実現を支える新たな絆を求めて」高齢者・自立支援システム研究会「新たな高齢者介護のシステム構築を目指して」	高齢者保健福祉推進10か年戦略の見直しについて税制改革大綱
1995（平成7）	高齢社会対策基本法（総務庁長官官房老人対策室）制定	「ホームヘルパー養成研修事業の実施について」「老人ホームヘルプサービス事業における24時間対応ヘルパー（巡回型）事業について」「福祉活動への参加の推進について（改正）」通知	老人保健福祉審議会「新たな高齢者介護システムの確立について」中間報告、中央社会福祉審議会地域福祉専門分科会小委員会「地域福祉の展開に向けて」、社会保障制度審議会「社会保障体制の再構築」勧告	構造改革のための経済社会計画
1996（平成8）		行政改革会議設置「高齢者ケアサービス体制整備支援事業の実施について」通知、「社会保障の構造改革について」	財政制度審議会「財政構造改革特別部会最終報告」、老人保健福祉審議会「介護保険制度案大綱について」答申	高齢社会対策大綱社会保障の構造改革について
1997（平成9）	介護保険法制定		社会福祉事業等のあり方に関する検討委員会「社会福祉基礎構造改革について（主要な論点）」	
1998（平成10）	特定非営利活動促進法制定		中央社会福祉審議会社会福祉基礎構造改革分科会「社会福祉構造改革について」中間報告、「社会福祉基礎構造改革を進めるにあたって（追加意見）」	21世紀の国土のグランドデザイン
1999（平成11）	地方分権一括法制定		福祉サービスの質に関する検討会「福祉サービスの質の向上に関する基本方針」	今後5か年間の高齢者保健福祉施策の方向経済社会のあるべき姿と経済新生の政策方針
2000（平成12）	社会福祉の増進のための社会福祉事業法等の		福祉サービスの質に関する検討会「福祉サー	行政改革大綱

	横浜市	備考		調布市	備考
高秀	福祉局健康長寿部に変更 市民参加型福祉活動のあり方調査		吉尾		
	横浜市福祉調整委員会設置	豊かな市民生活の実現に向けて、福祉の街づくり、快適環境の街づくり、職住近接の街づくり、安全で安心して生活できる都市の実現を目指して防災対策を強化			
	高齢者グループホーム事業開始 高齢化対策室から少子・高齢化社会対策室に変更			新基本計画策定 ちょうふの里（特養、在支）開設 ふれあい給食事業	
	（社）横浜市福祉サービス協会設立、「横浜市福祉のまちづくり条例」制定	「人に温かい社会」「地域のつながり」「都市の安全性」「横浜の魅力・活力」「わかりやすい行政」		福祉のまちづくり条例施行 国領在宅サービスセンター開設（調布ゆうあい福祉公社受託） 調布ゆうあい福祉公社365日配食サービス開始	
	横浜生活あんしんセンター				
		「活力ある福祉社会の実現」			
	横浜市高齢者保健福祉計画（新計画）				

年月	福祉関連法令等	国	各種審議会	基本計画
2000（平成12）	一部を改正する等の法律制定		ビスの第三者評価に関する中間まとめ」	

出典：厚生省社会・援護局監修『社会福祉基礎構造改革の実現に向けて』中央法規、1998；『新版地
集委員会『新版・社会福祉学習双書2007《第1巻》社会福祉概論』全国社会福祉協議会、2007；『日
1971；横浜市教育委員会『横浜の歴史』2006；鳴海正泰『自治体改革のあゆみ』公人社、2003；細
2001；調布市『調布市史』1990；調布市『調布市基本構想』1972、1981、1989、2000；調布ゆうあ

横浜市		備考	調布市	備考

域福祉事典』中央法規、2006；『社会保障・社会福祉大事典』旬報社、2004；新版・社会福祉学習双書編本社会福祉綜合年表』法律文化社、2000；飛鳥田一雄編『自治体改革の実践的展望』日本評論社、郷道一『万歩計がゆく』有隣堂、1985；高秀秀信『横浜自立宣言—生活を楽しむまち実践論』有隣堂、い福祉公社『共に生きがいを・・10th』1998より作成

あとがき

　私が在宅福祉の現場で働いていた十数年前は、ちょうど介護保険法制定前夜の時期に当たる。当時現場では、積み重なる課題群を打破するため、新しいサービス体制に向けて様々な試行錯誤が進められていた。介護保険施行に向けて大きく舵を切ることになったあの現場の中で、地域の女性たちの熱意ひとつで始まった在宅福祉サービスがどう変貌していくのか、せっかくここまで創意と工夫を重ねてきたサービスが介護保険制度にどのように呑み込まれてしまうのか、重なる不安の中で仕事に励んでいたことを思い出す。

　現場の混乱と錯綜の中、福祉とは何だろう、地域とは何だろうと自問自答し、地域で生活する人間の思いを守るために成すべきことは何かと考えあぐね、答えを探し続ける毎日が続いた。そうしたなかで、住民参加型在宅福祉サービス団体を築き上げ熱心に活動を続けた先人たちの足跡を追い、歴史的視点から地域福祉を捉えなおすことが、今後の在宅福祉のあるべき姿を見いだす上で大きなヒントになるのではないかと考え始めたことが、この研究の出発点だったように思う。

　本書は、2008年9月、日本女子大学大学院人間社会研究科に提出した博士論文『自治体の在宅福祉政策と住民参加型在宅福祉サービスに関する実践的研究──横浜市ホームヘルプ協会と調布ゆうあい福祉公社──』に加筆修正したものである。

　本研究をまとめるにあたって、多くの方よりご指導、ご助言、ご協力いただいたことを深く御礼申し上げたい。

　まず指導教授、山形大学名誉教授内藤辰美先生には、博士課程後期から長期間にわたってご指導いただいた。研究の基礎枠組の構築から、研究の諸注意に至るまでのご指導をはじめ、研究者としての良心や心構えについても多くのご教示があり、私が研究者としてスタートラインに立てるよう、多大なるご配慮をいただいた。伏して心より感謝申し上げる次第である。

　これまでを振り返ると、日本女子大学人間社会学部の開校年次に入学して以来、

大学院博士後期課程に至るまで、長期間にわたって母校には大変お世話になった。そのなかで特に、様々な面で私を教え導いてくださった社会福祉学科の諸先生方には、何度感謝の念を申し上げても足りることはない。

　さらに論文審査をしていただいた神奈川県立保健福祉大学名誉教授谷口政隆先生、東北大学大学院教授吉原直樹先生、日本女子大学教授木村真理子先生、中谷陽明先生には、重ねて厚く御礼申し上げる。各先生から多くの貴重なご助言を賜り、今後の研究に対する意欲をいっそう鼓舞することができた。

　また多忙の中、研究の対象先としてご協力頂いた横浜市福祉サービス協会の職員の皆様には、調査協力のみならず論文作成時の確認作業に繰り返しご協力いただいた。深く感謝申し上げる。さらに調布ゆうあい福祉公社の職員、横浜市及び調布市の行政職員、調布市社会福祉協議会、住民参加型在宅福祉サービス団体の方々、本当に多くの方のご協力があって、はじめて本研究は完成の日の目を見ることができたのである。あらためて感謝する次第である。

　最後に、本書は2010年度松山大学研究叢書として出版助成を受け刊行されている。また現在の職場である松山大学教授牧園清子先生には研究、教育においてさまざまな機会を与えていただき感謝している。末筆ながら、御茶の水書房の小堺章夫氏には諦めかけていた出版の機会を得ることができ、深甚なる謝意を表したい。その他にも、一人ひとりお名前を挙げることはできないが、多くの方よりご指導、ご助言、ご協力いただいたすべての方に厚く御礼申し上げ、筆をおくこととする。

　2011年3月

松　原　日　出　子

引用文献・参考資料

(A)

阿部志郎、1980、「社会福祉施設の社会化についての覚え書き」折橋徹彦・河村十寸穂・児玉幹夫編『現代社会と人間の課題』新評論：85-105

阿部志郎、1982、「地域福祉」仲村優一・岡村重夫・阿部志郎・三浦文夫編『現代社会福祉事典』全国社会福祉協議会：329

阿部志郎、1986、「セッツルメントからコミュニティ・ケアへ」阿部志郎編『地域福祉の思想と実践』海声社：29-75

安立清史、1994、「在宅福祉サービスの展開過程（3）――福祉公社の現状と担い手の意識――」『日本社会事業大学研究紀要』第40集：101-113

秋山智久、1978、「『施設の社会化』とは何か――その概念・歴史・発展段階――」『社会福祉研究』第23号：39-44

朝日新聞、1973、「〝背伸び福祉〟反省しよう　飛鳥田革新市長会長が提唱」1973.7.8朝刊1面

朝日新聞、1973、「革新自治体の福祉総反省　飛鳥田発言に異論続出　低成長下の福祉充実では一致」1973.7.15朝刊2面

朝日新聞、1975,「『福祉の風土づくり』は二年目」1975.7.25朝刊京浜版20面

朝日新聞、1975、「論壇　福祉の哲学と科学を　社会全体のあり方を問い直せ」1975.7.26朝刊5面

飛鳥田一雄編、1971、『自治体改革の実践的展望』日本評論社

(C)

調布市、1955～2005、『調布市事務報告書』

調布市、1955～2005、『調布市予算書』

調布市、1960～2005、『調布市統計概要』

調布市、1973、1981、1989、2000、『調布市基本構想』

調布市、1980、1981、1983、『調布市政概要』

調布市、1990、『調布市史　下巻』

調布市社会福祉協議会、1986、『社協15年のあゆみ』

調布市史編集委員会、1998、『調布市史年表』

調布市在宅福祉事業団、1989、『微笑むことができますか──ふれあいの集い記録』

調布市在宅福祉事業団開設準備委員会、1988、『(仮)調布市在宅福祉事業団のあり方について(報告)』

調布市在宅福祉事業団専門委員会、1989、『地域に根ざした食事サービスの展開　報告書』

調布ゆうあい福祉公社、1993、『調布ゆうあい福祉公社五周年記念　共に生きがいを』

調布ゆうあい福祉公社、1998、『共に生きがいを…10th』

調布ゆうあい福祉公社、2001、『おなかまランナー十周年記念誌　あゆみ』

調布ゆうあい福祉公社、2003、『ゆうあいサービスのご案内』

長寿社会開発センター、1997、『ホームヘルプサービスの効果性・効率性向上のための諸条件に関する研究』

(E)

江上渉、1990、「住民参加型在宅福祉とコミュニティ──相互扶助的生活問題処理と意識構造──」『人文学報　社会福祉学7』No.224：111-132

江上渉、1991、「住民参加型在宅福祉サービス提供活動への参加動機分析──調布市在宅福祉事業団協力会員調査から──」『総合都市研究』第42号：97-107

江上渉、1994、「コミュニティからみた在宅福祉サービス」針生誠吉・小林良二編『高齢社会と在宅福祉』日本評論社：173-194

Esping-Andersen, G., 1990, *THE THREE WORLDS OF WELFARE CAPITALISM,* Polity Press (＝岡沢憲芙・宮本太郎監訳、2001、『福祉資本主義の三つの世界：比較福祉国家の理論と動態』ミネルヴァ書房)

(F)

藤村正之、1991、「互酬的関係性の形成とその内実──住民参加型在宅福祉サービスにおける利用と提供の相互作用過程──」『総合都市研究』第42号：83-95

藤村正之、1994、「在宅福祉サービスの存立基盤」針生誠吉・小林良二編、『高齢社会と在宅福祉』日本評論社：137-171

深澤淑子、1982、「ホームヘルプ協会について」『社会教育』第 37 巻第 6 号：20-21

深澤淑子、1986、「高齢化社会の到来」『学習会十年のあゆみ 1975-1985』国際婦人年世界行動計画神奈川学習会：55-59

福島知子、2000、「ホームヘルプ労働に関する一研究（その一）――ホームヘルプ制度の史的展開とホームヘルプ労働――」『滋賀文化短期大学研究紀要』第 10 号：101-121

福富敬治、1976、「京都市における『福祉の風土づくり』――障害者生活環境づくりの視点から――」『社会福祉研究』第 18 号：73-76

(H)

芳賀宏江、1983、「地域社会づくりと在宅福祉サービス――『横浜市在宅福祉サービス協会』(仮称) 基本構想をめぐって――」『関東学院大学経済研究所年報』第 7 集：88-99

濱野一郎、2002、「地域福祉」一番ヶ瀬康子・小川政亮・真田是・高島進編『社会福祉辞典』大月書店：366

橋本宏子、1994、「登録ヘルパーの法的性格」針生誠吉・小林良二編『高齢者と在宅福祉』日本評論社：195-220

本田典子、1993、「在宅ケアの供給組織問題」『高齢者と在宅ケア』ジュリスト増刊：54-59

堀勝洋、1981、「日本型福祉社会論」『季刊社会保障研究』17 巻 1 号：37-50

星野信也、2000、『「選別的普遍主義」の可能性』海声社

(I)

池田敬正・土井洋一、2000、『日本社会福祉綜合年表』法律文化社

(K)

鎌田宣子、1988、「市民参加型ホームヘルプサービス誇り得るひとつの実績」『厚生福祉』1988.12.17：2-6

神奈川県社会福祉協議会・神奈川県ボランティアセンター企画委員会、1980、『社会福祉施設における施設社会化の理念と展開——実践へのアプローチ——』

金子勇、1982、『コミュニティの社会理論』アカデミア出版会

河畠修・厚美薫・島村節子、2001、『増補 高齢者生活年表 1925-2000 年』日本エディタースクール出版部

河合克義・小川栄二、1989、「福祉公社」事典刊行委員会編『社会保障・社会福祉事典』労働旬報社：427-431

川合邦明、1991、「新しい在宅福祉サービス供給組織の試み」『月刊自治フォーラム』377 巻：52-57

河村匡由編、2001、『社会福祉基本用語集［三訂版］』ミネルヴァ書房

経済協力開発機構、1983、『福祉国家の危機——経済・社会・労働の活路を求めて——』

北川信、1982、「ホームヘルプ協会——会員制度による軽費家事援助組織——」『婦人労働』婦人労働研究会会報第 8 号：20-21

小林良二、1993、「アセスメントとサービス資源——調布ゆうあい福祉公社の場合——」『人文学報　社会福祉学 9』No.242：149-178

小林良二、1994、「住民参加型在宅福祉サービスへの参加意識——調布ゆうあい福祉公社を中心として——」『季刊社会保障研究』Vol.29、No.4：312-321

国民生活審議会調査部会コミュニティ問題小委員会、1969、『コミュニティ——生活の場における人間性の回復——』

倉沢進、1976、「生活の都市化とコミュニティ」『都市問題研究』第 28 巻第 2 号：40-52

栗木黛子編、1997、『市民ヘルパーの泣き笑い——高齢者が在宅で暮らし続けるために——』近代出版

厚生省社会・援護局、1998、『社会福祉基礎構造改革の実現に向けて』中央法規出版

京極高宣、1982、「福祉産業はなりたつか——ベビーホテルと有料老人ホームの場合——」『地域福祉研究』No.10：58-64

京極高宣、1983、「高齢化社会に対応する在宅福祉サービスの供給システム」『痴呆等老人対策と新しい在宅福祉の方向——高齢化社会対策研究調査報告書——』横浜市民生局：123-138

京極高宣、1984a、「福祉計画と福祉需給モデル」『社會事業の諸問題』第 30 集：67-88

京極高宣、1984b、『市民参加の福祉計画――高齢化社会における在宅福祉サービスのあり方――』中央法規出版

京極高宣、1989、「社会福祉学に関する一断章――福祉政策学の構築をめぐっての三浦文夫氏との対論から――」『社会福祉学』Vol.30-1：129-142

京極高宣、2000、『社会福祉学小辞典』ミネルヴァ書房

(M)

MacIver,R.M., 1917, *COMMUNITY: A Sociological Study*., Macmillan and Co., London.（＝中久郎・松本通晴監訳、1975、『コミュニティ』ミネルヴァ書房）

毎日新聞、1989、「ヘルパー不足深刻　要介護老人が激増」1989.12.8 朝刊横浜版 28 面

牧里毎治、1999、「地域福祉」庄司洋子・木下康仁・武川正吾・藤村正之編『福祉社会事典』弘文堂：693-694

正村公宏、1986、『産業主義を超えて』中央経済社

松田万知代、1986、「無料ホームヘルプ制度の現状」『ソーシャルワーク研究』Vol.11、No.4：293-296

松下圭一、1971、『シビル・ミニマムの思想』東京大学出版会

Merton, R.K., 1949, *SOCIAL THEORY AND SOCIAL STRUCTURE*, The Free Press（＝森東吾・森好夫・金沢実・中島竜太郎訳、1961、『社会理論と社会構造』みすず書房）

三浦相子、1984、「有償ボランティア――ユー・アイ協会の軌跡とこれから――」磯村英一監修『高齢化社会と自治体・地域』ぎょうせい：321-326

三浦文夫、1978a、「対人福祉サービスの今後の方向（その1）」『季刊社会保障研究』13巻4号：77-86

三浦文夫、1978b、「社会福祉における在宅サービスの若干の課題――在宅福祉サービスの概念を中心に――」『社会福祉研究』23号：9-14

三浦文夫、1978c、「対人福祉サービスの今後の方向（その2）」『季刊社会保障研究』14巻3号：12-25

三浦文夫、1985、『社会福祉政策研究――社会福祉経営論ノート――』全国社会福祉協議会

三浦文夫、2000、「報告 1970年代―社会福祉の転換点をめぐる論議［含質疑応答］」『日本の地域福祉』Vol.14：2-23

宮本憲一、1980、『都市経済論』筑摩書房

森川美絵、1999、「在宅介護労働の制度化過程——初期（1970年代〜80年代前半）における領域設定と行為者属性の連関をめぐって」『大原社会問題研究所雑誌』No. 486：23-39

Myrdal, G., 1960, *BEYOND THE WELFARE STATE*, Gerald Duckworth & Co.Ltd.（＝北川一雄監訳、1970、『福祉国家を超えて』ダイヤモンド社）

(N)

長洲一二、1980、『地方の時代と自治体改革』日本評論社

内藤辰美、1982、『現代日本の都市化とコミュニティ』渓泉書林

内藤辰美、2000、「福祉社会の形成と地域福祉——「生命化社会」と「公共的市民文化」を求めて——」『社会学年報』No.29：45-66

内藤辰美、2001a、「公共的市民文化の形成とコミュニティ」金子勇、森岡清志編『都市化とコミュニティの社会学』ミネルヴァ書房：91-107

内藤辰美、2001b、『地域再生の思想と方法　コミュニティとリージョナリズムの社会学』恒星社厚生閣

仲村優一・一番ヶ瀬康子・重田信一・吉田久一編、1974、『社会福祉辞典』誠信書房

鳴海正泰、2003、『自治体改革のあゆみ［付］証言・横浜飛鳥田市政のなかで』公人社

Negri,A. and Hardt,M., 2004, *MULTITUDE: WAR AND DEMOCRACY IN THE AGE OF EMPIRE*, Penguin Press, New York（＝幾島幸子訳、2005、『マルチチュード——〈帝国〉時代の戦争と民主主義——［上］』日本放送出版協会）

日本地域福祉学会、2006、『新版・地域福祉事典』中央法規出版

日本都市センター都市行財政研究委員会、1978、『都市経営の現状と課題——新しい都市経営の方向を求めて——』ぎょうせい

西尾勝、1979、「地域福祉と市民自治——若干の論点提起——」『社会福祉研究』第24号：50-55

野口定久、1991、「『福祉公社』型在宅福祉サービス」河合克義編『増補版・これからの在宅福祉サービス』あけび書房：56-84

野口定久、2002、「公的介護保障と福祉公社」成瀬龍夫・自治体問題研究所編『公社・第三セクターの改革課題』自治体研究社：225-256

(O)

岡村重夫、1990、「地域福祉の思想と基本的人権」『日本の地域福祉』第3巻：3-5

越智昇、1980、「地域に福祉文化の創造を」『地域をつくる——福祉文化を住民の手で——』神奈川県ボランティア・センター：118-130

(R)

Robson William A., 1976, *WELFARE STATE AND WELFARE SOCIETY*, George Allen（＝辻清明・星野信也訳、1980、『福祉国家と福祉社会』東京大学出版会）

(S)

細郷道一、1985、『万歩計がゆく』有隣堂

生活クラブ運動グループ福祉協議会政策懇話会、1997、『横浜市福祉政策を検証する』

新版・社会福祉学習双書編集委員会、2007、『新版・社会福祉学習双書2007《第1巻》社会福祉概論』全国社会福祉協議会

園本喜代子、1986、「神奈川県の有料ホームヘルプ活動の歴史」『ソーシャルワーク研究』Vol.11、No.4：297-302

園本喜代子、1989、「ホームヘルプ活動をめぐる諸問題について」『ソーシャルワーク研究』Vol.15、No.3：191-194

杉岡直人、2001、「現代の生活と地域福祉概念」田端光美編『地域福祉論』建帛社：20-49

鈴木五郎、1997、「地域福祉とは何か」新・社会福祉学習双書編集委員会編『新・社会福祉学習双書　第10巻　地域福祉論』全国社会福祉協議会：2-33

(T)

高田眞治、2007、「社会福祉の政策課題」『エンサイクロペディア社会福祉学』中央法規：12-15

高橋勇悦、1973、「生活構造と社会関係」倉沢進編『社会学講座　第5巻　都市社会学』東京大学出版会：177-196

高秀秀信、2001、『横浜自立宣言——生活を楽しむまち実践論』有隣堂

高野和良、1993、「在宅福祉サービスの存立構造——『福祉公社』の現状と課題——」

『季刊社会保障研究』Vol.29、No.2：155-164

武智秀之、1993a、「福祉公社による在宅福祉サービス――横浜市を中心にして――」今村都南雄編・行政管理研究センター監修『「第三セクター」の研究』中央法規出版：347-364

武智秀之、1993b、「ホームヘルパー派遣事業の実施構造」『季刊社会保障研究』Vol.29、No.2：165-174

田村明、1974、「「都市づくり」の改革と実践」飛鳥田一雄・富田富士雄編『都市自治の構図』大成出版社：96-112

田中義久、1971、「私生活主義批判」『展望』148号、筑摩書房：116-141

東京大学社会科学研究所、1984、『福祉国家の形成〔福祉国家第1巻〕』東京大学出版会

東京都社会福祉審議会、1969、『東京都におけるコミュニティ・ケアの進展について』

富永健一、1988、『日本産業社会の転機』東京大学出版会

(U)

植木豊、2000、「ローカル・ガヴァメントからローカル・ガヴァナンスへ」吉原直樹編『都市経営の思想 モダニティ・分権・自治』青木書店：281-309

(Y)

矢澤澄子、1993、「介護の社会化とホームヘルパーの社会的評価」矢澤澄子編『都市と女性の社会学――性役割の揺らぎを超えて――』サイエンス社：145-178

横浜市、1937-2006、『横浜市市政概要』

横浜市、1964、『市民生活白書』

横浜市、1973、『横浜市総合計画1985―市民による新しいまちづくり』

横浜市、1982-1983、1985、1988-2002、『よこはまの福祉』

横浜市、1993、『ゆめはま2010プラン 横浜市総合計画長期ビジョン』

横浜市、『広報よこはま』(1985.2～1985.3) No.432～No.433

横浜市衛生局、1986、『横浜市の訪問看護と保健婦活動』

横浜市福祉サービス協会、1997、『横浜市福祉サービス協会　ごあんない』

横浜市福祉サービス協会、2000-2006、『事業年報』

横浜市福祉サービス協会、2003、『福祉のまち「よこはま」から』

横浜市福祉サービス協会、『ちゅーりっぷ通信』（2004.4〜2006.11）No.1〜No.8
横浜市福祉サービス協会、『福祉サービスよこはま』（1997.10〜2003.9）No.1〜No.13
横浜市福祉サービス協会、『スタッフ通信あいあい』（2004.4〜2006.12）Vol.1〜Vol.33
横浜市福祉サービス協会労働組合、1999、『組合結成七周年記念　わっしょい』
横浜市福祉サービス供給組織研究委員会、1983a、『横浜市福祉サービス供給組織研究委員会中間報告』
横浜市福祉サービス供給組織研究委員会、1983b、『横浜市福祉サービス供給組織研究委員会第二次中間報告』
横浜市福祉サービス供給組織研究委員会、1984、『横浜市福祉サービス供給組織研究委員会報告（第一分冊）――横浜市在宅福祉サービス協会（仮称）最終基本構想――』
横浜市ホームヘルプ協会、1984-1993、『事業年報』
横浜市ホームヘルプ協会、1987、1989、1990、1991、1992、『横浜市ホームヘルプ協会ごあんない』
横浜市ホームヘルプ協会、1992、『町に生きる』
横浜市ホームヘルプ協会、1995、『十年目の初心』
横浜市ホームヘルプ協会、『ホームヘルプよこはま』（1986.3〜1997.3）No.1〜No.34
横浜市ホームヘルプ協会、『交流室だより』（1988.8〜2004.3）No.1〜No.188
横浜市企画局、2000、『人口のあゆみ　2000』
横浜市企画調整局、1976、『市民生活からみた戦後横浜史年表』
横浜市企画調整局、1989、『よこはま21世紀プラン　横浜市総合計画・基本計画』
横浜市教育委員会、2006、『横浜の歴史（36版）』
横浜市民生局、1955、1960、1962-1984、『民生事業概要』
横浜市民生局、1974-2006、『横浜市老人福祉事業概要』
横浜市民生局企画課、1984、『福祉サービス供給組織研究委員会―余話（その一）』
横浜市老人問題研究会、1981、『横浜市老人問題研究会中間報告』
横浜市老人問題研究会、1982、『横浜市老人問題研究会報告』
横浜市社会福祉協議会、1954-1959、1963、1968、1972-2001、『事業報告及歳入歳出決算書』
横浜市社会福祉協議会自主研究会、1985、『在宅福祉サービス協会と社協の役割　報告書』

横浜市総務局、1960-2002、『横浜市組織図』

読売新聞、1991、「求む！　ホームヘルパーさん　利用件数増加に数確保ままならず」1991.5.24朝刊横浜版24面

吉田久一、1982、「社会福祉の形成と展開（戦後社会福祉の到達水準と今後の課題—体系化と争点・到達点と分析・課題）」『社会福祉研究』30号：1-7

吉原直樹、2001、「都市とガヴァナンス――サステイナブル・モデルを超えて――」金子勇・森岡清志編『都市化とコミュニティの社会学』ミネルヴァ書房：18-31

ユー・アイ協会、1980、『ボランティア　ユー・アイ協会のあゆみ　新しい福祉を求めて』アポロ印刷

(Z)

全国福祉公社等連絡協議会・厚生省、1992、『地域でふれあい、支えあい――全国の福祉公社・活動レポート』研成社

全国社会福祉協議会、1977、『在宅福祉サービスに関する提言』

全国社会福祉協議会、1979、『在宅福祉サービスの戦略』

全国社会福祉協議会、1983、『生活援助型食事サービスの手引き』

全国社会福祉協議会、1984、『地域福祉計画―理論と方法』

全国社会福祉協議会、1987、『住民参加型在宅福祉サービスの展望と課題』

全国社会福祉協議会、1989、『多様化するホームヘルプサービス――住民参加型在宅福祉サービスの可能性をさぐる――』

索引

[ア行]

秋山智久　54
安立清史　32
阿部志郎　55, 146-147, 150
植木豊　147
江上渉　6
エスピン-アンデルセン（Esping-Andersen, G.）　58
岡村重夫　145
越智昇　143
おなかまランナー（運営協議会）　122-123, 130, 142-143

[カ行]

介護手当　71-72, 80
介護人派遣事業　34
介護の重度化　7, 73, 117, 126
ガヴァナンス　147, 149
金子勇　144
鎌田宣子　70
川合邦明　70, 140
「気づく主体」から「築く主体」へ　143
北川信　32-33
供給側の論理　31
京極高宣　45-51, 56-57, 58-59, 139-140, 150
倉沢進　13-14
栗木黛子　33
研修プログラム　67-68
公共的市民文化　146-147, 151
公私機能分担論　23
効率性　26, 58-59, 137
小林良二　7, 117, 129
コミュニティジョブ　122, 130, 142-143, 149
コミュニティ論　144-146

[サ行]

在宅福祉サービス　24-29, 45, 47-49
　　——供給システム　22
サービス内容の再分類　27
〈私化〉する生活構造　145
時間預託システム　136
事業費補助方式　73-74, 80
私生活主義　145
施設の社会化　54-55
自治体　54, 78, 99-102, 146-149
シビル・ミニマム　83-84, 100-101, 144
社会福祉基礎構造改革　3-4, 134-135
社会福祉協議会　50
住民参加　127-128
住民参加型在宅福祉サービス団体（住民参加型団体）　5-6, 13, 16-17, 18, 31, 78, 123-124, 135-136, 143-149
　　行政関与型——　6, 124-125
主任家庭奉仕員　67, 69, 79
職業安定法　33
食事サービス（事業）　121-123, 127, 130, 142-143, 148-149
杉岡直人　145
鈴木五郎　147-148
専門性を必要としないサービス　24-26
総合デパート方式　28, 138, 139-140
園本喜代子　33

[タ行]

高田眞治　150
高野和良　6-7, 17, 127-128
高橋勇悦　145
武智秀之　7, 17, 130-131
田中義久　145
地域福祉　4, 145-146, 147-148, 149, 150-151

249

チーム運営方式　69, 73, 79
中央社会福祉審議会　15-16
調布ホームヘルプ協会　118, 129
調布ゆうあい福祉公社　6-7, 8-9, 31-32, 105-131, 142-143, 148-149
賃金体制　71-72, 76, 79
定型化されたサービス　26-27, 137, 148
ティトマス（Titmuss, R.）　46-47, 56
富田富士雄　98
富永健一　135

[ナ行]

内藤辰美　54, 143, 145, 146-147, 151
西尾勝　128
ニーズ　25
　　貨幣的――　43-44, 138
　　即時的――　44-45, 138
　　代替・補完的――　44-45, 138
　　非貨幣的――　43-44, 138
　　福祉――　46-47
日本型福祉社会論　59, 135
ネグリ（Negri, A.）　147
ネットワーキング　143, 149
野口定久　6, 78, 115-117, 127, 128-129

[ハ行]

配偶者特別控除　70-71, 72
芳賀宏江　78
橋本宏子　32
パート職　18, 28-29, 30, 31, 32, 70-71, 76, 138, 140, 148
濱野一郎　151
深澤淑子　17, 33
福祉供給システム　23, 44
　　公共的――　23, 30, 115, 139
　　非公共的――　23, 30, 139
福祉公社　6, 115-117, 123-126, 130-131
福祉国家　51-53, 57-58
福祉コミュニティの形成　147-148
福祉需給モデル　46-47, 56-57, 139-140

福祉需要　46-47
福祉の風土づくり　98-99, 103
福祉文化　141, 148, 149, 150
福島知子　32
福祉見直し論　43-44, 87-88, 134-135, 144
藤村正之　6
普遍主義的社会福祉　134
フリードマン（Friedman M.）　46-47, 56
文化的目標　146
ヘルパー確保策　72-73, 74, 76-77
ヘルパー間の相互交流　68, 72, 141
星野信也　134
ホームヘルプ協会　19-20, 32-33
ホームヘルプ事業運営の手引き　126, 131
ボランタリズム　128
ボランティア　28-29, 30, 31, 138-139
　　――機能　50
　　有償――　18, 28, 31, 34-35, 50, 135-136, 137-138, 139
堀勝洋　59
本田典子　19-20

[マ行]

牧里毎治　151
正村公宏　51, 58
マッキーヴァー（MacIver, R.M.）　144
松下圭一　144
松田万知代　32-33
マートン（Merton, R.）　57, 146
マニュアル化　67-68, 75-76
マルチチュード　147
三浦相子　32
三浦文夫　34-35, 42, 43-45, 46-47, 48, 49-51, 52-53, 57, 58-59, 138-139
宮本憲一　144
ミュルダール（Myrdul, G.）　52
森川美絵　34

[ヤ行]

矢澤澄子　75, 140-141

ユー・アイ協会　18-19, 32
横浜市福祉サービス供給組織研究委員会　22-24, 25-29, 137-138
横浜市ホームヘルプ協会　6-7, 8-9, 18-20, 61-81, 99-102, 127, 136-142, 148-149
横浜市老人問題研究会　20-22, 24-25, 26-27, 28, 137
横浜方式　100, 102, 141-142, 150

吉田久一　42, 55-56
吉原直樹　147

[ラ行]

老人家庭奉仕員　15, 31
　——派遣事業　15, 34
　——派遣事業運営要綱　16, 66-67, 68
ロブソン（Robson, W.A.）　52

Empirical Research on Local Government, In-Home, Welfare Policies and Participation-Oriented, In-Home, Welfare Services: The Establishment of the Yokohama Home-Help Association and the Chofu Yuai Welfare Corporation

1. Purpose of the Study

This is an illustrative empirical study of the Yokohama Home-Help Association (now the Yokohama City Welfare Service Association) and the Chofu Yuai Welfare Corporation, both of which have attracted attention for exemplifying participation-oriented, in-home, welfare service organizations (hereafter, participation-oriented organizations). The purpose of this study was to analyze the pioneering role played by participation-oriented organizations, which provide in-home welfare services but also consist of local residents who use these services, in the introduction of the long-term care insurance system and the Basic Structural Reform of Social Welfare. This study also aimed to identify the issues that are being faced in the ongoing development of community welfare.

Intended to try to solve the various problems facing the social welfare system in Japan, revisions made to the Social Welfare Services Law (Law No. 111 of 2000, the Social Welfare Law) have been implemented since the 1990s, and they are known as the Basic Structural Reform of Social Welfare. The revisions were groundbreaking insofar as the introduction of a long-term care insurance system (Law No. 123 of 1997, the Long-Term Care Insurance Law) led to major changes in the way that social welfare is administered in Japan.

The Yokohama Home-Help Association and the Chofu Yuai Welfare Corporation have been key examples of the practice of community welfare since even before the introduction of the long-term care insurance system and the Basic Structural Reform of Social Welfare. Revisions to the long-term care system and the Social Welfare Services Law were not a sudden development, but they were adopted as the result of growing social demand for new policies, and were built on the desires and efforts of citizens. The Yokohama Home-Help Association and the Chofu Yuai Welfare Corporation are a reflection of these efforts and the circumstances, and they are worth remembering for their pioneering work in the field of community welfare.

In what ways are they significant? To adhere to the principles that form the foundation of the Basic Structural Reform of Social Welfare, one cannot view the Social Welfare Law as mere words. To realize its principles, it is essential to fully grasp the realities that led to those principles (the actual conditions that existed before the implementation of the Basic Structural Reform of Social Welfare), and the realities that support them now (the actual conditions that have existed since the implementation of the Basic Structural Reform of Social Welfare). This study focused primarily on the former (the realities that led to those principles, or the actual conditions that existed before the implementation of the Basic Structural Reform of Social Welfare), and conducted work that is essential to the firm establishment of the long-term care insurance system and the realization of the principles of the Social Welfare Law.

These two participation-oriented organizations (the Yokohama Home-Help Association and the Chofu Yuai Welfare Corporation) had been established before both the Long-Term Care Insurance Law and the Social Welfare Law, and they were pioneers in the practice of in-home care and community welfare. They present valuable historical lessons that inform our thinking about welfare in Japan. Their activities may seem to constitute only a very small step from current perspectives, but they had a major impact on the introduction of the long-term care insurance system and the Basic Structural Reform of Social Welfare. Their activities were under way before either of those were adopted, and as progressive examples of how local governments can systematically engage in in-home care and social welfare, they offer suggestions for future developments. For example, they show how the long-term care system might be improved and advanced in the future and how community welfare efforts might be bolstered.

Major cutbacks had to be made to Japanese social welfare after the oil shock of 1973, forcing people to seek out new patterns of social welfare focused on neighborhoods and communities. In light of the dissolution of community life, the residents of large cities, who felt a sense of crisis regarding the lack of institutions capable of providing long-term care services, began forming private organizations for supporting the elderly in their daily lives and offering community-based services. Thus, the non-profit organizations that were spontaneously formed to offer welfare services to homebound senior citizens were known at the time as "participation-oriented, in-home, welfare service organizations." Participation-oriented organizations met the daily needs of urban seniors who required care but had limited financial resources, by mobilizing paid volunteers[1] to offer continuous in-home care. Since the enactment of the long-term health care system, they have been active in providing in-home, welfare services.

In large urban areas, where a sense of mutual assistance between citizens is thought to be weak, the launch of mutual-aid activities like those provided by participation-oriented organizations has attracted a great deal of attention, and since the 1990s, surveys on the topic have been conducted by several relevant organizations, including the Japan National Council of Social Welfare. The results of these surveys have shown that the activities of participation-oriented organizations, which were first launched out of simple interest among residents and a spirit of mutual assistance and support, have raised the level of expectations for more professional activities due to the increase in urgent needs and the lag in the implementation of relevant government policies. As for these expectations (movements), the activities of participation-oriented organizations go beyond the framework of mutual aid in communities and smooth the way for partnerships between organizations that offer specialized services and local residents.

2. The Originality of this Paper, Its Analytical Perspective, and Its Structure

A review of the previous studies on participation-oriented organizations shows that they can be divided into two categories: (1) sociological studies that focus on the process of mobilizing service providers, and (2) social welfare studies that focus on how service providers are used. An examination of these studies reveals that virtually none focus on the process of establishing and operating such organizations, that is, studies that look at both the mobilization and use of service providers (manpower) and address the kinds of processes through which participation-oriented organizations are established and operated. These previous studies overlooked the establishment and operation of participation-oriented organizations and, because of the difficulty in confirming the historical significance of participation-oriented organizations, since we cannot confirm the historical significance of participation-oriented organization without studying the establishment and operation of participation-oriented organization, this study focuses on those issues that are missing in the previous research or that have not been given adequate attention in previous studies, that is, the establishment and operating process. In addition to collecting and analyzing both publicly and non-publicly disclosed materials, we conducted interviews with city officials from both Yokohama and Chofu association (corporation) workers, organization workers, civic organizations, and citizens who were involved in the establishment and operation of these associations. This study is unique in its thorough collection of internal materials and its use of interviews with people who were involved in these organizations.

The two organizations addressed in this study are both regulated as "participation-oriented organizations with government involvement," but a closer look reveals that they actually differ in character one another. The Yokohama Home-Help Association, which is primarily operated by part-time workers, has developed its business around its contracts for city projects. The Chofu Yuai Welfare Corporation, on the other hand, is primarily operated by paid volunteers and engaged in facilitating mutual-aid services between its members. The existing research does not adequately discuss how these differences affect the results of these participation-oriented organizations or their significance in terms of the construction of a community welfare system.

Thus, the examination conducted proceeded as follows.

Chapter 1 explains the theoretical basis for the establishment of the Yokohama Home-Help Association by examining five reports that were created over the course of its establishment. These reports provide suggestions regarding the direction Japan should take in the future with regard to in-home welfare. Since the oil shocks, local governments have been unable to carve out an adequate portion of the budget to meet the rise in in-home welfare needs that has occurred with the rapid aging of society, and thus they have been compelled to make effective use of such social resources as "paid volunteers." Seniors have a broad range of in-home welfare needs, but there has not been much discussion regarding what portion of those needs can be met by paid volunteers. Therefore, a theory for determining the scope of their potential activities had to be created from scratch. Academic experts played an important role in this process. This chapter presents details regarding the process developed in these five reports.

Chapter 2 discusses the ideas regarding in-home welfare presented by Fumio Miura and Takanobu Kyogoku, who had a major influence on the establishment of the Yokohama Home-Help Association. Miura and Kyogoku each performed the theoretical work that had been lacking in conventional approaches to in-home welfare, in the context of the committees to which they each belonged (the Yokohama Research Association on Issues of Aging and the Yokohama Welfare Services Organization Research Committee). Their theoretical work is wide ranging, but there was a gap in their emphasis with regard to whether the caregivers of in-home welfare envisioned by the association should be paid volunteers (Miura) or part-time helpers (Kyogoku). This chapter addresses the specific differences in their preferred approaches.

Chapter 3 discusses the establishment and transformation of the Yokohama Home-Help Association, which was the first organization in Japan to hire part-time workers to serve as providers of in-home welfare services, and the first to explore the possibilities for such a system. In the 1980s, when the association first launched its activities, Japan was facing a steep and sudden increase in the need for in-home welfare services, and it embarked on a policy transition that involved the assessment of fees for in-home welfare services. The Yokohama Home-Help Association strove to secure service providers by employing large numbers of part-time helpers, but several problems arose, including a decline in service quality and resignations among part-time helpers. The measures taken by the association to address these problems, measures not only to improve the salaries and other benefits offered to workers, but also to bolster the motivation of part-time helpers, are discussed.

Chapter 4 discusses the role played by the Yokohama Home-Help Association in the city's administration of welfare services while touching on the changes in the city's administration of welfare services and the social trends underlying those changes. From the 1970s to the 1990s, the City of Yokohama developed many in-home programs for senior citizens. This chapter explains how the City of Yokohama, building on its experience in running these programs, developed the Yokohama Home-Help Association to serve as a "comprehensive one-stop shop for in-home welfare services."

Chapter 5 examines the role played by the Chofu Yuai Welfare Corporation in creating the foundations of a community welfare system in Chofu, and its involvement in the development of a welfare administration in the City of Chofu. This chapter explains that the Chofu Yuai Welfare

Corporation developed after 1985, as the city's previously facility-oriented welfare policies for seniors evolved into policies with a greater focus on in-home services. The corporation's well-known meal service program played an important role in the formation of a base for community welfare services in Chofu.

The final chapter places the Yokohama Home-Help Association and the Chofu Yuai Welfare Corporation in historical context by looking at how Japanese social welfare systems after the war led to the introduction of the long-term care insurance system and the Basic Structural Reform of Social Welfare. The argument is made that to make community welfare in Japan truly effective, it is essential to create a welfare culture focused on communities and local government.

The structure of this paper is shown in the diagram below.

Notes

1. In the 1980s, because the concept of non-profit organization was not widespread in Japan, the low-wage staff of non-profit organizations was called "paid volunteers."

Empirical Research on Local Government, In-Home, Welfare Policies and Participation-Oriented, In-Home, Welfare Services:
The Establishment of the Yokohama Home Help Association and the Chofu Yuai Welfare Corporation

Introduction: Basic Structural Reform of Social Welfare and Participation-Oriented, In-Home, Welfare Service Organizations

Clarifies the role played by participation-oriented, in-home, welfare service organizations in the development of community welfare in Japan

Theory

Chapter 1
The Process of establishing the Yokohama Home Help Association: Focusing on Five Reports

"Yokohama Research Association on Issues of Aging, Interim Report"
"Yokohama Research Association on Issues of Aging, Final Report"
"1st Report of the Yokohama Welfare Services Org. Research Committee"
"2nd Report of the Yokohama Welfare Services Org. Research Committee"
"Yokohama In-Home Services Assn. (tentative title) Final Basic Concept"

Review of system for providing in-home services
Reorganization of the home help program
⇒ Strive for greater operational efficiency
Paid volunteers, part-time workers
⇒ Theoretical framework that properly allocates roles by occupation

Chapter 2
Social Welfare Reform and Citizen Participation: The Concept and Methods of In-Home Welfare

Social background: Limits of the welfare state, formation of a welfare society, need for citizen participation

Fumio Miura's theory of in-home welfare
Shift from financial needs to non-financial needs
⇒ Need to build a non-public welfare system
⇒ Constructs of a theoretical framework for in-home welfare services

Takanobu Kyogoku's theory of in-home welfare
Constructs of a welfare demand model
⇒ The idea that the establishment of a supply system will expose demand
Establishes a supply system model for in-home welfare services
⇒ Total system of community welfare

Practice

Chapter 3
Process of Establishing and Changing the Yokohama Home Help Association

Social background: Rapid increase in users
⇒ Introduction of service fees (national)

Chapter 4
Yokohama City's Welfare Administration and the Yokohama Home Help Association

Chapter 5
Welfare Administration in Chofu City and the Chofu Yuai Welfare Corporation: A Comparison with the Yokohama Home-Help Association

⇒ Finding service providers becomes a challenge
Challenges faced by the association Mass hiring of part-time helpers
⇒ Problems ensuring service quality
⇒ Problem of poor retention rates
Response measures
Flexible work systems, improved benefits
Development of a training and promotion system
Development of a system of cooperation between helpers
Seeking a personnel procurement system

Changes in the welfare administration and the historical background to the formation of the association
Major shifts in policies related to the elderly
Role of service provider supply structures
Role of the association in the welfare administration
Collaboration with civic activities
⇒ Citizen participation
Comprehensive One-Stop Shop for In-Home Welfare
Meeting the need of homebound seniors
⇒ Formation of an in-home welfare system

Changes in the welfare administration and the historical background to the formation of the corporation
From a facility-oriented approach to a home-oriented approach
Role as a service provider
Role of the corporation in the welfare administration
Membership-based service
⇒ Establishment of mutual aid between citizens
Meal services
⇒ Forming the foundations of welfare culture

Conclusion: Historical Significance and Limitations of Participation-Oriented, In-Home, Welfare Service Organizations Local Governments, Communities, Community Welfare

Historical Significance

Pioneering role in the Basic Structural Reform of Social Welfare and the introduction of the long-term care insurance system
⇒ Shift toward universal social welfare
⇒ Lack of manpower to meet the need for in-home services
Historical context of the appearance of participation-oriented, in-home, welfare service organizations
⇒ Formation of mutual aid systems incorporating community welfare service providers and citizens
⇒ Shift toward local government initiative

Possibilities for community welfare

Achievement of social welfare grounded in local communities
Need to construct communities and local governments rooted in a welfare culture
Achievement of "social ties" between residents

著者紹介

松原日出子（まつばら　ひでこ）

　日本女子大学卒業、日本女子大学大学院人間社会研究科博士課程単位取得退学。博士（社会福祉学）。
　現在、松山大学人文学部准教授。

論文
「ホームヘルプサービスにおける援助関係の構築過程」（『社会福祉』第44号、2004）、「ホームヘルパーの任務と役割の再考──食事制限を課された利用者の事例から──」（『社会福祉』第42号、2002）ほか

共著
「新しい地域的共同の構築と地域支援」高橋勇悦・内藤辰美編『地域社会の新しい〈共同〉とリーダー』恒星社厚生閣、2009

松山大学研究叢書 第68巻
在宅福祉政策と住民参加型サービス団体
──横浜市ホームヘルプ協会と調布ゆうあい福祉公社の設立過程──

2011年3月31日　第1版第1刷発行

著　　者　松原日出子
発行者　橋本盛作
〒113-0033　東京都文京区本郷5-30-20
発行所　株式会社 御茶の水書房
電話　03-5684-0751

Printed in Japan
MATSUBARA　Hideko　© 2011

印刷／製本・シナノ印刷㈱

ISBN 978-4-275-00923-4　C3036

高齢者のウェルビーイングとライフデザインの協働	鈴木七美他編	A5判・二四〇頁 価格 二四〇〇円
高齢者のコミュニティケア	嶺学・天本宏木下安子編	A5判・二六四頁 価格 三八〇〇円
高齢者の住まいとケア	嶺　学編著	A5判・三三二頁 価格 四二〇〇円
高齢女性のパーソナル・ネットワーク	野邊政雄著	A5判・三六四頁 価格 六四〇〇円
地域と高齢者の医療福祉	小磯明著	A5判・三二〇頁 価格 四六〇〇円
タイの医療福祉制度改革	河森正人著	A5判・二三二頁 価格 四八〇〇円
インドネシアの地域保健活動と「開発の時代」	齊藤綾美著	菊判・四二〇頁 価格 八〇〇〇円
アジアの地域住民組織──町内会・街坊会・RT／RW	吉原直樹著	A5判・三三二頁 価格 五三〇〇円
直接立法と市民オルタナティブ	前山総一郎著	菊判・四三二頁 価格 八四〇〇円
市民団体としての自治体	岡部一明著	A5判・三六〇頁 価格 四二〇〇円
良い社会を創る──21世紀のアジェンダ	高木郁朗 生活経済政策研究所編	四六判・二二〇頁 価格 二三〇〇円

御茶の水書房
（価格は消費税抜き）